# 대한민국 개조론

유시민 지음

대한민국 개조론

유시민 지음

2007년 7월 13일 초판 1쇄 발행
2025년 1월 20일 초판 15쇄 발행

펴낸이 한철희 | 펴낸곳 주식회사 돌베개 | 등록 1979년 8월 25일 제406-2003-000018호
주소 (10881) 경기도 파주시 회동길 77-20 (문발동)
전화 (031) 955-5020 | 팩스 (031) 955-5050
홈페이지 www.dolbegae.co.kr | 전자우편 book@dolbegae.co.kr

편집 김희진·이상술·이경아·윤미향·김희동·서민경 | 교정 최양순
표지디자인 민진기 | 본문디자인 이은정·박정은·박정영
마케팅 심찬식·고운성 | 제작·관리 윤국중·이수민 | 인쇄·제본 영신사

ⓒ 유시민, 2007

ISBN 978-89-7199-278-4 (03340)

이 도서의 국립중앙도서관 출판시도서목록(CIP)은 e-CIP 홈페이지
(http://www.nl.go.kr/cip.php)에서 이용하실 수 있습니다.(CIP제어번호: CIP2007002059)

**대한민국 개조론**

창랑의 물이 맑으면 갓끈을 씻고
창랑의 물이 흐리면 발을 씻으리라
滄浪之水淸兮　可以濯吾纓
滄浪之水濁兮　可以濯吾足


― 굴원屈原의 「어부사」漁父辭 중에서

**차례**

프롤그 「단성소」를 마음에 새기며     009

성공한 나라, 불행한 국민     020

선진통상국가, 박정희 대통령의 유산     027

사회투자국가, 지구촌 경쟁에서 이기는 전략     043

비전 2030, 사람이 희망이다.     052

대한민국, 진화는 계속된다     064

전통적 복지정책과 사회투자정책     083

사회서비스 시장과 일자리 창출     098

책임성 없는 진보, 일관성 없는 보수     120

| | |
|---|---|
| 의료급여제도 혁신 | 133 |
| 약제비 적정화와 한미 FTA | 154 |
| 건강투자정책 | 176 |
| 파랑새 플랜 | 192 |
| 대한민국의 슬픈 자화상, 국립서울병원 | 202 |
| 시한폭탄 국민연금 | 212 |
| 공적개발원조 | 233 |
| 민주적 리더십 | 249 |
| 에필로그 | 263 |

프롤로그
# 「단성소」를 마음에 새기며

조선시대 선비 이야기로 문을 엽니다. 영남 사림의 거두로, 지금도 많은 사람들이 기리는 남명南冥 조식曺植 선생입니다. 조선 명종 11년, 서기 1555년 남명 선생은 단성현감 자리를 제수받았습니다. 그런데 선생은 그 벼슬을 받아들이지 않았습니다. 대신 그 이유를 적은 상소를 왕에게 올렸습니다. 이것이 그 유명한 「을묘사직서」입니다. 항간에는 「단성소」丹城疏라는 제목으로 널리 알려져 있지요. 남명 선생은 그전에도 그후에도 여러 차례 벼슬을 받았지만, 단 한 번도 관직에 나가지 않고 후학을 양성하는 데 매진했습니다. 후일 임진왜란이 터지자 그의 가르침을 받은 제자들이 영호남 일대에서 의병을 일으켜 맹활약하게 됩니다. 저는 한문에 어두운 터라 이완용 님의 블로그(http://blog.daum.net/chinju333/9467143)에 올라와 있는 한글 번역을 참고했습니다. 남명 선생은 이렇게 썼습니다.

> 대비께서는 신실하고 뜻이 깊다 하나 깊은 구중궁궐의 한 과부에 불과하고, 전하는 아직 어리니 다만 돌아가신 임금님의 한 고아에 불과합니다. 백 가지 천 가지로 내리는 하늘의 재앙을 어떻게 감당하며 억만 갈래로 흩어진 민심을 어떻게 수습하시겠습니까?

정말 보통 선비가 아니죠? 여기서 대비는, 그 시점까지 10여 년 동안이나 수렴청정을 했던 문정왕후입니다. 그 당시는 왕후의 친정인 파평 윤씨 남자들의 국정 농단이 판을 치고, 당쟁으로 사화가 일어나 많은 사람들이 죄도 없이 죽어나가던 살벌한 시대였습니다. 불과 열두 살 나이에 왕이 된 명종은 어머니의 섭정을 받고 있었죠. 명색만 왕일 뿐 제대로 된 왕이라 할 수 없었습니다. 이런 시절에 대비를 '궁궐의 과부'라고, 임금을 '선왕의 고아'라고 했으니, 목이 열 개라도 남아나기 어려웠을 겁니다. 실제 조정에서는 남명을 잡아 죽이자는 논의가 일었다고 합니다. 남명 선생은 임금에게 이렇게 물었습니다.

> 전하께서는 무슨 일에 종사하시는지요? 학문을 좋아하십니까? 풍악이나 여색을 좋아하십니까? 활쏘기나 말타기를 좋아하십니까? 군자를 좋아하십니까? 소인을 좋아하십니까? 전하께서 좋아하시는 것이 어디 있느냐에 나라의 존망이 달려 있습니다. 만약 하루라도 능히 새로운 정신으로 깨달아 분연히 떨쳐 일어나 학문에 힘을 쏟으신다면,

하늘이 부여한 밝은 덕을 밝히고 백성을 날로 새롭게 만드는 일에 얻으시는 바가 있을 것입니다.

뒷날 전하께서 정치를 잘하셔서 왕도정치의 경지까지 이르신다면, 신은 그런 때에 가서 미천한 말단직에 종사하며 심력을 다해 직분에 충실하면 될 것이니 어찌 임금님 섬길 날이 없기야 하겠습니까? 엎드려 바라건대 전하께서는 반드시 마음을 바로잡는 것으로 백성을 새롭게 하는 바탕을 삼으시고, 몸을 닦는 것으로 인재를 취해 쓰는 근본을 삼으셔서, 임금으로서의 원칙을 세우십시오. 임금이 원칙이 없으면 나라가 나라답지 못합니다. 엎드려 생각건대, 전하께서 신의 상소를 굽어 살펴주시옵소서. 신은 두려워 어쩔 줄 몰라 하며 죽음을 무릅쓰고 아뢰나이다.

「단성소」는 조선시대 재야 지식인의 서슬 푸른 기개와 위민정신을 숨김없이 드러내보인 명문입니다. 왕이 왕답지 않기 때문에 벼슬을 하는 것보다는 제자를 기르는 것이 백성을 위하고 나라에 충성하는 길이라고 생각한다는 당당한 선언입니다. 왕이 왕답게 국정 운영의 원칙을 세우면 그때 가서 미관말직의 벼슬을 하더라도 하겠노라고 했으니, 죽기를 각오하지 않고는 쓸 수 없는 상소입니다. 그런데 남명 선생을 추앙하는 어느 지식인이 이 글을 패러디해 노무현 대통령에게 보내는 「신단성소」新丹城疏를 발표한 일이 있습니다. 왕을 대통령으로 바꾸어 국정 운영을 잘하라고 질타한 것이죠.

## 대한민국의 왕은 국민이다

그런데 이 지식인은 과연 남명 선생이 그랬던 것처럼 목숨을 걸고「신단성소」를 썼을까요? 전혀 그렇지 않을 겁니다. 대통령을 향해 쓴소리를 한 사람의 목숨이 위태로울 수 있는 시대는, 20년 전인 1987년에 끝났습니다. 그런 시대는 다시 오지 않아야 하고, 다시는 오지 않을 것입니다. 그렇다면「신단성소」가 과연 대통령에게만 필요한 것일까요? 그렇게 볼 수도 있겠습니다. 대통령은 대한민국에서 가장 큰 권력을 가진 자연인인 만큼, 조선시대 임금이 그래야 했던 것처럼 권력을 제대로 행사해야겠죠. 그렇지만 오늘날 남명 선생의「단성소」를 마음에 새겨야 할 사람이 대통령 혼자만인 건 결코 아니라고 저는 생각합니다. 우리 대한민국은 민주공화국이기 때문입니다.

> 대한민국은 민주공화국이다. 대한민국의 주권은 국민에게 있고, 모든 권력은 국민으로부터 나온다.

이것이 대한민국 헌법 제1장 제1조입니다. 제가 늘 가슴에 품고 사는 위대한 선언입니다. 그렇습니다. 우리는 대통령이 왕인 시대가 아니라 국민이 왕인 시대를 살고 있습니다. 왕조 시대에는 왕이 왕 노릇을 제대로 해야 나라가 번창했습니다. 왕이 왕 노릇을 제대로 하지 않으면 나라가 기울고 백성이 도탄에 빠졌습니다. 나라의 흥망이 오로지 왕에게 달려 있었습니다. 그러나 민주공화국에서는 국민이 주권자 노릇을 제대로 해야 나라가 번영하고, 국민이 주권자 노릇을 제대로 하지 못하면 나라가 기울어집니다. 대통령은 왕이 아닙니다. 국민이 왕이고 대통령이 신하입니다. 신하 중에 제일 높은 신하, 그게 대통령입니다. 국무총리를 가리켜 '일인지하一人之下 만인지상萬人之上'이라고들 하는데, 틀린 말입니다. 대통령이 '국민지하國民之下 만인지상萬人之上'이고, 국무총리는 다시 그 밑에 있는 신하일 뿐입니다.

    왕권국가에서 신하가 왕을 거역하면 어찌 됩니까? 운이 좋으면 귀양을 갔고, 운이 나쁘면 삼족이 몰살당하는 비극을 맞았습니다. 민주공화국에서 대통령과 집권당이 국민을 거역하면 어떻게 됩니까? 운이 아주 나쁜 경우에도, 큰 범죄를 저지르지 않은 한, 한때 위임받았던 권력을 다시 빼앗기는 것이 전부입니다. 이승만 대통령과 자유당, 박정희 대통령과 공화당, 전두환 대통령과 민정당, 김영삼 대통령과 신한국당은 그렇게 권력을 잃었습니다. 더러는 부하에게 살해당하거나 외국으로 망명하기도 했고, 더러는 감옥에 갇히기도 했지만, 국민을 죽이거나 천문학적인 규모의 뇌물을 받는 등 무거운 범죄를 저지르지 않은 한, 대통령은 평범한 시민으로 돌아가고 집권당은 야당이 되는 정도가 국민을 거스른 데 따르는 최대의 징벌입니다. 대한민국이 민주공화국인 한, 국민의 신임을 받지 못한 정당과 지도자가 권력을 잃는 사건은 앞으로도 계속 일어날 것입니다. 신하인 대통령이 국가 운영을 잘못하면, 왕인 국민이 헌법과 법률이 규정한 절차를 밟아 대통령과 정부를 교체할 수 있는 민주공화국, 우리는 그런 대한민국에 살고 있습니다. 정말 좋은 세상입니다.

저는 '아직은 국회의원'입니다. 다음 선거에서 국회의원으로 뽑히기 어려울지 몰라서 '아직은 국회의원'이라고 했습니다. 얼마 전까지는 보건복지부 장관이었습니다. 왕인 국민을 섬기는 신하였죠. 저는 장관에게 주어진 합법적 권한과 저의 부족한 능력을 최대한 행사해 국민을 행복하게 하려고 충성을 다했습니다. 그러나 저의 충성에 대한 왕의 평가는 그리 좋지 않은 듯합니다. 능력이 부족한 탓도 있겠으나, 왕인 국민의 생각과 신하인 저의 생각이 여러 지점에서 달랐던 탓이기도 합니다. 저는 저 자신에게 묻습니다. 왕과 견해가 다를 때, 신하인 나는 어떻게 해야 하는가? 왕의 견해가 옳지 않다고 생각하면서도 그에 복종해야 하는가? 아니면 왕의 판단이 잘못임을 직언하고 그에 따른 처벌을 감수할 것인가?

남명 선생은 후자를 선택했습니다. 죽음을 무릅쓰고 「단성소」를 올렸습니다. 다행히 그는 죽지 않았습니다. 초야의 선비가 군주에게 직언한 것을 처벌하면 언로를 막아 국사를 위태롭게 한다고 진언한 용기 있는 언관言官들 덕분입니다. 저는 이 책에서 남명의 길을 따라 왕인 국민에게 저의 생각을 말하려 합니다. 물론 대한민국은 민주공화국이어서 국민의 여론을 거역해 저의 소신을 말했다는 이유로 죽임을 당하지는 않습니다. 주권자인 국민의 요구에 역행하는 주장을 했다는 이유로 제가 받을 수 있는 불이익은, 선거에서 떨어져 더는 공직자로 일하지 못하는 정도가 전부일 것입니다. 무엇을 두려워하겠습니까?

여기서 저는 대한민국의 과거와 현재, 미래에 대한 저 나름의 소신을 가감 없이 말하려 합니다. 혹독한 비난을 받을지도 모르겠습니다. 저는 저의 소신이 많은 국민의 지지를 받기 어려울 것임을 잘 압니다. 제가 이 책에 적을 내용들은 아주 적은 수의 국민들에게만 제가 쓴 그대로 전해질 것입니다. 압도적으로 많은 국민들이 누군가가 자기의 시각과 목적에 따라 자의적으로 토막 치고 해석하고 가공한 내용을 전달받을 것입니다. 왕인 국민의 눈과 귀에 아침저녁으로 수많은 정보를 제공하는 정치인과 지식인과 언론인들이 저와 견해를 달리한다는 사실을 저는 압니다. 그들이 제공하는 정보를 토대로 자신의 견해를 형성하는 많은 국민들이 저를 아주 괘씸하게 여길지도 모릅니다. 언론사들이 하루가 멀다 하고 발표하는 이런저런 정치적·정책적 쟁점에 대한 국민 여론조사 결과를 보면서 그렇게 예상합니다. 그런 정황을 잘 알면서도, 저는 말합니다. 그것이 왕을 제대로 섬기는 신하의 책무라 믿기 때문입니다.


## 지식인과 언론인은 공평무사한가

조선시대와는 달리 대한민국에는 따로 언관을 둘 필요가 없습니다. 국가보안법이 엄연히 살아 있는 만큼 아직 완전하다고는 할 수 없지만, 대한민국은 언론과 집회의 자유, 사상과 표현의 자유를 폭넓게 보장합니다. 평범한 시민이라면 청와대 홈페이지에 더할 수 없이 혹독하게 대통령과 정부를 비판하는 글을 올려도 아무 불이익을 받지 않습니다. 날마다 대통령을 인신 공격하고 정부를 비판하는 보도를 내보내는 수십 개의 신문사·방송사 기자들과 시민단체 회원들 가운데, 그로 인해 부당한 보복을 당할지도 모른다고 걱정하는 사람은 아마 하나도 없을 겁니다.

남명 선생은 명종에게 군주의 도리와 원칙을 지키는 총명한 임금이 될 것을 주문했습니다. 그렇습니다. 왕권국가에서는 총명하고 원칙을 세우는 왕이 국민을 편안하게 하고 나라를 부강하게 만듭니다. 민주공화국에서는 총명하고 원칙을 지키는 국민이 스스로를 편안하게 만들고 나라를 번영하게 합니다. 대한민국 주권자인 국민의 신하로 일한 지난 5년 동안, 저는 여론조사를 통해 표출되는 다수 국민의 견해를 거역하고 싶은 강한 충동에 사로잡힌 때가 많았습니다. 가끔은 실제로 그렇게 했던 때도 있습니다. 그래서인지 수많은 정치인과 지식인과 언론인들이 저를 대통령의 눈과 귀를 흐리는 측근으로 묘사했습니다. 심지어는 대통령을 학정을 펴는 폭군처럼 그리면서, 저를 그런 대통령을 무조건 비호하고 비위를 맞추는 광대로 만들기까지 했지요. 그러나 저는 오히려, 그들이 왕인 국민의 눈을 가리고 귀를 흐리게 만들었다고 생각합니다.

국민은 대통령과 정부와 공무원들이 일하는 모습을 직접

보고 겪기도 하지만, 직접 경험하는 것보다 훨씬 더 많은 것을 미디어를 통해서, 정치인과 지식인과 언론인들이 하는 말과 행동을 통해서 간접 경험합니다. 미디어는 국민이 세상을 보고 이해하는 창문인 것이죠. 창이 일그러져 있으면 국민의 시야도 일그러집니다. 대통령과 장관과 국회의원과 공무원들이 오로지 국민의 행복과 국가의 발전을 위해서만 멸사봉공하는 존재는 아닙니다. 그들은 그와 동시에 자기의 권력을 극대화하고 사익을 추구하는 존재이기도 합니다. 진짜로 국민을 섬기려는 뜻으로 일했지만 판단을 잘못해 국민을 괴롭게 만들기도 합니다.

그렇다면 대한민국의 언관을 자처하면서 미디어를 지배하는 언론인과 지식인들은 어떤가요? 그들은 과연 공정한 공익의 수호자인가요? 자신의 이익과 욕망을 지푸라기처럼 던져버리고 오로지 국민을 섬기는 데만 멸사봉공하는 믿을 만한 존재라고 생각하십니까? 그렇게 판단할 근거는 전혀 없다고 저는 생각합니다. 대통령과 장관과 공무원들이 그런 것처럼, 언론인과 지식인들 역시 때로는 자신의 개인적 이익을 국민의 이익인 것처럼 포장하기도 하고, 왕의 견해를 대변하는 것처럼 행세하면서 사실은 자기의 권력과 욕망을 추구하기도 하는, 매우 이기적인 존재입니다. 진짜로 국민을 위하느라고 한 일이지만, 잘못 판단해 일을 그르치는 경우도 있습니다. 이렇게 보는 게 타당하지 않을까요?

우리나라에서 가장 많은 발행 부수를 자랑하며 국민 여론을 대변한다고 주장하는 몇몇 거대 신문사의 경영진과 편집인들은 공평무사한 언관이 아닙니다. 그들은 공익과 동시에 사적인 권력과 이익을 추구하는 사기업의 경영진이기도 합니다. 그들은 스스로 옳다고 생각하는 독자적인 신념체계를 지니고 있으며, 국민 다수가 자기네 신념체계를 진리로 받아들이도록 하기 위해 미디어 권력을 적극적으로 행사합니다. 때로 그들은 공평한 언관이 아니라 특정한 정치세력과 손잡고 스스로 권력집단, 정치집단이 되기도 합니다. 물론 그들이 특별히 비난받아야 할 나쁜 의도를 가진 집단이라는 것은 아닙니다. 다른 많은 사람과 집단이 그런 것처럼, 그들 역시 오도된 사명감과 독선에 사로잡혀 행동할 수 있다는 뜻입니다. 그들의 오도된 사명감과 독선이 무한대로 확장된 언론의 자유와 결합하면, 주권자인 국민의 총기를 흐릴 수 있습니다.

대한민국의 주권자인 국민은 스스로 더 행복해지기를 원하며, 나라가 더 발전하기를 바란다는 것을 저는 믿어 의심치 않습니다. 그러나 저는 국민들이 그렇게 될 수 있는 방법에 대해 언제나 올바른 또는 합리적인 견해를 가지고 있다고 생각하지는 않습니다. 길게 보면 언제나 국민이 올바른 선택을 합니다. 그러나 국민이 매 순간 모든 문제들에 대해서 합리적인 태도를 취하거나 바른 판단을 내릴 것으로 기대하지는 않습니다. 히틀러와 같은 희대의 범죄자도 선거에서 독일 국민의 선택을 받아 합법적으로 권력을 차지하지 않았습니까?

만약 이 책에 대해 보도한다면, 어떤 언론사는 이렇게 제목을 뽑을지 모르겠습니다. "노의 남자 유시민, 여전한 언론 탓." "유시민 전 장관, 이젠 국민 탓까지." 저는 누구 탓을 하려는 게 아닙니다. 토론하고 싶을 뿐입니다. 그 토론을 통해서 우리 모두에게 더 좋은 것을 찾고 싶고, 또 그렇게 할 수 있다고 믿을 따름입니다. 모든 문제를 다른 누군가의 탓으로 돌리면서 정작 주권자인 국민이 듣기 싫어할 말은 좀처럼 하지 않는, 국민을 존중하기보다는 국민에게 아부하면서 자기의 권력을 키워나가는 일부(!) 정치인과 일부(!) 언론인과 일부(!) 지식인들의 이른바 포퓰리즘 또는 인기영합주의에 맞서 제 나름의 「단성소」를 올리려는 것입니다. 왕인 국민의 여론을 거역하고 현대의 언관을 자처하는 언론인과 지식인에게 대드는 괘씸한 공직자라는 비판은 기꺼이 감수하렵니다. 소신을 숨기고 공직에 남아 있는 것보다는, 소신을 밝히고 정치적 사약을 받는 편이 더 당당하지 않겠습니까. 저는 그렇게 생각합니다.

# 성공한 나라, 불행한 국민

 2002년 대통령 선거에 출마했던 민주노동당 권영길 후보를 기억하십니까? 평범한 카피 하나를 가지고 큰 인기를 얻었습니다. 그는 국민들에게 이렇게 물었죠. "여러분 행복하십니까? 살림살이 나아지셨습니까?" 5년이 지난 지금 다시 묻는다면, 어떻습니까? 아마도 신통치 않은 대답이 나올 겁니다. "살림살이 나아진 것도 없고, 더 행복하지도 않다."

 대한민국은 성공한 나라입니다. 그것도 아주 크게 성공한 나라죠. 제2차 세계대전이 끝난 후 탄생한 나라 가운데 대한민국만큼 성공한 나라가 있습니까? 경제, 정치, 사회, 문화, 과학기술 등 모든 면에서 대한민국만큼 성공한 나라는 달리 찾아보기 어렵습니다. 그런데 대한민국 국민은 별로 행복하지가 않습니다. 제 주변에는 행복하다고 하는 사람보다 그렇지 않은 사람이 더 많습니다. 커가는 아이들 공부 걱정, 연로한 부모님 건강 걱정, 자신의 직장 걱정. 걱정거리가 그야말로 사방에 널려 있으니까요. 사람마다 견해는 다르겠지만, 경제난이니 북한 핵 문제니 한미관계니 사립학교법이니 하는 정치·사회 문제에 대한 걱정도, 우리를 덜 행복하게 또는 더 불행하게 만드는 데 일조하고 있습니다.

## 한국인 행복지수는 102등

한국전쟁이 끝난 시점의 대한민국은 아프리카와 동남아시아, 라틴아메리카의 많은 나라들과 비슷하게 1인당 국민소득이 100달러도 안 되는 세계에서 제일 가난한 나라였습니다. 그런 나라가 겨우 반세기 만에 반도체와 전자, 철강, 조선, 자동차 등 여러 분야에서 세계 최고 수준의 산업을 이루었고, 1인당 국민소득 2만 달러를 눈앞에 둔 고도산업국가로 변했습니다. 전쟁의 폐허 위에서 혼란과 독재에 시달렸던 나라가 세계에서 가장 발달한 민주국가 중의 하나로 올라섰습니다. 그래서 가난과 학정에서 벗어나기를 갈망하는 세계 많은 나라의 국민들이 우리나라를 부러워합니다. 그런데도 정작 대한민국 국민들은 별로 큰 행복을 느끼지 못하다니, 참 이상한 일이죠?

객관적 자료를 봐도 그렇습니다. 얼마 전 영국 신경제학재단NEF이 세계 178개국 국민의 행복지수 측정 결과를 발표했는데, 이는 생활만족도와 평균수명, 생존에 필요한 환경조건이 어떤지를 모두 종합한 조사였습니다. 1등이 어느 나라였을까요?

호주 근처에 있는 작은 섬나라 바누아투였습니다. 저는 그런 나라가 있다는 것을 이번 보도를 보고 처음 알았습니다. 사실인지는 모르겠지만, 누군가가 여기서 번지점프라는 희한한 놀이를 처음 발명했다는 이야기도 있더군요.

이 조사에서 콜롬비아와 코스타리카 등 별로 부유하지 않은 라틴아메리카 국가들이 행복지수 상위권을 점령했습니다. 한국은 중하위권인 102등을 차지했죠. 세계에서 제일 잘살고 강대한 나라 클럽인 G8 국가들의 성적도 신통치 않습니다. 그나마 나은 편이라는 이탈리아가 66등, 독일이 81등, 일본은 95등, 영국은 한국만도 못한 108등이었죠. 캐나다와 프랑스, 미국도 하위권이고, 러시아는 꼴찌에서 일곱번째에 자리 매김되었습니다. 반면 공산당 일당 독재 아래 시장경제체제를 도입한 중국은 우리보다 훨씬 앞선 31등을 차지했습니다. 국민의 행복지수는 국방력이나 소득수준에 비례하지 않는다는 것이 이 조사의 결론입니다.

국내 조사 결과도 크게 다르지 않습니다. 서울복지재단과 대한민국학술원이 한 조사를 보니, 서울 시민의 행복지수가 세계 10대 도시 중에서 꼴찌입니다. 삼성경제연구소가 국민 1,605명을 대상으로 조사한 결과를 보면, 데이터 분류방식에 따라 달리 해석할 여지가 없는 것은 아니지만, 소득수준과 행복지수 사이에는 뚜렷한 인과관계나 상관관계가 나타나지 않았습니다. 소득수준보다는 나이, 건강, 생활방식, 가족관계, 다른 사람에 대한 태도, 종교적 심성 등 신체적·심리적·사회문화적 요인들이 개인의 주관적 행복감에 더 큰 영향을 준다는 것입니다. 네이버

백과사전은 행복지수를 이렇게 소개합니다.

> 영국 심리학자 로스웰Carol Rothwell과 인생상담사 코언Peter Cohen이 2002년 발표한 행복공식을 말한다. 이들은 18년 동안 1,000명의 남녀를 대상으로 80가지 상황에서 자신을 더 행복하게 만드는 다섯 가지를 고르게 하는 실험을 했다. 그 결과 '행복은 인생관·적응력·유연성 등 개인적 특성을 나타내는 P(personal), 건강·돈·인간관계 등 생존조건을 가리키는 E(existence), 야망·자존심·기대·유머 등 고차원 상태를 의미하는 H(higher order) 등 세 요소에 의해 결정된다'고 주장했다. 이 세 조건 가운데서도 생존조건인 E가 개인적 특성인 P보다 다섯 배 더 중요하고, 고차원 상태인 H는 E보다 세 배 더 중요하다.

그렇습니다. 주관적 행복지수와 소득수준이 무관한 것은 결코 아닙니다. 관계가 있습니다. 그런데 어떤 관계인지가 중요합니다. 경제학자들은 행복의 원천을 각자의 절대적 소득수준에서 찾는 경향이 있습니다. 돈이 많을수록 행복해진다는 것이죠. 그러나 실제로는 절대적 소득수준뿐만 아니라 상대적 소득수준도, 아니 오히려 상대적 소득수준이 더 중요합니다. 다른 사람보다는 자기가, 어제보다는 오늘이 낫거나 적어도 크게 못하지 않아야 한다는 것, 이것이 야망, 자존심, 기대 등 행복의 고차원적 요소를 충족하는 조건이기 때문입니다.

## 이웃이 행복해야 나도 행복해질 수 있다

대한민국의 왕인 국민은 행복해지기를 원합니다. 당연히 국가는 국민이 행복을 느끼도록 노력해야 합니다. 대통령과 장관을 비롯해 신하인 공직자들은 국가가 그런 역할을 제대로 하도록 힘과 지혜를 쏟아야 합니다. 무엇보다 국민의 살림살이가 나아져야 하겠죠. 어제보다는 오늘이 낫다는 성취감, 오늘보다는 내일이 나을 것이라는 희망을 가지도록 해야 하는 것이죠. 국민들이 자기 혼자 뒤처졌다는 패배의식에 사로잡히지 않게 하려면 살림살이가 되도록 골고루 나아지게 해야 합니다. 국민들이 한 번 실패해도 다시 일어설 수 있다는 자신감을 가질 수 있어야 행복한 사회입니다.

문제는 어떻게 하면 그렇게 되는지에 대해서 국민들이 각자 나름의 세계관과 이해관계, 저마다의 학습과 경험에 따라 다양한 견해를, 그것도 왕왕 대립하는 견해를 지니고 있다는 데 있습니다. 국가가 자기의 견해를 정책적으로 수용하고 실현해줄 때 그 사람은 더 큰 행복을 느낄 수 있겠죠. 그런데 상황에 따라서는 서로 다른 견해들을 적당히 절충할 수도 있지만, 많은 경우에 어떤 국민의 요구를 실현하려면 필연적으로 다른 국민의 요구를 배제해야 합니다. 이게 문제입니다.

대한민국 국민이 다 불행한데, 나 혼자만 행복해질 수 있을까요? 어렵습니다. 다른 사람들이 더 행복해야 내가 행복해질 가능성도 그만큼 더 커집니다. 이게 세상 이치라고 생각합니다.

함께 더 행복해지려면 국민들이 기존의 관점과 행동방식, 다른 사람과의 관계에 대한 자기의 태도를 비판적으로 성찰하면서 조정할 수 있어야 합니다. 바꿀 것을 바꾸어야 한다는 것이죠. 스스로 달라져야 할 뿐만 아니라 다른 사람들과의 관계도 과거와는 다른 방식으로 맺어야 합니다. 정당하지 않은 특권이나 기득권은 없애고, 국민들이 서로 도우면서 함께 행복해지도록 조세제도와 경제정책, 주택정책과 복지정책 등 우리의 삶에 큰 영향을 주는 제도들을 더 합리적으로 개선해야 합니다. 이걸 하지 못하면 함께 더 행복해지기란 어렵습니다.

무언가 부당한 일을 당하고 있는데, 그것이 부당하다고 외쳐도 좀처럼 바로잡히지 않을 때, 그럴 때 사람들은 분통을 터뜨립니다. "정부는 도대체 뭘 하는 거야!" 한 걸음 더 나가면 이렇게도 됩니다. "대통령 나오라고 그래!" 대통령을 잘 뽑으면 만사가 좋아질까요? 더러는 그런 일도 있겠지만, 그렇지 않은 경우가 훨씬 많습니다. 대한민국은 대통령이 마음먹어도 안 되는 일이 아주 많은 민주공화국이 되었기 때문입니다.

과천 정부청사 앞 운동장의 시위 소음 문제를 예로 들어봅니다. 인근 고등학교 학생들 수업에 막대한 지장을 줍니다. 마침내 어머니들이 아이들 시험 보는 날 운동장에 모여 마스크를 쓰고 침묵시위를 했습니다. 아이들이 조용한 가운데 시험에 집중하게 하려는 모정의 발로였습니다. 우리 헌법과 법률은 집회·시위의 자유를 보장하고 있습니다. 의사협회, 민주노총, 이천시민 등 금년 들어 그 운동장에서 대규모 정부 규탄 시위를 한 분들도 모두 왕인 국민인지라, 정부가 집회를 무작정 못하게 할 수는 없습니다. 확성기 용량을 규제하려는 입법안은 역시 왕인 국민들이 모여 만든 시민단체와 인권단체의 반대에 막혀 국회를 통과하지 못합니다. 자기의 권익을 찾기 위해 행동할 때 타인의 권익을 함께 고려하고 배려하는 풍토가 정착될 때까지, 이와 비슷한 일은 곳곳에서 많이 일어날 것입니다. 대통령도 별 뾰족한 수를 내기 어렵습니다. 설득하고 호소하는 것 말고는 달리 해결책이 없는 것이죠. 국민들이 호응해서 서로 양보하고 절충해야 문제를 해결할 수 있습니다.

각자가 자기의 행복을 위해서 타인을 불행하게 만드는 행동을 주저하지 않는데, 대통령이 바뀐다고 모두가 행복해질 리는 없습니다. 그런 일을 해낼 수 있는 구세주는 어디에도 존재하지 않습니다. 헛된 꿈입니다. 헛된 꿈이 이루어지지 않았다고 다른 누군가를 원망해봐야 그만큼 더 불행해질 뿐입니다. 그런 약속을 하는 정치인을 믿지 마시기 바랍니다. 국회의원이 감히 국민을 나무라다니! 기분이 나쁘실지 모르겠습니다. 그래도 저는 이렇게 말할 수밖에 없습니다. 누군가 다른 사람이 나를 행복하게 만들어주기를 기대하고 바라는 국민은 왕이 아닙니다. 스스로 남과 더불어 행복해지는 방법을 찾아야 진짜 왕입니다. 어떻게 해야 할까요? 이제 그 이야기로 넘어갑니다. 이런 노래를 흥얼거리면서 함께 생각해보기를 청합니다. "Don't worry, (just) be happy!"

# 선진통상국가, 박정희 대통령의 유산

성공한 대한민국의 과거를 잠깐 짚어보겠습니다. 미래에 거두어야 할 성공과 관계가 있다고 생각해서입니다. 다시 말씀드리지만, 대한민국은 성공한 나라임에 분명합니다. 대한민국의 성공 스토리는 산업화에서 시작해 민주화로 이어짐으로써 일단 한 단계를 완성했다고 봅니다. 이제 다음 단계로 넘어가야 합니다. 그렇다면 대한민국이 산업화와 민주화를 연이어 함께 성공시킨 비결은 무엇일까요? 매우 크고 중요한 논쟁거리를 내포한 질문입니다.

옛날부터 치열했던 교육열, 근면한 국민성을 꼽는 사람이 많습니다. 국민이 듣기에 아주 좋은 말이고, 논리적으로 옳기까지 합니다. 하지만 그것만으로는 어딘가 좀 부족합니다. 어째서 하필이면 1970년대에 들어선 후에야 경제적 성공을 이루었는지를 설명할 길이 없기 때문입니다. 더러는 냉전시대에 미국의 지원을, 심지어는 일제강점기에 산업화의 축복을 받아서 그렇다고 주장하는 사람도 있더군요. 그런 면이 아예 하나도 없기야 하겠습니까. 그러나 남의 나라 식민지가 되어 처음 산업화를 경험했고, 또 냉전시대에 미국의 경제적·군사적 지원을 받은 나라가 한 둘이 아닌데, 그 나라들이 다 성공한 것은 아니지 않습니까? 우리 국민 스스로 이룬 성공을 너무 우습게 보는 시각이 아닌가 싶습니다. 치열한 경쟁문화 또는 '빨리빨리'를 좋아하는 국민성을 이유로 드는 분들도 있습니다. 일리가 있기는 하지만, 우리 민족이 도대체 언제부터 그랬냐는 지적에는 별로 할 말이 없습니다. '코리안 타임'이라는 빈정거림을 들은 게 불과 50년 전이거든요. 많은 국민들이 제일 공감하는 견해는 아마도 '박정희 대통령의 위대한 지도력' 덕분이라는 주장일 것입니다.

## 박정희 대통령은 성공한 독재자

이것은 뜨거운 논쟁을 일으켰고, 지금도 일으키는 주장입니다. 제 생각을 말씀드리면, 저는 유신체제는 '경쟁력 있는 개발독재'였고, 박정희 대통령은 '성공한 독재자'였다고 생각합니다. 독재자라도 성공한 건 성공한 것이고, 성공했다고 해서 독재자라는 사실이 변하는 건 또 아닙니다. 그는 수출 100억 달러, 1인당 국민소득 1,000달러를 국가 목표이자 종교적 신앙의 대상으로 삼았다고 합니다. 1인당 국민소득 성장률로 표현되는 경제 번영과 북한을 상대로 한 체제 경쟁 승리를 위해, 그는 건국 시기부터 우리 헌법이 담고 있었던 다른 소중한 가치들을 가차 없이 짓밟았습니다. 자유, 인권, 평등, 정의를 국가 안보와 경제성장이라는 가치의 발밑에 무릎 꿇린 것이죠. 그야말로 교과서에 씌어 있는 그대로의 개발독재였습니다.

박정희 대통령은 독재자로 성공했지만, 결국 자신이 이룬 성공에 희생되었습니다. 그토록 간절히 원했던 수출 100억 달러와 1인당 국민소득 1,000달러라는 꿈을, 그는 죽기 직전에 이루었습니다. 하지만 그는 국민에게 환영받지 못했습니다. 산업화에 성공함으로써 만들어진 새로운 대한민국이 유신체제와 같은 개발독재와 철권통치를 더는 고분고분 받아들이지 않았기 때문입니다. 사는 형편이 나아지자 국민들은 자유와 사회정의, 인권에 대해 자각하기 시작했고, 이 자각이 열망으로 번지면서 민주주의로 가는 거대한 흐름을 형성한 것이지요.

기억하시겠지만 10·26 사건의 발단은 외자기업인 YH무역 여성노동자들의 야당 당사 점거농성 사건이었습니다. 경찰은 야당 당사 벽을 쳐부수고 여성노동자들을 끌어냈습니다. 김경숙이라는 여성노동자를 추락해 숨지게 했고, 야당 지도부 국회의원들을 떡이 되게 두들겨 팼습니다. 유신정권은 신민당 김영삼 총재의 의원직을 박탈하는 등 야당을 노골적으로 탄압했고, 이것이 계기가 되어 부산·마산 일원에서 대규모 시위가 일어났죠. 정부는 군 병력을 투입해 시위를 진압했습니다. 김재규 중앙정보부장이 궁정동 안가 술자리에서 박정희 대통령을 사살한 10·26 사건은 이런 일련의 사태가 유발한 예상치 못한 사건이었습니다. 그 당시 대학생이었던 저는, 박정희 대통령이 죽을 때까지 대통령을 하는 줄 알았습니다. 박정희 체제는 1980년 5월 광주의 대학살을 거쳐 전두환 정권 7년 동안 잔명을 유지하다가, 1987년 6월 민주항쟁으로 무려 27년 만에 그 막을 내렸습니다.

정치인 박정희의 삶은 군사 쿠데타라는 모험에서 시작해 암살의 비극으로 종결되었습니다. 그는 중요한 또는 중요하지 않은 선택을 수없이 많이 했습니다. 잘한 선택도 있었고 잘못한 선택도 있었죠. 그가 한 선택 가운데 가장 오래 살아남았고, 대한민국의 진로에 여전히 커다란 영향을 미치는 것이 있습니다. 이 선택의 효력은 대한민국이 존속하는 한 영원히 그 수명을 다하지 않을 것이라고 저는 생각합니다. 도대체 무엇일까요? 일본 육사 지원과 남로당 가담, 전향, 5·16 쿠데타, 3선 개헌과 유신 쿠데타 등 그가 했던 수많은 선택 가운데 가장 오래 살아남았고 그만큼 큰 의미를 지닌 것은, 수출주도형 불균형성장전략을 경제발전전략으로 선택한 것입니다. 이 선택과 더불어 대한민국은 개방경제로 가는, 통상국가로 가는 운명을 부여받았습니다. 다른 길은 다 봉쇄되었습니다.

## 1970년대가 잉태한 한미 FTA

노무현 대통령은 2002년 대통령 선거 당시의 지지층과 옛 참모들의 반대를 무릅쓰고 한미 자유무역협정FTA 협상을 전격 추진했습니다. 엄청난 반대 운동과 여론의 역풍을 뚫고 협정을 타결했습니다. 그런데 큰 정치적 위험을 동반했던 이 선택이, 사실은 40여 년 전 박정희 대통령이 했던 바로 그 선택의 연장선 위에서 이루어진 것이라고 저는 평가합니다. 세계관과 정치철학, 대통령으로서 직면한 시대적 과제가 크게 다른 노무현 대통령의 선택이 사실은 박정희 대통령의 선택에 의해 필연적으로 예정되어 있었다는 저의 주장이 엉뚱해보일 수도 있겠습니다. 하지만 알고 보면 그리 놀랄 만한 주장이 아닙니다. 대한민국은 이 길에서 성공할 수도 있지만 실패할 수도 있습니다. 하지만 이것 말고 성공으로 가는 다른 길은 없다고 저는 판단합니다.

집권당 국회의원으로서 괴로운 때가 참 많았습니다. 2004년 4월 총선에서 열린우리당이 과반 의석을 차지한 후 몇 달이 지나면서, 저는 정말 심각한 고민에 빠졌습니다. 이른바 세계화와 양극화 문제에 대한 답을 찾지 못했기 때문입니다. 지구촌은 세계화라는 치열한 국제 경쟁에 휩쓸렸습니다. 대한민국에서는 양극화라는 사회적 해체 과정이 진행 중입니다. 물론 세계화는 새로운 현상이 아니지요. 160년 전에 마르크스 Karl Marx가 「공산당 선언」에서 명료하게 묘사하고 예견한 현상입니다. 그러나 마르크스가 묘사했던 것보다 훨씬 더 넓고 깊고 빠르게 진행되고 있습니다. 좋든 싫든 상관없습니다. 이 흐름은 21세기의 문명과 세계인의 삶을 근본적으로 바꾸어놓을 것입니다. 대한민국도 피할 수 없습니다. 양극화도 마찬가지입니다. 대한민국은 원래부터 사회적 연대의식이나 제도가 튼튼하지 않은 나라이기 때문에 그 충격은 더 아프게 우리의 삶을 파고듭니다. 일시적 시련에 처한 국민이 크게 늘어났고, 단기간에 그 덫을 빠져나오지 못하면 오래도록 어두운 빈곤의 터널에 갇히게 됩니다.

저 자신에게 두 가지 질문을 던졌습니다. 첫째, "이 두 흐름이 어떻게 연관되어 있으며, 이 둘 모두에 능동적으로 대응하기 위해서 우리는 무엇을 해야 하는가?" 둘째, "만약 누군가가 적절한 처방을 발견해 하나의 정책조합 또는 발전전략의 형태로 제시할 경우, 어떤 과정을 거쳐 우리 국민이 이것을 새로운 국가발전전략으로 채택하게 만들 것인가?" 답을 찾지 못하고 지내는 동안 하루하루가 무척 힘들었습니다. 우선 중요한 과제는 첫째 질문에 대한 답을 찾는 일이었죠. 만약 우리가 올바른 해법을 가지고 있기만 하다면, 국민들이 그것을 받아들이지 않아 다음 선거에서 진다고 해도 괜찮다고 생각했습니다. 국민이 언젠가는 우리가 올바른 처방을 했다는 사실을 인정할 것이고, 그때 다시 국정을 맡으면 되니까요. 그런데 만약 우리가 틀렸다면, 그렇다면 정권을 잃는 것을 두려워할 이유가 없다고 생각했습니다. 우리가 틀렸다면 우리가 지는 것이 국민에게 좋은 일이니까요. 정말 두려운 것은 선거에 패배하는 게 아니라 국가의 미래를 열어갈 방법을 찾지 못하는 일이었습니다.

저는 이제 세계화와 양극화에 적절하게 대응할 수 있는, 나아가 대한민국을 더 발전시키고 국민을 더 행복하게 할 수 있는 정책조합 또는 국가발전전략을 찾았다고 믿습니다. 보건복지부 장관을 하는 동안, 대통령이나 국무총리, 부총리가 주재하는 여러 정책 관련 회의에 참석해 청와대와 여러 행정 부처가 직면한 문제와 해법을 토론하는 과정에서, 저는 우리가 이미 해법을 가지고 있다는 것을 깨달았습니다. 가까운 곳에 해법을 두고 엉뚱한 곳에서 답을 찾느라 시간을 보낸 것이 조금은 분하기도 했습니다. 낡은 고정관념에 사로잡혀 있었던 탓에 가까이 두고도 보지 못했던 답은 이렇습니다. "대한민국은 밖으로는 세계화 시대의 선진통상국가로 나간다. 선진통상국가로 성공하기 위해 안으로는 사회투자국가를 건설한다."

### 한미 FTA와 박현채 선생

저는 1년 3개월 12일 동안 보건복지부 장관으로 일했습니다. 장관으로 지명되어 청문회를 치른 기간을 포함하면 38일이 늘어납니다. 청문회를 코앞에 두고 전격적인 한미 FTA 협상 개시 선언이 나왔고, 협상 타결 선언이 나오고 20일이 지나 사임했으니, 임기 내내 한미 FTA 문제와 씨름한 셈입니다. 과천에 있는 동안 보건복지부 업무와 관련해 가장 격렬한 사회적 대립을 부른 것도 한미 FTA 문제였습니다. 의약품과 의료기기 분야 협상 과정과 결과에 대해서는 따로 말씀드리고, 여기서는 이 분야 협상을 장관인 제가 협상 실무를 맡았던 젊은 공무원들과 함께 머리를 맞대고 토론하면서 직접 지휘하고 결정했으며, 그 결과도 만족스러웠다는 것만 말씀드립니다. 잘된 것은 협상을 맡았던 공무원들의 유능함 덕분이며, 만약 잘못된 부분이 있다면 그것은 협상을 직접 지휘했던 장관의 책임입니다.

한미 FTA 협상 관련 논쟁의 와중에서, 저는 찬성파와 반대파의 다양한 견해를 떠받치는 국가발전전략이 어떤 것인지를 눈여겨 살펴보았습니다. 평소 참여정부를 가장 맹렬하게 비판했던 정치세력과 언론사와 지식인들이 '구국의 결단'이라는 진부한 표현까지 동원해 대통령을 칭찬했고, 반면 참여정부에 상대적으로 우호적이었던 정치세력과 지식인과 언론사들이 대통령을 매국노에 견주면서까지 비난한 이 괴상한 사태를 도대체 어떻게 보아야 할까요? 보통의 경우라면 상반되는 두 주장 가운데 하나는 틀렸다고 보아야 하겠죠. 그러나 이 경우에는 그렇게 볼 수가 없겠습니다. 둘 다 틀리거나 둘 다 옳을 수도 있기 때문이죠. 저는 한미 FTA 협상에 대한 두 진영의 주장이 둘 다 부분적으로 오류인 동시에 부분적으로는 옳다는 결론을 내렸습니다.

우선 이른바 진보진영의 반대론입니다. 한미 FTA 저지 범국민운동본부(범국본) 대표들은 개방에 무조건 반대하는 것이 아니라고 했지만, 사실은 무조건 반대했다고 해야 맞습니다. 그들은 한미 FTA뿐만 아니라 그전에 했던 한-칠레 FTA도 역시 반대했습니다. 유럽연합EU과의 FTA도 반대합니다. 중국이나 일본과의 FTA도, 하지 않고 있어서 그렇지 일단 추진하면 또 반대할 것입니다. 단순히 축산 농가를 비롯한 국내 산업을 보호하기 위해서 그러는 것이 아닙니다. 그들은 한국사회가 글로벌 스탠더드라는 이름 아래 미국이 강제하는 제도적 규범에 포획당하는 것을 두려워합니다. 이런 위험이 실제로 얼마나 큰지를 따지는 것은 크게 중요하지 않습니다. 극단적인 상황을 가정해 국민들에게 그 폐해를 홍보함으로써 대한민국이 미국식 모델을 따라가는 사태를 막으려는 것입니다. 이런 생각에는 오래된 연원이 있습니다. 그들은 박정희식 국가발전전략을 거부하면서 나름의 대안을 제시했던 박현채 선생의 제자들입니다.

**안티테제로는 현실을 주도할 수 없다**

박현채 선생은 한국 현대사의 고전 가운데 하나로 일컬어지는 『민족경제론』을 집필한 진보적 경제학자입니다. 일반 국민들은 그분을 잘 알지 못하지만, 진보적 지식인들 가운데 박현채 선생을 모르는 이는 별로 없습니다. 대학생 시절, 1978년 한길사에서 발행한 『민족경제론』을 교재로 삼아 한국경제의 발전전략을 공부한 저도, 사실은 그분의 제자라고 할 수 있습니다. 언론사 가운데 한미 FTA를 가장 격렬하고 단호하게, 때로는 사실 왜곡을 감행하면서까지 비판하고 반대한 『한겨레신문』 칼럼에는 유난히 박현채 선생을 인용한 경우가 많았습니다. 2006년 7월 22일 『한겨레신문』 문화면에 안수찬 기자가 쓴 박승옥 씨 취재기사의 제목은 "FTA 파고 '박현채 읽기'로 넘자"였습니다. 박씨는 뜻있는 이들에게서 모금한 돈으로 일곱 권짜리 『박현채 전집』을 발간했고, 『한겨레신문』이 이것을 기사로 소개한 것입니다. 한미 FTA

반대파의 아이콘이 된 정태인 전 청와대 국민경제비서관도 물론 박현채 선생을 최고로 존경하는 제자입니다.

박현채 선생은 흔히 볼 수 있는 경제학자가 아닙니다. 1970년대에 내포적 공업화에 입각한 경제발전론을 연구 개발해, '민족경제론'이라는 이름을 가진 국가발전전략으로 만들어 제시한 인물입니다. 농업을 기반으로 삼아 각 지역단위에서 1·2·3차 산업이 균형을 이루어 발전해가게 함으로써 국가 전체가 균형 잡힌 경제구조를 가지도록 하는 것이 그가 제시한 전략의 핵심입니다. 경제가 그저 경제로서가 아니라 사회·문화의 발전과 조화를 이루면서 성장하게 하자는, 인간 중심·가치 중심의 경제발전전략인 것이죠. 무척이나 매력적인 대안이었습니다. 만약 박정희 대통령이 이런 전략을 채택했다면, 그리고 만약 그것이 성공을 거두었다면 우리나라는 지금과는 크게 다른 모습을 가지고 있겠지요. 오늘날 행정수도 건설이니, 국가균형발전정책 같은 것은 필요 없었을지도 모릅니다. 그러나 이것이 1970년대의 세계경제질서와 국제 분업체제 속에서 성공할 수 있었을지는 아무도 알 수 없습니다. 박정희 대통령은 박현채 선생의 민족경제론과 정반대 쪽에 있는 수출주도형 불균형성장전략을 경제발전전략으로 채택했기 때문에 민족경제론은 이론적 모색으로 끝날 수밖에 없었습니다.

국내에 축적된 자본이 없는 상황에서 산업화를 시작한 박정희 정부는 원조와 차관 등 해외에서 조달한 투자 재원을 수출 중심의 경공업에 집중 투입한 다음 중화학공업으로 주력 산업을 교체하는 방식의 압축적 산업화를 추진했습니다. 이 시도는 세계 경제 침체와 중화학공업 중복 투자 문제, 두 차례의 오일쇼크를 비롯해 크고 작은 위기와 시행착오를 겪으면서도 결국 성공을 거두었습니다. 박정희 대통령은 노동3권을 철저하게 탄압했고, 노동자에게 노동법을 가르치는 청년들을 공산주의자로 몰아 감옥에 집어넣었습니다. 긴급조치를 발동해 집회·시위의 자유는 물론이요, 언론의 자유도 완벽하게 봉쇄했지요. 국가 정책을 비판하거나 방해하는 모든 행동을 원천봉쇄하고 발본색원한 겁니다.

우리 국민은 수출주도형 불균형성장전략을 선택한 적이 없습니다. 박정희 대통령이 선택했을 뿐이지요. 하지만 어쨌든, 그가 집권한 18년 동안 한국경제는 개방화로 가는, 돌아올 수 없는 다리를 건너고 말았습니다. 국민들은 이것이 무엇을 의미하는지 몰랐지만, 그렇게 되어버린 것은 엄연한 사실입니다. 하기야 그때는 아직 국민이 왕인 시대가 아니었으니, 국민이 선택을 하려야 할 수도 없었습니다. 그때는 박정희 대통령이 절대권력을 가진 왕이었고, 국민은 기껏해야 백성百姓이거나 신민臣民에 불과했으니까요.

그러면 박현채 선생의 제자들은 무엇을 했을까요? 국가권력이 추진하는 수출주도형 불균형성장전략의 폐해를 시정하고 부분적인 균형이라도 회복해보기 위해 사회운동과 정치운동에 뛰어들었습니다. 농민운동을 돕고 노동조합을 조직하고 진보언론을 만들고 시민의 자유와 인권을 획득하는 투쟁을 벌였습니다. 이른바 '산업화 세력'이 박정희의 후예라면, '민주화 세력'은 박현채의 제자입니다. 박현채 선생이 1971년 대통령 선거를 앞두고 김대중 후보의 경제정책 공약을 집필했다는 증언이 나오는 게 결코 우연이 아닙니다. 그런데 김대중 대통령은 재임 중에 개방화를 적극 추진했고, 퇴임 후에는 한미 FTA를 전폭적으로 지지했습니다. 아마도 박현채 선생의 민족경제론이 틀렸다고 판단해서가 아니라, 그것이 이론적으로 아무리 매력적일지라도, 이미 개방화로 가는 돌아올 수 없는 다리를 건넌 대한민국에는 적용할 수 없다는 현실 때문이었을 겁니다.

박현채 선생의 제자들, 더 넓게는 진보적 지식인과 시민사회단체들은 대한민국의 성공을 불러들인 주역입니다. 이것은 의심할 여지가 없는 사실입니다. 그들은 박정희-전두환으로 이어진 강권통치에 종지부를 찍어 민주주의를 제도화한 주인공이며, 노동운동과 농민운동 등을 통해 각계각층의 국민들이 스스로를 조직해 자기의 권익을 찾을 줄 아는 민주공화국의 시민이 되도록 기여했습니다. 그러나 그들이 늘 현실을 주도했던 것은 아닙니다. 반독재는 민주화라는 긍정적·건설적인 가치를 이면에 내포한 주도적 담론이었지요. 하지만 경제 발전에 관련해서는 결과적으로 좋은 기여를 한 '안티'였을 뿐입니다. 현실 권력이 민족경제론을 외면한 후, 진보세력은 경제정책에 대해서는 오로지 '안티'로 일관했습니다. '안티'로는 현실을 주도할 수 없습니다. 민족경제론은 1980년대에 '외채 망국론'이라는 안티테제로 변신했다가 오늘날에는 '양극화 망국론'과 '한미 FTA 망국론'으로 진화했지만, '안티'라는 점은 변화가 없습니다.

## 선진통상국가란 무엇인가?

대한민국은 이미 통상국가가 되어버렸다고 저는 생각합니다. 좋든 싫든 박정희 대통령이 선택했던 수출주도형 불균형성장전략의 유산을 안고 살아갈 수밖에 없다는 말입니다. 어떻게 해도 버릴 수 없는 유산이라면, 정말 그렇다면 차라리 긍정적인 태도로 그것을 활용하고 더 발전시키는 편이 낫지 않을까요? 어떤 광고 카피가 우리에게 말합니다. "피할 수 없다면, 즐겨라!" 어떻게 하면 박정희 체제의 유산을 가지고 인생을 즐길 수 있을까요? 한마디로 말해서 대한민국을 크게 나쁘지 않은 통상국가에서 크게 성공한 통상국가로 밀어올리자는 것입니다.

이것은 제가 발명한 개념이 아닙니다. 2005년 4월 6일 노무현 대통령이 주재한 제4차 대외경제위원회에 30여 명의 정부와 민간 전문가들이 참석했는데, 여기서 대외경제정책연구원이 「선진통상국가의 개념 정립」이라는 보고서를 발표했습니다. 이 자료는, 이 책에서 제가 인용하는 거의 모든 자료가 그런 것처럼, 청와대브리핑 정책자료실에서 누구나 언제든 공짜로 다운받을 수 있습니다(http://www.president.go.kr/share/pmail/20050427/datum5.pdf). 이 보고서가 제시한 선진통상국가의 개념을 간단히 정리해보겠습니다.

대한민국 국민총생산GNP 규모는 세계 10와 12위 사이를 왔다갔다합니다. 1인당 국민소득은 2만 달러 턱밑까지 왔지요. 수출입 액수를 국내총생산GDP으로 나눈 무역의존도는 70%가

넘고, 서비스 교역을 포함하면 90%에 육박합니다. 반도체와 조선은 세계 1등입니다. 자동차, 철강, 이동전화, 디지털 가전은 1등은 아니지만 톱클래스에 들어갑니다. 삼성전자와 포스코, 현대중공업 등 일부 대기업들은 세계적인 경쟁력과 브랜드 파워를 획득했죠. 『포춘』이 선정한 세계 500대 기업 가운데 한국기업이 11개 들어갔는데, 이것도 세계 10위 안에 들어갑니다. 경제적으로는 선진국 문턱에 서 있는 셈입니다.

그런데 진짜 선진국이 되려면 몇 가지 도전에 성공적으로 응전해야 합니다. 국내 상황을 보면 기업의 설비투자가 부진하고 혁신 성과도 미흡해 성장 잠재력이 갈수록 하락하고 있습니다. 성장을 해도 일자리가 늘어나지 않는 가운데, 고령화와 양극화 등 소위 선진국형 사회 문제가 경제를 압박합니다. 여기에다 민주화와 다원화가 크게 진전되어 사회적·집단적 갈등이 확산·강화됨으로써 국가적 의사결정이 지체되고 통상 관련 난제가 쌓이고 있죠. 밖을 보아도 문제는 간단치 않습니다. 세계경제는 통합의 가속페달을 밟고 있어서 세계무역기구WTO 회원국은 150여 개로 늘어났고, 세계적으로 이미 체결된 FTA가 170개를 넘어섰습니다. 브라질, 러시아, 인도, 중국 등 신흥경제 4국을 일컫는 브릭스BRICs가 세계경제에서 차지하는 비중은 빠르게 커지고 있습니다. 상품과 서비스뿐만 아니라 자본과 인력, 기술 등 생산요소의 국가 간 이동과 상품 판매활동의 세계화도 전례 없이 활발합니다. 특히 최근 동아시아에서는 중국을 허브로 하는 새로운 형태의 국제 분업체제가 형성되는 중입니다.

나라 안팎의 환경 변화에 효과적으로 대처하려면 우리의 규범과 제도와 정책이 국제사회의 요구와 조화를 이룰 수 있도록 신속하게 조정해야 합니다. 네덜란드, 아일랜드, 영국, 독일, 싱가포르, 미국, 일본 등 통상국가로 큰 성공을 거둔 나라의 사례를 분석해보면, 우리에게 주어진 과제는 몇 가지로 압축됩니다. 내부 개혁을 통해 이런 과제를 해결하면 선진통상국가로 나아가는 것입니다. 선진통상국가는 노동·금융·경쟁 분야에서 글로벌 스탠더드를 갖추고, 적극적 해외투자와 외국인투자 유치를 통해 글로벌 네트워크를 구축한 국가를 말합니다. 이를 위해서 우리는 서비스산업과 부품소재산업을 강화하고 정보기술IT 등 미래 성장 산업에 집중 투자하며, 개방친화적인 사회 인프라를 구축해야 합니다. 선진통상국가란 세계의 선진국들이 믿고 거래하고 투자할 수 있는 나라이며, 주요 산업 분야에서 지구촌을 무대로 한 경쟁에서 승리할 수 있는 실력을 가진 나라를 말합니다. 이런 나라를 만들 수 있다면, 좋지 않을까요?

한미 FTA는 단순히 관세 인하를 통해 한미 간의 무역을 확대하기 위한 것이 아닙니다. 이것은 이미 통상국가가 되어버린 대한민국을 통상국가로서 더 크게 성공하는 나라로 만들자는 의지를 담은 전략적 선택입니다. 박정희 대통령의 수출주도형 불균형성장전략이 남긴 유산을 있는 그대로 인정하고, 그 폐해를 타박하기보다는 긍정적이고 적극적으로 활용해 더 나은 미래를 열어나가려는 시도입니다. 저는 그렇게 해석하면서 보건의료 분야 한미 FTA 협상에 임했습니다. 현재 시점까지 이것은 노무현 대통령의 선택이자 참여정부의 선택입니다. 이것이 국민의 선택이 되려면 국민대표기관인 국회의 비준 동의를 받아야 합니다. FTA를 반대하는 진보세력이 좋든 싫든 대한민국 앞에 놓인 길이 하나뿐임을 인정하고, 비판할 것은 비판하되 큰 틀에서는 이와 같은 국가발전전략을 수용하고 협력하는 결단을 내려주면 얼마나 좋겠습니까? 작고하신 지 벌써 12년이 되는 박현채 선생도, 만약 살아 계시다면 그리하실 것으로 저는 믿습니다. 제 주관적인 평가일지 모르겠습니다만, 박현채 선생은 추상적 공리공담空理空談이 아니라 삶의 구체적 현실을 천착했던 지식인이었다고 생각하기에 이렇게 말씀드리는 것입니다.

# 사회투자국가,
# 지구촌 경쟁에서 이기는 전략

이미 말씀드린 것처럼, 미국뿐만 아니라 EU와 동남아시아국가연합ASEAN, 일본, 중국 등과 동시다발적 FTA를 추진하는 것은 대한민국이 선진통상국가로 성공하는 데 필수적인 조건입니다. 그러면 FTA를 무조건 찬성하는 것만이 옳은 일일까요? 보수를 자처하며 경제성장을 최고의 가치로 치켜세우는 지식인과 전문가들, 비슷한 신념체계를 가진 정치인과 언론인들은 그렇게 주장합니다. 하지만 동시다발적 FTA를 성사시킨다고 해서 한국경제가 꼭 성공하는 건 아니라고 봅니다. FTA는 선진통상국가로 성공할 기회를 얻는 것일 뿐, 그 자체가 성공을 약속하는 것은 결코 아니라고 저는 생각합니다. 그런 면에서 한미 FTA를 격렬하게 반대한 진보세력의 평소 주장을 깊이 있게 경청할 필요가 있을 것입니다.

국민들에게 저는 급진적 진보파로 알려져 있습니다. 그런데 보건복지부 장관으로 일하는 동안 진보적 시민단체, 진보적 지식인, 진보적 언론인들과 사이가 좋았던 적이 별로 없습니다. 제가 그들을 먼저 비판한 적은 없습니다. 그분들이 저를 비판해도 크게 반박하지 않았습니다. 논쟁하는 것이 장관이 할 일은 아니라고 생각해서 그랬습니다. 보건 분야 진보적 시민단체와 지식인들은 장관 지명 직후부터 저에게 '시장주의자'라는 딱지를 씌웠습니다. 장관을 1년 정도 하고 나니 무려 200여 개 시민단체의 이름으로 저를 '최악의 보건복지부 장관'으로 지목해 '국민불신임장'이라는 것을 주었습니다. 제가 전달받은 일은 없는데, 어쨌든 신문·방송에는 받은 것으로 나왔지요. 실제로 그렇게 했는지는 역시 모르겠으나, 여러 차례 저를 직무유기 혐의로 고발하겠다고 했습니다. 장관실에서 시민단체와 이익단체, 협회의 대표들과 면담하거나 정책토론회를 연 일이 무척 많은데, 유독 진보적 시민사회단체 대표들하고 면담할 때 언성을 높이는 일이 있었습니다. 그분들은 제가 장관직을 사퇴한 후에도, 저를 대한민국 보건복지정책의 틀을 망가뜨린 주범으로 규정하는 성명을 냈습니다.

  그들은 언제나 보건과 복지 분야에서 국가가 더 큰 역할을 해야 한다고 주장합니다. 의료기관과 의료서비스 공급자에 대한 규제를 더 강화하고 가난한 사람들과 병든 사람들, 부모 잃은 아이들과 장애인들에게 더 많은 서비스를 더욱 너그럽게 제공해야 한다고 말합니다. 그들은 또한 한미 FTA가 체결되면 매년 2조 원이 넘는 돈을 미국 제약사에 빼앗겨 환자들의 진료비와 약값이 천정부지로 솟을 것이라고 주장했습니다. 우리의 제약산업이

망하고 건강보험 재정은 파탄날 것이며, 돈이 없는 사람은 치료를 받지 못해 죽을 것이라고 했습니다. 맹장염 수술비가 1,000만 원으로 오른다는 황당무계한 주장을 하기도 했습니다. 그들은 한미 FTA가 그렇지 않아도 심각한 건강 양극화를 더욱 심화시킬 것이기 때문에 결사반대한다는 것입니다. 그분들은 평소 이른바 성장론자의 반대편에서 끊임없이 평등과 사회정의 실현을 요구합니다.

그렇다고 그 반대편과 친했던 것도 아닙니다. 보수파 또는 성장론자들은 저를 급진좌파, 분배론자라고 했습니다. '작은정부론'과 '세금폭탄론'으로 보건복지지출을 확대하려는 모든 시도를 봉쇄하면서, 정부가 이 분야에서 무언가 새로운 시도를 하려면 재원대책도 없는 선심용이라고 몰아붙였습니다. 저는 분명한 사람이고 제가 장관으로서 편 정책도 하나인데, 평가는 전혀 다른 둘입니다. 저도 때로는 제가 누구인지 잘 모르겠습니다. 하지만 어느 쪽도 보건복지부 장관인 저를 자기 진영으로 끌고가지 못했습니다. 저는 양쪽 모두와 힘겨루기를 하면서도 둘 모두를 조금씩이라도 만족시키려고 애썼습니다.


### 소통이 막힌 곳에 대립이 자란다

저는 진보파에게 물었고, 지금도 묻습니다. 당신들은 보건복지지출을 확대하자고만 하는데, 미디어와 정치권의 압도적 지원을 받는 보수파가 펼치는 '작은정부론'과 '세금폭탄론'의 장벽을 넘어설 방법이 무엇입니까? 그들이 원하는 한미 FTA와 의료산업 경쟁력 강화정책을 수용해줄 수는 없습니까? 그런 조건으로 보건복지지출 확대에 대한 보수파의 동의를 받을 수 있다면 그렇게 하시겠습니까? 어떻게 자기가 원하는 것은 가지려고 하고, 남들이 원하는 것은 결사반대만 하십니까?

저는 또한 보수파에게 물었고, 지금도 묻습니다. 당신들은 한미 FTA만 체결하면 대한민국이 무조건 잘될 것이라고 생각합니까? FTA는 대한민국 기업이 세계의 선진국과 같은 조건에서 경쟁할 기회를 부여할 뿐 성공을 보증하는 것은 아니지 않은가요? 한국의 경쟁력은 근본적으로 사람에게서 나오는데, 국민을 더 건강하고 똑똑하고 강인하게 만드는 데 필요한 투자를 막으면서 도대체 무엇으로 국제 경쟁에서 이기려고 합니까? 진보파의 요구를 충족시키려는 모든 시도를 '작은정부론'과 '세금폭탄론', '좌파정책 망국론'으로 깔아뭉개면서 당신들이 원하는 것만 얻을 수 있다고 생각하십니까?

대한민국은 심각한 담론의 분열에 직면해 있습니다. 말이 통하지 않습니다. 진보파와 보수파 사이에 접점이 아예 없기 때문입니다. 접점조차 없으니 교집합이 나올 수 없고, 교집합이 없으니 타협이나 통합은 더욱 어렵지요. 만나지도 못하는데 무슨 수로 합의를 도출합니까? 소통이 막히는 곳에서는 분열과 대립이 자랍니다. 나라가 더 발전하려면 국민들의 마음을 모아야 하는데, 이렇게 상대방 주장의 핵심이 무엇인지 제대로 들으려고 하지 않은 채 오직 그 주장이 내포한 약점만 끄집어내어 공격함으로써 자기 견해를 정당화하려는 풍토가 계속된다면, 대한민국 국민 누구도 더 행복해지기는 어렵다고 저는 생각합니다.

아침에 일어나 신문을 보면 눈앞이 캄캄합니다. 주의주장의 옳고 그름을 떠나서, 논쟁의 수준이 너무나 저열합니다. 한 사회의 수준은 장기적으로 국민의 전반적인 지적수준이나 경험수준에 따라 결정되지만, 단기적으로는 지적 엘리트들의 능력에 따라 크게 달라질 수 있습니다. 그런데 우리의 담론 시장에서 벌어지는 논쟁을 보고 있으면 가슴이 꽉 막히는 기분을 느낍니다. 진보, 보수를 불문하고 그렇습니다. 어느 하나가 옳으면 다른 하나는 반드시 틀린 것이어야만 한다는 사생결단식 논조가 판을 칩니다. 사실 자체와 언론인들의 주관적 신념이 뒤죽박죽 뒤엉긴 기사들이 곳곳에 출몰합니다. 이렇게 해서 어떻게 합리적인 여론이 형성될 수 있겠습니까.

우리가 찾아야 하는 것은 양자택일의 해법이 아니라고 봅니다. 우리는 둘 다를 해야 합니다. 성장주의도 평등주의도 혼자서는 국민을 행복하게 만들지 못합니다. 제 주장을 아주 단순하게 말하면 이렇습니다. 첫째, 어차피 피할 수 없는 것이라면 개방화를 즐기자. 동시다발적 FTA를 단순한 영업적 손익계산에 따른 비즈니스가 아니라, 대한민국을 지구촌의 선진통상국가로 발전시키기 위한 국가발전전략의 한 축으로 자리 매김하게 하자. 둘째, 선진통상국가로 국제 경쟁에서 승리하기 위해 대내적으로는 대한민국이 경쟁력 있는 국민을 제대로 길러내는 사회투자국가가 되도록 하자. 보수파는 선진통상국가를 좋아하고 진보파는 사회투자국가를 좋아하니, 각자 좋은 것을 하나씩 가지면 서로 상대방이 원하는 것을 갖지 못하게 결사반대하며 피곤하게 사는 것보다 좋지 아니한가?

## 복지정책에서 사회투자정책으로

어떤 행사에 갔더니 진행자가 저를 이렇게 소개하더군요. "심각한 양극화 문제를 해결할 주무장관입니다." 안타깝게도 보건복지부는 양극화의 원인을 해소할 수 있는 부처가 아닙니다. 지금까지 양극화의 결과를 조금이나마 완화하는 역할을 했을 따름입니다. 교육부와 노동부, 여성부, 건설교통부 등 여러 부처와 힘을 합쳐야 원인에 따라 제대로 된 처방을 할 수 있습니다. 복지정책을 사회투자정책으로 바꾸자는 저의 주장은 그저 이름만 바꾸자는 게 아닙니다. 정책의 목표와 정책 수행방식을 근본적으로 바꾸자는 것입니다. 사회투자는 개방의 진전에 따라 심화되는 사회 양극화를 완화하기 위한 보완적 정책수단에 머무는 것이 아니라는 뜻입니다. 개방이 선진통상국가로 발전하는 데 불가결한 필요조건이라면, 사회투자는 대한민국이 국제 경쟁에서 성공할 가능성을 높이는 충분조건입니다.

사회투자정책은 "모든 국민은 인간다운 생활을 할 권리를 가진다"는 헌법 제34조 규정을 소극적으로 해석하는 기존의 시혜적 복지정책보다 훨씬 적극적이고 건설적인 개념입니다. 대한민국 국가경쟁력의 원천이 사람이라는 데는 이론異論이 없겠지요. 좋은 기술, 풍부한 지식, 창의적인 아이디어, 사회적 신뢰, 이런 경쟁력의 원천은 모두 사람 안에 있습니다. 사람이 희망이고 사람이 경쟁력입니다. 대한민국 국민 개개인의 인지적·신체적·정신적·정서적 능력이 더 커지고, 국민들이 서로 믿고 협력하면서 살아갈수록 대한민국의 국제경쟁력은 그만큼 더 높아집니다. 모든 사람이 자기의 능력을 키우고 경제사회 활동에 참여할 기회를 가질 수 있을 때, 한번 실패해도 다시 도전할 기회를 얻을 수 있다고 느낄 때, 사람도 발전하고 국가도 발전합니다. 이런 일에 역량을 집중하는 국가가, 제가 말하는 사회투자국가입니다.

저는 2005년 4월 열린우리당 당의장 선거에 출마해서 4등으로 최고위원에 턱걸이 당선한 적이 있습니다. 당시 사회투자국가론을 당의 기본 정책으로 채택하자고 제안했지만, 정책과 무관한 정치적 대립에 휩쓸리는 바람에 언론은 물론이요 당 내부의 관심을 끄는 데도 실패했습니다. 그때만 해도 공부가 부족해 남을 설득하기 어려웠죠. 2005년 2월 열린우리당 최고위원 선거에 출마해 3위로 당선된 김두관 전 행정자치부 장관도 사회투자국가론을 정책노선으로 내걸었습니다. 하지만 아무도 눈길을 주지 않기는 마찬가지였습니다. 참 아쉬운 일입니다.

저는 보건복지부 장관으로 부임한 직후부터 직원들과 함께 외부 전문가들을 모시고 여러 차례 토론회를 열었습니다. 석

달 후인 2006년 5월부터 여러 차례 사회투자정책을 참여정부의 핵심 정책으로 채택해줄 것을 대통령께 건의했습니다. 그 결과 사회투자정책은 참여정부가 최초로 작성한 장기 국가재정계획 「함께 가는 희망 한국 비전 2030」(이하 「비전 2030」으로 줄임)의 중요한 구성요소로 자리를 잡았습니다. 참여정부 초기부터 사회투자정책을 연구하고 주장한 지식인들이 정부 안팎에 있었다는 점을 함께 말씀드립니다. 그분들의 열정을 등에 업고 그분들의 지혜를 빌리지 않았다면 대통령께서 저의 건의를 받아들이도록 하기 어려웠을 것으로 생각합니다.

사회복지학회와 사회정책학회를 비롯한 여러 분야의 연구자들은 2006년 여름부터 사회투자국가론에 대한 공개적인 토론을 조심스럽게 시작했습니다. 저와 보건복지부 간부들도 이 토론 과정에 참여했습니다. 우리나라에서 사회투자국가론은 아직 낯선 이론입니다. 이것을 어느 정도 체계 있게 정리하고 해석한 최초의 책은 임채원 박사가 2006년에 쓴 『신자유주의를 넘어 사회투자국가로』가 아닌가 싶군요. 임 박사는 2007년에 같은 내용을 훨씬 깔끔하게 정리한 『사회투자국가—미래한국의 새로운 길』을 내놓았습니다. 관심 있는 독자들께는 두번째 책을 일독해보시라고 권하고 싶습니다.

대한민국이 21세기 세계 일류 국가가 되기 위해서는 대외적으로는 선진통상국가를 지향하고, 대내적으로는 사회투자국가를 건설하는 쪽으로 가야 한다는 것이 제가 찾은 세계화와 양극화 문제에 대한 해법입니다. 이것이 지금 시점에서 가장 폭넓은 국민의 동의를 얻을 수 있는 최선의 장기 국가발전전략이라고 저는 확신합니다. 무작정 FTA에 반대하면서 양극화 해소만을 외치는 것은 답이 될 수 없습니다. FTA는 무조건 좋은 일이고 국가는 작아져야 한다고 주장하는 것도 마찬가지겠죠. 저는 둘 다를 하자고 주장합니다. 개방도 하고 사회통합도 하자. 국가경쟁력도 강화하고 기회의 평등도 이루자.

이 둘을 다 하면 왜 안 되는지 저는 모르겠습니다. 서로 상대방이 원하는 것을 하지 못하게 반대하면서 아무도 자기가 원하는 것을 갖지 못하는 상태보다는, 각자 자기가 원하는 것을 하면서 상대방도 자기가 원하는 것을 할 수 있도록 타협하고 협력하는 편이 낫지 않은가요? 이렇게 질문을 던져보았지만 반응은 그리 좋은 편이 아니었습니다. 네모난 동그라미를 그리자는 주장이라고 비웃는 지식인도 있었죠. 물론 이론의 영역에는 네모난 동그라미가 있을 수 없습니다. 하지만 현실에는 네모도 아니고 동그라미도 아닌, 그렇지만 네모 같기도 하고 동그라미 같기도 한 것이 있을 수 있다고 저는 믿습니다. 국민이 행복해질 수 있다면 그것이 동그란 네모면 어떻고 네모난 동그라미면 또 어떻겠습니까. 이론적으로는 불가능한 것 같지만 현실에서는 쓰임새가 있는, 그런 대안을 찾아내 국민들께 제안하고 토론하고 실현하는 것이 정치가가 해야 할 일이 아닐까요?

# 「비전 2030」, 사람이 희망이다

세계화 시대 대한민국 국가경쟁력의 원천은 사람이라고 말씀드렸습니다. 이제 사람 문제로 한 걸음 더 들어갑니다. 세계화는 외부에서 온 도전입니다. 그런데 대한민국은 지금 고령화라는 내부의 도전에 직면해 있습니다. 외부의 도전에 성공적으로 응전하기 위해서는 내부의 도전에 성공적으로 응전해야 하고, 내부의 도전에 현명하게 대처하지 못하면 외부의 도전에도 잘 대처할 수가 없습니다. 그 도전과 응전의 중심에 사람이 있습니다.

생물은 진화합니다. 진화의 목적은 생존하고 번성하는 것이죠. 인간도 진화합니다. 그뿐만 아니라 인간이 만든 제도와 국가도 진화합니다. 사회적 유기체이기 때문입니다. 세계화가 눈이 어지러울 만큼 빠르게 진행되지만, 세계인은 여전히 국민국가의 틀 안에서 살고 있습니다. EU와 같은 국지적 국가연합이 형성되고 유엔UN과 여러 형태의 기능별 국제기구가 활동하고 있기는 하지만, 이런 것들이 가까운 미래에 전통적인 국민국가를 대체할 가능성은 거의 없습니다. 인간은 앞으로도 오랜 세월 국민국가 단위로 삶을 영위해야 할 것입니다. 대한민국 국민은 대한민국이라는 국민국가의 품에서 살아가야 합니다. 1년 내내 외국에서 세일즈를 하거나 국제기구에서 활동하는 사람이라도, 한국인은 대한민국의 품을 벗어나지 못합니다. 그 사람의 국적, 그 나라의 수준과 품격이 국제무대에서 그 사람의 품격을 재는 첫째 기준이기 때문입니다. 대한민국이 번영을 누릴 때, 국민 개개인이 행복해질 가능성은 더 높아집니다. 이것이 현실입니다.

생물 진화의 저변에는 개체 수의 변화가 놓여 있습니다. 국가와 사회의 진화도 다르지 않습니다. 200여 년 전 맬서스 Thomas Robert Malthus는 『인구론』을 출간해 유럽의 정부와 지식인 사회를 발칵 뒤집어놓았습니다. "식량은 산술급수적으로 증가하지만 인구는 기하급수적으로 증가한다." 이 단순한 명제와 간단한 산수만을 가지고 인구 증가를 국가 번영의 징표로 해석하던 정치인과 지식인들의 통념을 뒤집어놓은 것입니다. 이 이론에 따르면 노동자의 임금은 장기적으로 최저 생존수준을 초과할 수 없어서, 대중의 집단적 빈곤은 불가피한 일이 됩니다. 빈곤을 제거하고 빈민을 구제하며 전염병을 퇴치하려는 모든 형태의 고상한 노력은 굶주림과 학살, 전쟁 등 더 큰 사회적 불행을 야기할 뿐입니다. 이것이 당시 모든 종류의 진보적 사상에 철퇴를 내려친, 이른바 '맬서스의 저주'입니다.

## 고령화, 장수의 축복이 부르는 재앙

역사는 인류를 이 끔찍한 주술에서 구해냈습니다. 맬서스의 저주는 특정한 지역 특수한 상황에서만 가끔 위력을 발휘했을 뿐입니다. 그런데 대한민국은 정반대의 저주에 걸려들었습니다. 이른바 저출산 고령화 현상이 그것이죠. 물론 갑작스러운 일은 아닙니다. 서유럽과 일본을 비롯한 주요 산업국들은 예외 없이 이 현상을 겪었습니다. 하지만 국민이 대한민국만큼 짧은 기간에 대한민국만큼 빠르게 늙어간 나라는 인류 역사에서 일찍이 없었습니다. 세월이 조금 더 지나면 중국이 이 길을 뒤따라오겠지만, 그때까지는 필적할 상대가 없을 겁니다. 이러한 인구 구성의 변화 속에서도 계속 발전하려면 대한민국이라는 공동체의 질서와 제도가 그에 맞게 진화해야 합니다. 환경 변화에 적응할 수 있도록 제때 진화하지 못하는 생물이 도태되는 것처럼, 국가도 제때 진화하지 못하면 몰락의 운명을 맞게 됩니다.

국민들은 고령화 현상이 우리의 일상을 어떻게 뒤흔들어 놓을지 아직은 정확하게 인식하지 못하고 있습니다. 인구가 줄어든다고 하니까 나라가 없어지면 어쩌나 걱정하는 정도입니다. 정치인과 지식인, 언론인들도 그 심각성을 충분히 이해하는 것은 아닙니다. 정부가 내놓은 「비전 2030」을 대하는 그분들의 태도를 보면 그렇습니다. 이것은 고령화 시대 대한민국의 생존과 번영을 도모하기 위한 장기 재정계획입니다. 발표 후 재원대책이 없다는 비판이 쏟아졌습니다. 이것 자체가 재원대책인데 그런 소리를 들으니 참으로 당황스럽습니다. 그러나 앞으로 누구도 이 장기 재정계획을 무시할 수 없을 것이라고 저는 예견합니다. 우선 고령화에 관한 지표 몇 가지를 소개한 다음 이야기를 계속하겠습니다.

인구 규모를 현상 유지하는 데 필요한 합계출산율은 2.1입니다. 합계출산율은 15세에서 49세까지의 여성이 평생 출산하는 아기의 수를 나타내는 지표입니다. 남자는 여기서 아무짝에도 쓸 데가 없는 존재가 되지요. 오직 여자만 중요합니다. 정부가 박정희 대통령 시대 이래 강력한 산아제한정책을 시행한 것은 다 아는 일입니다. "생긴 대로 다 낳으면 거지꼴을 못 면한다!"에서 "둘만 낳아 잘 기르자!"를 거쳐 "잘 키운 딸 하나 열 아들 안 부럽다!"에 이르기까지, 살벌 달콤했던 가족계획 포스터를 기억하는 국민들이 많을 것입니다. 여기에다 여성의 사회활동이 확대되고 산업화에 따르는 핵가족화가 진행되면서 한국의 합계출산율은 20여 년 전인 1980년대 중반에 이미 2.1 아래로 떨어졌습니다. 그런데도 정부는 몇 년 전까지 가족계획사업을 계속 시행해왔습니다. 참 놀라운 일입니다. 뭘 하든 화끈하게 하는 한국인의 특성이 예의 막강한 위력을 발휘한 탓인지, 2005년 합계출산율은 세계 최저인 1.08로 떨어졌습니다. 2006년에는 1.13으로 오랜만에 상승했지만, 세계 최저 수준이라는 사실은 달라지지 않았습니다.

1980년대 중반에 2.1 아래로 떨어진 합계출산율이 무엇을 의미하는지는 그로부터 30년, 지금부터 10년이 지난 시점에 분명하게 드러날 겁니다. 2016년에는 15세에서 64세까지의 국민을 합친 생산가능 인구가 줄어들기 시작합니다. 그로부터 4년이 더 지난 2020년에는 약 4,950만 명으로 정점에 올랐던 대한민국 전체 인구가 감소세로 돌아섭니다. 짧은 기간에 출산율이 비약적으로 높아지지 않는 한, 인구 감소는 이미 피할 수 없는 일이 되었습니다. 65세 이상 노인이 전체 인구의 7%가 넘으면 고령화 사회라고 하죠. 14%가 넘으면 고령 사회, 20%가 넘으면 초고령 사회라고 합니다. 한국은 2000년에 고령화 사회에 진입했는데, 2018년에는 고령 사회, 2026년에는 초고령 사회가 됩니다. 고령화 사회에서 초고령 사회까지 가는 데 걸리는 시간이 겨우 26년! 프랑스보다 7배, 독일보다는 4배 빠른, 세계 인구통계 역사상 일찍이 관찰된 적이 없는 신기록입니다.

　　일하는 사람의 수가 줄어들고 평균연령이 높아지면, 생산성을 획기적으로 높이지 않는 한 국민총생산이 줄어들 수밖에 없죠. 줄어들지 않는 경우에도 성장률이 떨어집니다. 한국개발연구원KDI의 연구보고서에 따르면, 2020년 한국경제의 잠재성장률은 3% 미만으로 떨어질 전망입니다. 2050년이 되면 일하는 사람 셋에 65세 넘은 노인이 둘 있는 나라가 됩니다. 이대로 내버려두면 국민연금 기금이 고갈되어 연금을 지급할 수 없는 사태가 생깁니다. 연금을 계속 지급하려면 우리의 아들딸들이 소득의 30%를 국민연금 보험료로 내야 합니다. 당뇨, 고혈압, 중풍, 암 등 거대한 중증 만성 질환자 집단이 형성되어 건강보험 재정도 파탄을 맞습니다. 혼자서 일상생활을 할 수 없는 노인들의 부양 문제는 광범위한 가족의 해체 현상을 야기할지도 모르죠. 고령자 비율이 이미 20%를 넘어선 시골 시·군 지역의 수많은 농촌마을들은 거대한 양로원이 되거나 폐허로 변할 것입니다. 비탈의 계단식 논밭들은 농사지을 사람이 없어 잡초만 무성해집니다. 대한민국이라는 국민국가의 전면적인 붕괴를 방불케 하는 사회적 재앙이 다가오고 있다는 뜻입니다. 그런 판국에 혼자서 행복할 수 있는 사람이 얼마나 있을까요? 그런데도 국민들은 태평스럽게 지내고 있습니다. 국민연금 재정을 안정시키려는 법률 개정안에 대해 국민 70%가 반대합니다. 여유 만만한 국민이라서 그런 걸까요? 그게 아니라 아직 문제의 심각성을 체감하지 못해서 그런 것이겠지요. 혼자 생각하다 보면 저는 이따금 잠을 이루지 못할 때가 있습니다.

　　물론 이런 전망은 미디어를 통해 널리 전파되어 있습니다. 많은 국민들이 불안한 마음으로 미래를 걱정하고, 정치인과 지식인, 전문가들도 대책이 필요하다고 말합니다. 그러나 위기를 극복할 전략에 관한 진지한 토론은 아직 부족합니다. 지금 우리에게 절실히 필요한 것은 막연한 걱정이 아니라 위기를 기회로 전환하는 효과적인 전략입니다. 국민들이 그 전략을 인지하고 합의하도록 적절한 정치적 과정을 밟아나가는 것입니다. 그리고 국민들이 그 합의에 입각한 국가 정책과 제도 개혁을, 때로는 손해와 불편을 감수하면서도 받아들이고 스스로 변화하게 만드는 일입니다.

## 「비전 2030」, 대한민국을 구하는 장기 재정계획

참여정부는 「비전 2030」이라는 장기 국가재정계획을 제안했습니다. 최선의 방안은 아닐지 모르겠지만, 대한민국 최고의 민간 전문가와 정부관계자들이 온갖 지혜와 힘을 모아서 만든 전략이라는 것만은 분명합니다. 그러나 국민은 그 취지를 이해하지 못했고, 마땅히 해야 할 토론은 거의 이루어지지 않았습니다. 본질과는 관계없는 정치적·이데올로기적 공격만 난무했을 뿐이죠. 그 책임이 누구에게 있든, 이것은 심각한 소통의 위기입니다. 「비전 2030」이 제시한 전략을 제 나름대로 해석하고 정리해보니 핵심은 세 가지입니다.

첫째, 선도적 세계화입니다. 「비전 2030」에는 '능동적 세계화'라는 용어가 등장하지만, 저는 더 적극적인 자세가 필요하다는 생각에서 '선도적 세계화'라는 표현을 선택했습니다. 개방화와 지식정보화를 본질적 내용으로 하는 세계화를 능동적으로 받아들이고 선도함으로써 더 큰 경제적 번영의 기회로 삼자는 것이죠. 이것은 참여정부가 한미 FTA 협상을 타결하고 EU와의 FTA를 포함한 동시다발적 FTA를 추진하는 것으로 이미 그 모습을 드러냈습니다. 경제자유구역 설치, 외국인력 활용정책, 외국인투자 유치와 한국의 해외투자 확대, 개발도상국에 대한 공적개발원조ODA 확대, 동북아 금융 물류 허브 구축, 국제규범과 조화를 이루기 위한 국내 법제도 정비 등의 제도 혁신 과제들이 모두 이 전략과 연관된 것입니다. 선도적 세계화는 대한민국이 지구촌에서 더 큰 번영의 기회를 얻기 위한 전략입니다.

둘째, 인적자원개발HRD입니다. 지구촌을 무대로 경쟁하는 주체는 물질이 아니라 사람입니다. 실제로 사람은 대한민국 경쟁력의 유일한 원천입니다. 초고령 사회를 눈앞에 둔 대한민국은 이미 사람이 귀한 나라가 되었습니다. 더 많은 국민이 일하도록 해야 합니다. 되도록 젊은 나이에 일을 시작하고, 나이가 많아도 되도록 오래오래 일하도록 해야 합니다. 경쟁에서 한 번 실패하거나 탈락한 사람에게 다시 도전할 기회를 주어야 합니다. 일하는 동안 더욱 생산적으로 일해서 더 많은 부가가치를 창출하도록 해야 합니다. 모든 국민이 지금보다 더 똑똑하고 더 건강하고, 시련을 극복할 수 있는 더 큰 정신적·정서적 능력을 기르도록 해야 합니다.

학교에서만이 아니라 일터에서 평생 배우고 익힐 수 있도록 하는 것도 물론 필요합니다. 이 전략은 이미 발표한 바, 유급지원병제도와 사회복무제 도입 등 병역제도 개편을 포함한 '인적자원 활용 2+5 전략', 대학 특성화와 경쟁력 강화 방안, 정년조정과 임금피크제 도입 방안, 출산 크레디트제도 도입을 포함한 국민연금제도 개혁, 국가 연구개발사업R&D 확대, 초중등교육의 정상화와 방과 후 학교 활성화, 영어교육 강화, 보육서비스 확대, 빈곤 아동 투자 확대를 시발점으로 삼은 사회투자정책, 학교보건과 사업장보건, 지역보건을 연계하는 건강투자정책 등 인적자원개발과 관련해 참여정부가 추진해온 다양한 정책조합과 연관되어 있습니다.

셋째, 사회적 자본 확충입니다. 사회적 자본이 무엇인지에 대해서는 다양한 견해가 있지만, '주는나무'님의 블로그(http://blog.naver.com/jh1770/140005593898)에 올라 있는 한국교육개발원 김태준 박사의 글「인적 자원으로서의 인간 자본과 사회적 자본」을 참고했습니다. 사회적 자본은 "개인보다는 사회적 관계 속에 존재하면서 오랜 시간에 걸쳐 경제적 이익을 창출할 수 있는 자원"입니다. 한 인간집단의 구성원들 또는 상이한 여러 인간집단들이 공유하고 있어서 서로 협동할 수 있도록 해주는 규범이나 네트워크, 유대관계를 모두 포함하는 개념이죠. 가족, 학교, 지역사회, 기업, 노동조합, 언론, 정치 등 삶의 모든 영역에서 개인과 집단들이 다른 사람과 다른 집단을 신뢰하며 살아가는 나라는 그렇지 않은 나라보다 더 큰 사회적 자본을 보유하고 있습니다.

선진국은 국민 개개인의 물질적 자본과 인적 자본이 풍부할 뿐만 아니라, 나라 전체의 사회적 자본도 훨씬 더 풍부합니다. 사회적 자본이 풍부할수록 갈등이 덜 일어나고 갈등 해결 비용도 적게 들어갑니다. 다른 조건이 동일하다면 국민 개인의 생산성과 더불어 사회 전체의 경쟁력도 올라가는 것이지요. 정부혁신, 전자정부 구현, 행정투명성 강화, 병역제도 혁신, 노사관계 선진화, 국가 균형발전정책, 사법제도 개혁, 언론 개혁, 자원봉사 활성화, 식품·의약품 안전 강화, 기초생활보장제도 등 복지정책의 합리화, 비정규직 차별 해소, 양성평등 실현, 엄정한 법질서 수립 등 참여정부는 사회적 자본의 확충과 직·간접적으로 관련된 정책에 힘을 기울였고, 「비전 2030」은 사회적 자본 확충을 위한 제도 혁신과 선도적 투자계획을 담고 있습니다.

## 국가경쟁력의 기초는 유능한 개인

「비전 2030」이 제시한 국가발전전략을 더 쉽게 설명하면 이렇습니다. 대한민국은 날이 갈수록 일하는 사람이 줄고 노인은 늘어나게 되어 있는 나라입니다. 계속 잘살려면 더 많은 사람들이 더 오래 일해야 하고, 일하는 사람들이 돈을 더 많이 벌어야 합니다. 인구 5,000만 명도 안 되는 좁은 국내 시장에서는 한계가 명확하기 때문에 앞장서서 세계무대로 나가 경쟁에서 성공해야 합니다. 개방이 생존을 위한 필요조건이라면, 남보다 한 걸음이라도 먼저 더 적극적으로 개방하는 편이 낫겠지요. 선진국과 동시다발적 FTA를 맺음으로써 세계화를 선도해야 합니다. 하지만 이것은 기회를 포착하는 것에 지나지 않습니다. 성공의 필요조건일 뿐 충분조건은 아니라는 말입니다. 성공을 거두려면 국민 개개인이 유능해야겠지요. 국민 개개인의 인지적·신체적·정신적·정서적 능력을 기르는 것이 바로 인적자원개발 투자이고, 이러한 국민 개개인의 능력이 최대한의 경제적 성과를 낳을 수 있도록 사회적 환경을 조성하는 것이 사회적 자본 확충을 위한 투자입니다. 사회투자국가란 인적자원개발과 사회적 자본 확충에 전력을 다하는 국가입니다. 선진통상국가는 대한민국의 생존과 번영을 위한 기회를 만드는 전략이고, 사회투자국가는 선진통상국가로 성공할 수 있는 내부적 조건을 만드는 전략이므로, 이 둘은 따로 갈 수 없습니다.

대한민국이 과거 개발 시대처럼 계속 물질적 자본 확충에 집중해서는 선진통상국가로 성공하는 데 필요한 경쟁력을 확보할 수도 없거니와, 그런 상태에서 개방만을 추진할 경우 외환위기 이후 심화된 사회경제적 양극화를 항구적으로 고착시키는 결과를 초래할 뿐입니다. 반면에 선진통상국가의 길을 외면하는 사회투자국가 건설은 비현실적인 전략이 됩니다. 더 큰 세계시장에서 더 많은 부가가치를 취득하지 않고는, 기나긴 시간이 지난 후에야 투자의 효과가 나타나는 사회투자의 재원을 지속적으로 조달할 방법이 없기 때문입니다. 보수진영은 평소 원하던 선진통상국가를 얻는 대신 진보진영의 노선에 부합하는 사회투자국가를 수용하고, 진보진영 역시 평소 원했던 사회투자국가를 얻는 대신 보수진영의 선진통상국가를 수용하는 것, 이것이야말로 모두를 승리자로 만드는 전략적 대타협이 될 것으로 저는 확신합니다.

선도적 세계화를 추진하면서 물질적 자본에 대한 투자는 민간 기업과 시장에 대폭 이양하고 국가는 인적자원개발과 사회적 자본 확충에 집중하려고 할 때, 장기 국가재정계획을 혁신하는 것은 피할 수 없는 조처입니다. 경제지출 비중을 10% 수준으로 끌어내리고 복지지출 비중을 40% 수준으로 높이는 것이 장기 국가재정계획인 「비전 2030」의 알파이자 오메가로 자리 잡은 것은, 참여정부가 이러한 전략적 대타협이 필요하고 또 가능하다고 보았기 때문입니다. 물론 이렇게 할 때 '복지지출'은 새로운 이름을 가져야 마땅하겠죠. '사회투자지출'이 그것입니다. 우리는 복지정책으로 불리는 현재의 사회정책을 사회투자의 관점에서 다시 해석하고, 결과의 평등을 도모하는 데서 기회의 형평을 보장하는 쪽으로 정책수단과 사업방식을 혁신해야 할 것입니다.

이런 전략을 과연 실현할 수 있을까요? 전망이 그리 밝지는 않습니다. 민주노동당과 진보적 시민사회단체, 일부 진보적 언론과 지식인들은 한미 FTA 반대 기치를 높이 들고 싸우면서 선진통상국가론을 망국의 길이라고 비난합니다. 한나라당과 보수언론, 보수적 지식인들은 한미 FTA를 무작정 예찬하면서 사회투자국가로 가는 정책을 가리켜 나라를 망치는 사회주의적 분배정책이라고 공격합니다. 저는 그분들에게 말합니다. 당신들은 둘 다 틀렸습니다. 그러나 동시에 둘 다 옳기도 합니다. 당신들은 서로를 필요로 합니다. 상대방이 승리하지 못하면 당신도 승리할 수 없기 때문입니다. 자기가 성공하려면 상대방을 성공하게 만들어야 합니다. 남이 하고 싶은 것을 못하게 막는 일에 진력하기보다는, 남들이 원하는 것을 갖도록 용납하는 대신 당신도 당신이 원하는 것을 갖는 쪽이 서로 행복하지 않겠습니까?

아직은 대답이 없습니다. 하지만 머지 않아 양쪽 모두에서 좋은 소식이 올 것으로 기대합니다. 대한민국에 국운이라는 것이 있다면, 그렇게 될 수밖에 없을 것이라고 믿습니다. 그런데 국운을 가져오는 것은 결국 총명한 국민입니다. 이르든 늦든, 어느 시점에선가 대한민국의 왕인 국민들이 총기를 발휘하는 순간이 올 것이라고 저는 기대합니다.

# 대한민국, 진화는 계속된다

생명체가 진화하듯이 국가도 진화합니다. 국가는 탄생하고 성장하고 진화하고 소멸하는 사회적 유기체입니다. 한순간도 그 자리에 그대로 머물지 않습니다. 그렇다면 대한민국은 과연 어떻게 진화해왔으며 어떤 모습으로 진화해갈 것인가? 국민들은 저마다 대한민국이 이렇게 진화해가면 좋겠다는 소망을 가지고 있겠지요. 저도 그렇습니다. 많은 국민이 같은 소망을 키우면 언젠가 그것이 현실이 됩니다. 대한민국은 국민이 꿈꾸는 방향으로 진화해왔으며, 앞으로도 그렇게 될 것입니다.

앞에서 말씀드렸던 「비전 2030」은, 달리 보면 대한민국이라는 국가의 진화 방향을 예고한 보고서입니다. 그 이야기를 좀 더 자세히 하겠습니다. 이 보고서에 대해 혹시 들어보셨나요? 기억하시는 분들은 아마 이런 말을 떠올리실 겁니다. "재원대책 없는 장밋빛 청사진." "좌파정부의 세금폭탄투하계획." 대부분의 언론이 그렇게 보도했기에, 국민들도 그렇게 알고 계신 것이죠.

기억력이 특별히 좋은 분들은 "1인당 국민소득 1,000달러, 마이카 시대 도래"라는 유신 시대의 구호를 떠올릴지도 모를 일입니다. 「비전 2030」은 그런 것이 아닙니다. 대한민국이 반세기 동안 어떻게 진화해왔는지를 살펴보고, 그 토대 위에서 앞으로 어떤 진화가 예정되어 있는지를 분석한 보고서입니다. 앞으로 우리에게 필요한 국가의 진화를 순조롭게 뒷받침하기 위해, 정부가 어떤 제도를 혁신해야 하며 국가 재정의 구조를 어떻게 바꾸어야 하는지를 제안한 전략보고서이기도 합니다.

**한국경제의 운항 궤적**

생물의 진화는 서식지 환경 변화에 효과적으로 대응하면서 생존하고 번성하려는 유전자의 전략이 만드는 변화 과정입니다. 기본은 역시 먹이활동이죠. 생명체에게는 언제나 먹는 게 제일 중요합니다. 사회와 국가의 진화 역시 기본은 먹이활동, 다시 말해 경제생활입니다. 다음 〈그림 1〉은 대한민국 국민의 '1인당 국민소득 변화 추이'를 그려놓은 것입니다. 광복 이후 대한민국 국민 1인당 국민소득이 어떻게 변화해왔는지, 한눈에 볼 수 있죠. 마치 비행기가 이륙한 궤적 비슷하지 않습니까? 그렇습니다. 한국경제가 날아오른 궤적입니다.

한국전쟁이 끝난 1953년 1인당 국민소득은 67달러. 대한민국은 세계에서 제일 가난한 나라 가운데 하나였습니다. 4·19

<그림 1> 1인당 국민소득 변화 추이

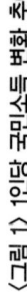

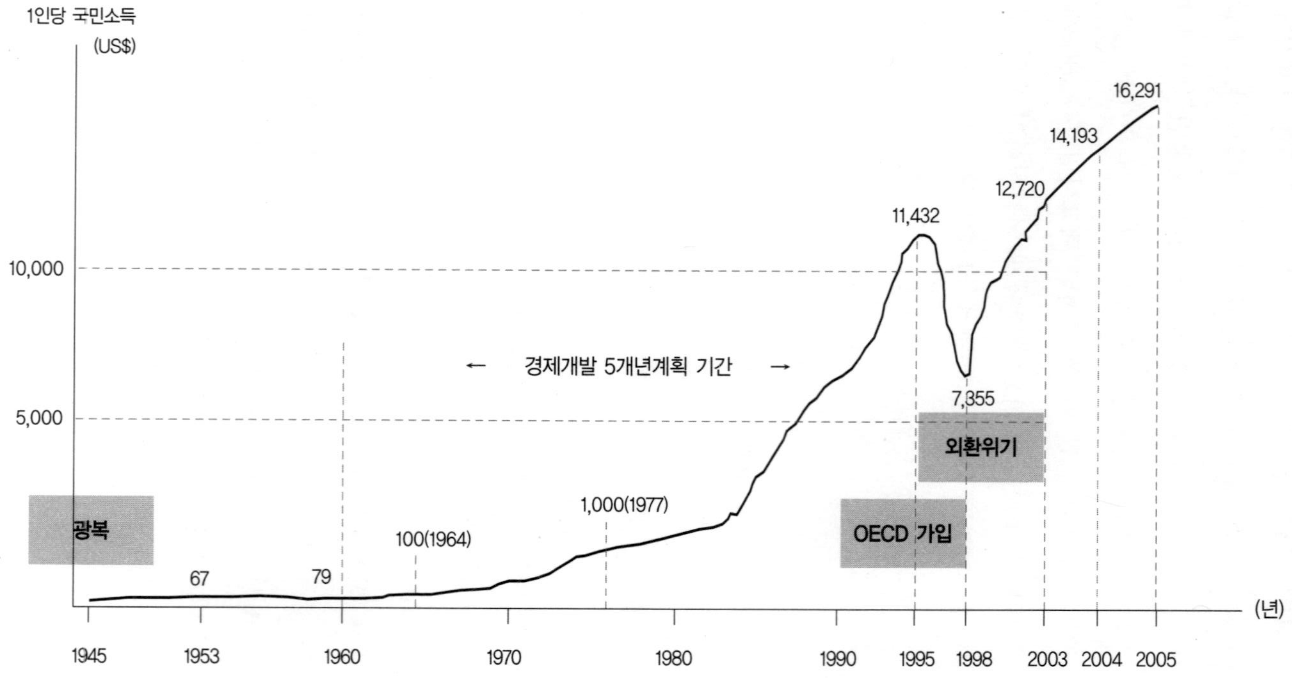

혁명과 5·16 쿠데타가 일어난 1960년대 초반까지는 큰 변화가 없었죠. 박정희 정부가 수출주도형 불균형성장전략을 채택해 본격적으로 집행하기 시작한 1970년 무렵에는 비행기가 활주로 바닥에서 떨어졌다 붙었다 하면서 조금씩 뜨기 시작합니다. 아직 가속도가 덜 붙어 제대로 이륙하지는 못한 상태입니다.

1인당 국민소득 1,000달러를 달성한 1977년 무렵에는 비행기가 이륙했다는 것을 뚜렷이 볼 수 있습니다. 1980년 전두환 정부 시절에는 완만하게 고도를 높였지요. 민주화에 대한 국민의 요구가 강력하게 표출되다가 6월 민주항쟁으로 군사독재가 종식된 1980년대 후반부터, 한국경제는 본격적으로 고도를 높이며 순항합니다. 박정희에서 전두환으로 이어지는 군사독재 또는 권위주의 정권 시기에 한국경제가 기적을 이루었다는 일반적 고정관념은 부분적 진실만을 담고 있다는 걸 알 수 있지요. 박정희 대통령은 한국경제라는 비행기가 이륙할 수 있도록 가속도를 붙이는 데 성공한 지도자였습니다. 언론의 자유와 노동3권 등 민주주의 기본권을 철저하게 억압하고 새마을운동이라는 국가동원체제를 가동하면서 이루어낸 업적이었죠.

우리 국민은 1980년대 중반 이후 10여 년 동안 민주화와 경제 발전이라는 두 과제를 순조롭게 성취해 1인당 국민소득 1만 달러 고지에 오르면서 '선진국 클럽'이라는 경제협력개발기구OECD에도 가입했습니다. 노태우-김영삼 대통령이 국정을 이끈 이 기간에 한국은 국제사회에서 그야말로 눈부신 경제적·정치적 성공을 거둔 모범국가라는 평가를 받았습니다. 그러나 그

화려한 성공의 이면에서 날개 없는 추락을 부르는 위기의 싹이 자라고 있었습니다. 문민정부 막바지였던 1997년 일찍이 경험한 적이 없는 외환위기가 벼락처럼 우리를 덮쳤습니다. 한국경제는 순식간에 경제적 파탄의 난기류에 휩쓸렸습니다.

국제통화기금IMF 구제금융을 받아 유동성위기를 넘기기는 했지만 크고 작은 기업이 수없이 도산했고, 수십만 명의 노동자가 일시에 거리로 내몰렸으며, 알토란 같은 금융기관과 제조업체와 부동산이 외국인의 손에 넘어갔습니다. 그 결과 1998년 1인당 국민소득은 7,355달러로 주저앉았습니다. 성장률이 마이너스 7%에 육박한 데다가 원화 대비 달러 환율이 엄청나게 오른 탓이죠. 김대중 대통령은 실업대책과 신빈곤층 긴급지원에 엄청난 재정을 투입하는 한편, 기업과 금융 분야 구조조정과 개방화를 진척시키는 등 5년 내내 IMF 후폭풍과 씨름한 끝에 대한민국이라는 항공기를 외환위기의 난기류에 휩쓸리기 전의 고도로 다시 올려놓았습니다.

참여정부가 들어선 이후 한국경제는 4% 내외의 경제성장률을 기록하면서 완만하지만 안정적인 상승세를 유지해왔습니다. 이제 비행기는 고도 2만 피트, 즉 1인당 국민소득 2만 달러를 눈앞에 두었습니다. 대한민국의 외환보유고는 2007년 1분기 말 2,400억 달러가 넘어 세계 5위를 기록했고, 달러 환율은 외환위기 직전보다 조금 높은 940원 수준으로 떨어져 하향 안정세를 보이고 있습니다. 10년이 지난 지금에 와서야 외환위기의 여진은 적어도 외견상으로는 거의 다 가라앉은 것으로 보입니다. 그러나 외환위기가 우리에게 남긴 내상內傷, 다시 말해 속으로 든 피멍은 아직 다 치유되지 않았습니다. 「비전 2030」은 그 내상까지 치유하고 대한민국이 더 건강해지도록 만드는 전략에 관한 보고서입니다.

## 잃어버린 미래를 되찾아온 10년

한국경제가 이륙해서 운항해온 궤적을 함께 감상해보았으니, 이제 몇 가지 제 소견을 말씀드리는 것이 나쁘지 않을 듯합니다. 데이터는 거짓말을 하지 않습니다. 하지만 해석하는 사람은 거짓말을 합니다. 한나라당과 보수언론, 보수지식인들은 김대중·노무현 두 대통령이 나라를 이끈 시기를 일컬어 '잃어버린 10년'이라고 합니다. 참 이상한 분들입니다. 아무리 시력이 나쁘다고 해도 데이터를 그렇게 읽어서야 되겠습니까? 그야말로 완전히 뒤집어지고 일그러진 해석입니다. 우리는 그림에서 보았습니다. 외환위기를 예방하기는 고사하고 국가가 부도날 지경에 이를 때까지 위기의 징후를 감지조차 못한 것이 어느 정부였던가요? 달러 표시 국민소득을 거의 반 토막 나게 만들고, 뒤에 온 대통령들이 10년 동안이나 그 뒤치다꺼리를 하게 만든 정부를 도대체 어느 정당이 세웠던가요? 지난 10년을 '잃어버린 10년'으로 규정하고, 참여정부를 경제파탄·민생파탄 정부라고 욕하는 바로 그 한나라당의 정부가 아니었던가요? 환란이 눈앞에 와 있는 시점에서도 한국경제는 튼튼하며 위기 징후는 없다고 호언장담했던 지식인, 전문가, 언론인이 누구였던가요? 국민의 정부와 참여정부를 '잃어버린 10년'으로 규정하고 한나라당의 집권을 공공연히 주창하는 그분들이 바로 그 장본인 아닙니까?

지난 10년은 '잃어버린 10년'이 아니라 '미래를 되찾아온 10년'이라고 해야 정상입니다. 김대중 대통령과 노무현 대통령이 '국민과 함께 승리한 10년'이라고 하는 게 맞습니다. 한나라당 정권이 우리에게서 빼앗아갔던 미래를 혼신의 힘을 다해 '되찾아온 10년' 아닙니까? 이 시기에 우리는 환란을 극복했습니다. 아직 완전하지는 않지만 그 후유증을 적잖이 치유했습니다. 정경유착을 끊고 정치부패를 일소했으며, 권언유착을 청산했습니다. 권력기관의 정치적 중립을 이룩했으며, 지방분권과 국가 균형 발전을 온갖 난관을 뚫고 추진했습니다. 또 남북관계를 획기적으로 개선하고, 한반도 정세를 안정적으로 관리해왔습니다. 한나라당과 보수언론이 잃어버리게 했던 우리 국민의 미래를 다시 찾아온 것입니다.

어디서 많이 듣던 말씀 같지 않나요? 이 문제를 다루는 꼭지를 다 써놓고 돌아서니 김대중 전 대통령의 말씀이 나왔습니다. "잃어버린 10년이라는 주장은 언어도단이다." 노무현 대통령의 참여정부 평가포럼 강연과 원광대 강연 발언도 나왔습니다. "잃어버린 10년이 아니라 다시 찾은 10년이다." 제가 두 분 말씀을 훔쳐다 쓴 꼴이 되었습니다. 무척 민망합니다. 그런데 사실을 말하자면, 즐겨 다니는 사이트인 서프라이즈(http://www.

seoprise.com) '노짱토론방'에 익명의 네티즌이 달아놓은 댓글에서 '다시 찾은 10년'이라는 카피를 처음 보았습니다. 그래서 언젠가 써먹어야겠다고 메모를 해두었습니다. 전임 대통령과 현직 대통령께서도 혹시 그걸 보신 건지 모르겠습니다. 어쨌거나 그렇다고 삭제할 수도 없는 일이라 하던 이야기를 계속하겠습니다.

우리는 지금 참으로 기이한 광경을 목격하고 있습니다. 외환위기에 대한 책임을 져야 할 사람들과 정당이 그 뒷감당을 훌륭하게 해낸 대통령을 향해 삿대질을 하고 있으니, 이래도 되는 것인지 모르겠습니다. 양심이 불량하거나, 기억력이 부실한 게 틀림없습니다. 둘 다인지도 모르지요. 더 이상한 것은 많은 국민들이 한나라당과 보수언론의 주장을 받아들이는 현상입니다. 경제를 망친 정당을 가리켜 경제를 살릴 정당이라고 합니다. 부패했지만 유능한 정당이라 좋다고 합니다. 한나라당은 부패한 건 틀림없지만 유능하다는 증거는 전혀 없는 정당입니다. 한나라당과 오도된 사명감에 사로잡혀 스스로 권력집단이 된 일부 거대 보수언론인들이 손잡고, 주권자인 국민의 귀를 막고 눈을 흐리게 한 결과 나타난 현상이라고 저는 생각합니다. 여기에 휘둘리는 국민은 총기 있는 왕이라고 할 수 없습니다. 지지율이 낮으면 반성을 해야지, 국회의원이 반성은 하지 않고 국민을 탓한다는 비난을 듣더라도, 할 말은 해야겠습니다. "생각하는 국민이라야 산다!" 함석헌 선생의 말씀입니다.

국민의 평가를 제대로 받기 위해 몇 가지 데이터를 더 소개합니다. 한국경제의 과거와 현재를 보여주는 중요한 지표들입니다. 한나라당과 보수언론인들이여, 그대들도 최소한의 이성이 있다면 데이터를 있는 그대로 보십시오. 겨자씨만한 양심이라도 있다면, 더는 지난 10년을 '잃어버린 10년'이라고 비방하지 못할 것입니다. 더 자세한 해설은 참여정부 평가포럼 홈페이지(http://www.pgeforum.com) 정보뱅크 경제 분야에 올라와 있는 '참여정부, 지표로 말합시다'를 참고해주시기 바랍니다.

도대체 무엇이 민주세력의 무능이며 무엇이 경제파탄입니까? 외환위기가 실물경제에 극단적인 악영향을 주는 바람에 1998년 실질 GDP 성장률이 마이너스 6.9%를 기록했다는 사실을, 대규모 기업 도산과 노동자 정리해고가 뒤따랐던 사실을 잊지 말고 이 데이터를 봅시다. 여기에 임금수준 하락과 금리 상승이 겹치면서 소득분배구조가 크게 악화되었습니다. 이것이 모두 김영삼 대통령이 아니라 김대중 대통령 임기의 통계에 반영됨으로써 국민의 정부 시절 실질 GDP 성장률과 수출증가율, 실업률, 소득5분위 배분율 등의 지표에 큰 악영향을 주었습니다. 이런 사실을 직시하고 본다면 국민의 정부 경제운용 성적표가 한나라당의 문민정부보다 나쁘다고는 절대 말할 수 없습니다. 오히려 훨씬 낫다고 하는 것이 진실에 가깝죠.

국민의 정부를 계승한 참여정부는 이 지표들을 대부분 크게 개선했습니다. 주식시장이 살아났고, 제조업체의 재무구조가 건전해졌으며, 수도권과 비수도권의 격차는 줄었고, 남북한 경제교류도 크게 신장되었습니다. 정부 인건비 증가율은 문민정부 때보다 더 낮았고, 국민의 조세부담률은 미세하게 높아졌을 뿐

<표 1> 한국경제의 과거와 현재

| | 문민정부 5년<br>(1993~1997년) | 국민의 정부<br>(1998~2002년) | 참여정부<br>(2003~2006년) |
|---|---|---|---|
| 연평균<br>실질 GDP 증가율 | 7.1% | 4.4% | 4.2% |
| 연평균<br>수출증가율 | 12.2% | 3.6% | 19.0% |
| 임기 중<br>수출증가분 합계 | 595억 달러 | 303억 달러 | 1,635억 달러 |
| 연평균 종합<br>주가지수 상승율 | -11.1% | 10.8% | 23.0% |
| 연평균 제조업<br>부채비율 | 320% | 209% | 109.5% |
| 연평균 소비자물가<br>상승율 | 5.0% | 3.5% | 3.0% |
| 연평균 고용율<br>(취업자 수/생산가능 인구) | 63.1% | 61.1% | 63.5% |
| 연평균<br>실업율 | 2.4% | 5.0% | 3.6% |
| 연평균 소득5분위<br>배분율 | 4.46% | 5.35% | 5.36% |
| 연평균 금융채무<br>불이행자 수 | 110만 명 | 244만 명 | 328만 명 |
| 연평균 수도권 대비<br>비수도권 지역내총생산GRDP | 0.87 | 0.95 | 1.01 |
| 연평균<br>조세부담율 | 19.3% | 19.6% | 19.8% |
| 연평균<br>정부 인건비 증가율 | 10.8% | 6.5% | 7.4% |
| 연평균<br>남북한 교역액 | 2억 4,600만 달러 | 4억 500만 달러 | 9억 5,600만 달러 |

입니다. 국가 채무가 크게 증가한 것은 사실이지만, 이것도 IMF 경제위기의 와중에서 기업과 금융기관을 살리기 위해 무려 165조 원이나 되는 공적 자금을 투입한 것이 중요한 원인입니다.

앞의 표는 대한민국이 해결해야 할 몇 가지 중요한 과제에 직면해 있다는 것을 보여줍니다. 무엇보다 국민경제의 새로운 성장 동력을 찾아 성장률을 높이는 것, 여성과 청년의 취업을 촉진해 고용률을 높이는 것이 중요합니다. 악화된 소득분배구조를 다시 바로잡고 금융채무 불이행자들이 재기하도록 지원하는 등 소위 경제·사회적 양극화를 완화하는 것도 시급한 과제입니다.

### 국가 진화를 위한 사회투자 확대

이런 일을 하려면 입법과 제도 개혁이 필요할 뿐만 아니라, 중앙정부의 예산구조를 바꾸어 재정적 뒷받침을 하지 않으면 안 될 것입니다. 정부가 어디에 공을 들여 일하는지는 정부예산의 구조를 보면 가장 정확하게 알 수 있습니다. 그렇다면 대한민국 정부는 지금까지 주로 무슨 일에 집중해왔을까요? 〈그림 2〉는 1970년 이후 통합재정 기준 '전체 재정지출 대비 분야별 지출 비중(%)'을 그린 것입니다. 정부수립 이후 반세기 동안 대한민국 정부의 역할이 어떻게 진화해왔으며 국가의 성격이 어떻게 변화해왔는지, 이 표는 그대로 보여줍니다.

박정희 대통령이 이끈 제3공화국과 유신체제 시절 대한민

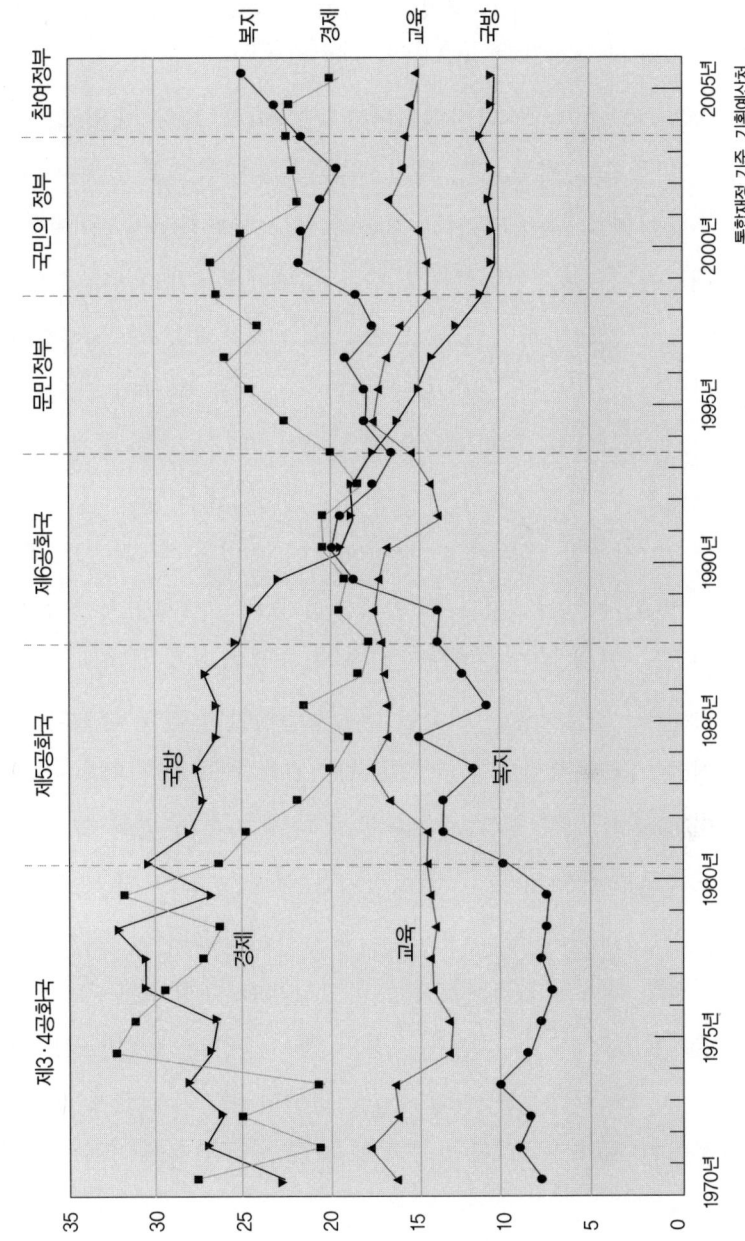

〈그림 2〉 전체 재정지출 대비 분야별 지출 비중(%)

국이 북한을 상대로 한 체제 경쟁에 몰두한 개발독재국가라는 것은, 중앙정부의 재정지출구조에서 명료하게 드러납니다. 국방지출과 경제지출이 비슷비슷하게 많은 가운데, 이 둘이 전체 지출의 50~60%를 차지했으니까요. 교육도 15% 내외로 적지 않은 비중을 차지했지만, 복지지출은 8% 안팎으로 있으나 마나 한 수준이었죠. 축적된 민간 자본이 적고 사회간접자본이 부족했기 때문에 정부는 연속적으로 만든 경제개발 5개년계획에 따라 차관으로 조달하거나 조세로 형성한 투자재원을 직접 집행하거나 사업별·기업별로 강제 할당했습니다. 이렇게 해서 만들어진 것이 재벌입니다. 대한민국은 전형적인 국가주도형 경제였습니다. 제대로 된 시장경제가 아니었다는 뜻이지요.

    전두환 대통령의 제5공화국이 출범한 후 최초의 의미 있는 변화가 일어납니다. 국방지출 비중은 그대로였지만 경제지출이 급속하게 줄어들면서, 그 돈이 교육지출과 복지지출로 흘러갑니다. 유신정권을 계승한 군사정권이었던 만큼 군부의 영향력이 큰 터라 국방지출 비중이 감소하기 어려웠습니다. 경제지출이 감소한 것은 1970년대를 통해 민간 자본이 많이 축적되었고, 고속도로와 항만 등 사회간접자본 투자 수요가 감소한 데 따라 일어난 자연스러운 현상으로 보아야 할 겁니다. 정치적으로는 여전히 군부독재체제였지만 국민경제에 대한 정부의 영향력이 줄어들었고, 민간 기업과 시장의 힘이 그만큼 성장한 것이죠.

    제6공화국은 1987년 6월 민주항쟁으로 직선제 개헌이 이루어진 후 국민이 직접 선출한 노태우 대통령의 정부를 말합니다. 이 시기에는 좀 더 의미 있는 변화가 찾아왔습니다. 국방지출 비중이 크게 감소했고, 꼭 그만큼 복지지출 비중이 늘어난 것이지요. 노골적인 군부독재가 끝나고 민주화 시대가 열렸다는 걸 알 수 있습니다. 이 현상은 대한민국이라는 국가의 역할과 성격이 본격적으로 달라지기 시작했다는 것을 의미합니다. 대한민국은 민주복지국가를 향한 초보적 진화를 시작했습니다.

문민정부 들어 김영삼 대통령은 금융실명제와 공직자 재산등록제도를 시행하는 등 경제를 더 투명하게 만드는 내부 개혁을 단행하는 한편, WTO와 OECD 가입 등 개방화를 추진합니다. 이 시기의 국방지출은 제6공화국의 흐름을 이어가면서 지속적으로 감소했지만, 교육과 복지 지출 비중은 현상을 유지하는 수준에 그쳤습니다. 눈여겨볼 것은 경제지출 비중이 다시 큰 폭으로 증가한 현상입니다. 문민정부가 개방화를 추진하면서 국가경쟁력 강화를 도모하기 위해 경제 분야에 대한 재정지출을 크게 늘렸기 때문입니다. 그러나 그러한 고도성장의 종착점은 비극적인 외환위기였습니다.

국민의 정부 김대중 대통령은 10여 년간 정체되어 있던 복지지출 비중을 다시 한번 증가시켰습니다. 그의 경제정책 노선이 복지 지향적이었기도 하거니와, 외환위기로 인해 단기간에 대규모의 새로운 빈곤층이 등장했기 때문에 이런 정도의 복지지출 증가는 피할 수 없는 일이기도 했습니다. 김대중 대통령은 '생산적 복지'를 내세우고 국민기초생활보장제도를 도입함으로써 우리나라 복지정책의 역사에 한 획을 그었습니다. 집권 초기에는 외환위기 극복을 위해 경제지출을 일시적으로 확대했지만, 유동성위기를 극복한 뒤에는 경제지출을 줄이고 교육지출을 확대합니다. 국민의 정부는 교육부의 두뇌한국21 BK21 사업을 비롯해 과학기술 분야 국가 연구개발사업을 본격적으로 시작했습니다. 평생 '친북좌익'으로 몰려 박해를 당하고 집권 기간에도 끝없이 색깔론에 시달렸던 김대중 대통령으로서는, 문민정부 시절 이미 13% 수준으로 감소한 국방지출 비중을 더 줄이기 어려웠을 것입니다.

노태우 대통령 집권 기간에 시작된 대한민국의 진화는 참여정부에서 한 단계를 마무리하기에 이릅니다. 2003년 20%였던 복지지출 비중은 빠르게 늘어나 2007년에는 28%가 되었습니다. 참여정부가 마지막으로 예산을 편성하는 2008년에는 30%를 넘길 것이 확실합니다. 65세가 넘은 노인 300만 명에게 국민연금 가입자 평균소득월액의 5%(추정금액 8만 5,000원)를 매월 지급하는 기초노령연금제도와 노인장기요양보험제도를 도입하고, 보육지원, 아동투자, 건강투자, 주거복지서비스 등 사회투자정책을 시작했기 때문에 복지지출이 크게 늘어나는 것이지요. 국방과 교육 지출 비중은 현상을 유지하면서, 복지지출 확대에 들어가는 재원은 대부분 경제지출을 줄이는 세출구조 조정을 통해 조달했습니다. 이로써 1975년 무려 35% 가까이 되던 경제지출 비중은 20% 아래로 내려옵니다. 대한민국은 비로소 경제 발전의 주도권을 민간 기업과 시장에 넘겨주고 국가는 국민의 삶의 질 향상과 인적자원개발에 집중 투자하는 정상적인 민주주의 국가, 현대적인 산업국가로 발돋움한 것입니다.

**고정관념을 버려야 미래가 보인다**

대한민국의 진화는 아직 완결되지 않았습니다. 1987년 민주화를 계기로 시작된 진화의 첫 단계를 마무리하는 시점에 왔을 뿐이죠. 누구도 이 진화 과정을 거꾸로 돌리지 못할 것이라고 저는 믿습니다. 이것은 대통령이 인위적으로 만든 변화가 아니라, 대한민국의 왕인 국민의 소망과 욕구에 부응하면서 고령화와 세계화라는 환경 변화에 적응하는 진화이기 때문입니다. 진화의 방향은 이미 정해졌다고 봅니다. 대한민국은 밖으로는 세계 일류 국가들과 당당하게 경쟁하는 선진통상국가, 안으로는 모든 국민에게 자기의 능력을 꽃피우는 기회를 제공하는 사회투자국가를 향해 계속 진화해갈 것입니다. 국가 재정의 분야별 지출 비중을 바꾸는 것 자체가 국가의 목표는 아닙니다. 그러나 이것을 더 바꾸지 않고는 대한민국의 바람직한 진화를 뒷받침할 수 없습니다.

「비전 2030」은 25년 후인 2030년 대한민국 정부의 재정지출 구조 조정 목표를 설정했습니다. 복지지출 40%, 경제지출 10%, 교육지출 13%, 국방지출 9%, 그리고 일반 행정과 통일외교 등 기타 분야는 현재와 비슷한 28%. 이것이 「비전 2030」이 설정한 국가 재정 혁신의 계량적 목표입니다. 다음에 나오는 〈그림 3〉은 다음 단계 대한민국의 진화 과정을 순조롭게 뒷받침하는

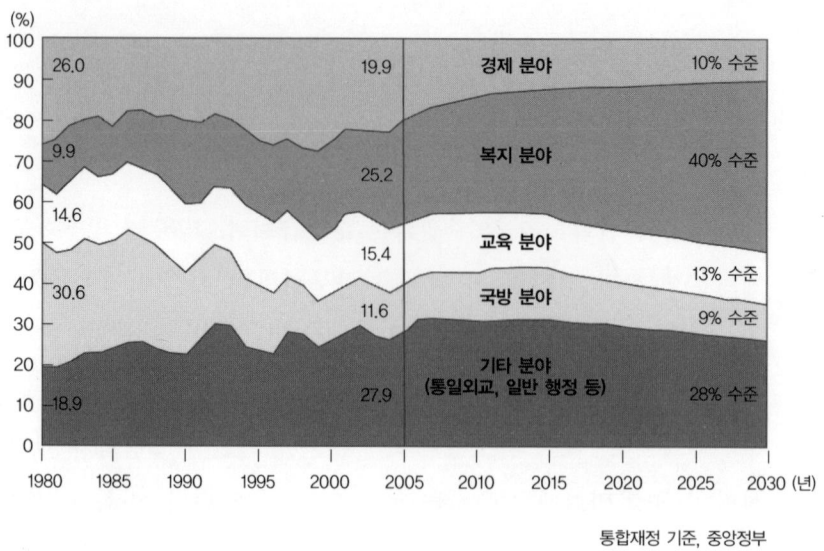

〈그림 3〉 2030 중앙정부 재정지출구조

통합재정 기준, 중앙정부

데 필요한 국가 재정지출구조의 변화를 시각적으로 명료하게 나타낸 것입니다. 참고하시기 바랍니다.

선진국 클럽인 OECD 국가들을 예로 들어볼까요? 전체 국가 재정에서 복지지출이 차지하는 몫이 2004년을 기준으로 평균 55%나 됩니다. 경제지출 비중은 9.1%에 불과하지요. 시장주의 또는 신자유주의가 지배한다는 미국이 각각 57%와 6.5%입니다. 같은 시장경제체제이면서도 미국과 다르게 국가가 매우 적극적인 사회정책을 시행하는 스웨덴은 54.1%와 9.9%이고요. 그런데 우리나라의 경우 복지지출은 2005년에도 25%에 불과하고, 경제지출은 여전히 20%를 살짝 밑도는 상대적으로 매우 높은 수준을 유지하고 있습니다. 무조건 선진국을 흉내 내자는 게 아닙니다. 만약 이들 선진국의 경제적·사회적 발전 과정에서 어떤 보편적 진화 패턴을 찾을 수 있고, 이것이 시장경제와 민주주의 발전에서 보편적 타당성을 지니는 것이라면, 대한민국 역시 그 패턴을 외면해서는 안 될 것이기에 눈여겨보자는 말입니다.

이것이 「비전 2030」에 담긴 기본적인 문제의식입니다. 어느 정치세력이 집권당이 되든, 누가 대통령이 되든, 국정 운영의 책임을 맡은 사람이라면 이 문제의식을 피해갈 수 없다고 저는 확신합니다. 그런데 대한민국의 왕인 국민들 가운데 과연 몇 사람이나 「비전 2030」이 이와 같은 문제의식 위에서 장기적 국가 발전전략을 모색하는 장기 국가재정계획이라는 것을 이해하고 있을까요? 100명에 한 명도 되지 않을 것으로 봅니다. 이 글을 읽는 국민은 많아야 1,000명 중에 한 명 정도 될 겁니다. 왕이 국가 발전에 대한 전략적 문제의식을 전혀 가지고 있지 않을 경우, 왕국의 미래는 불확실해집니다. 국민이 그럴 경우 민주공화국의 미래가 불확실해집니다.

정부는 이 문제의식을 국민과 나누고 싶지만 효과적인 방법이 없습니다. 「함께 가는 희망 한국 비전 2030」은 '재원대책 없는 허황한 선거용 공약'이자 '좌파 정부의 세금폭탄론'이라는 부당한 평가가 국민의 눈과 귀를 사로잡아 이미 뇌리 깊은 곳에 각인되어 있기 때문입니다. 「비전 2030」은 재원대책 없는 공약이 아니라 그 자체가 중앙정부의 세출구조를 바꾸는 장기 재정계획입니다. 그 자체에는 어떤 증세계획도 포함되어 있지 않습니다. 다만, 선진통상국가로 성공하기 위한 인적자원개발 투자와 사회투자를 수행하는 데 세출구조 조정만으로 충분한지 여부를 토론해보고, 국민적 합의가 형성되는 경우 조세 부담을 늘릴 수는 있을 것입니다.

　　　대통령은 이 미래 전략보고서를 혼자 보기가 아깝다고 청와대브리핑 정책자료실에 모두 다 올려놓았습니다. 그런데 그걸 읽는 국민은 찾아보기 어렵습니다. 이것을 '재원대책 없는 허황한 선거용 공약'이라고 비난하는 기사를 작성한 기자들에게 간곡히 청합니다. 선입견을 떨치고, 정권 교체 투쟁에 나선 회사 경영진의 정치적 편향성에 함께 휩쓸리지 않은 상태에서, 다시 한 번 이 보고서를 읽어보십시오. 그대들이 쓴 기사가 국민의 눈을 흐리게 하고 건전한 토론의 싹을 잘랐다는 저의 주장이 단순한 '언론 탓 타령'이 아니라는 것을 인정하게 될 것입니다. 지금부터라도 제대로 된 토론을 해보기 위해, 국민을 가르치려 한다는 비난을 각오하고 저는 이 책을 씁니다. 국민 전하, 눈을 뜨십시오. 일그러진 창을 깨버리고 있는 그대로의 세상을 보십시오.

# 전통적 복지정책과 사회투자정책

나이가 마흔이 넘은 분들은 아마 '고아원'을 아실 겁니다. 초등학교 시절 이른바 '고아원 애들'에 대해 이런저런 소문을 듣고, 그래서 그 친구들에 대해 부당한 편견을 가졌던 경험이 있을 겁니다. 제가 다닌 초등학교에도 그런 친구들이 제법 많았고, 선생님이 그 친구들을 부당하게 차별하는 것을 본 일도 있습니다. 한국은 '고아의 나라'였습니다. 한국전쟁과 연이은 사회적 혼란의 와중에서 부모가 죽었거나, 부모는 있지만 버려졌거나, 부모가 잃어버리고 찾지 못한 아이들이 너무나 많았습니다. 그 '전쟁 고아'들은 지금 환갑을 넘나드는 나이가 되었습니다. 더러는 외국 양부모를 만나 우리가 흔히 말하는 선진국 시민이 되었지만, 그보다 훨씬 더 많은 사람들이 이 땅에서 갖가지 어려움을 견디며 살아야 했습니다.

요즘은 고아원이라는 말을 쓰지 않습니다. '소년의 집'이라는 용어가 크게 유행한 적도 있지만, '희망의 집'이라든가 '사랑의 집'처럼 예쁜 이름을 쓰는 경우도 많지요. '고아'는 크게 줄었지만 부모와 떨어져 사는 아이들은 여전히 많습니다. 부모가 죽어서 고아가 된 아이들보다는 부모가 이혼하거나 가정이 깨져서, 부모가 부양능력이 없어서, 혼인하지 않은 어머니의 원하지 않는 아이로 태어나는 바람에 시설에 맡겨진 아이들입니다. 국내입양이 많이 늘었지만, 해외입양도 여전히 계속되고 있습니다. 참고로 국내외 입양 현황을 말씀드립니다.

대한민국은 해방 이후 2006년까지 모두 22만 8,000명의 아이들에게 새로운 부모를 찾아주었습니다. 그런데 그 가운데 70%나 되는 15만 9,000명을 다른 나라 양부모에게 입양시켰습니다. 국내입양은 30%인 6만 9,000명입니다. 최근 국내입양이 많이 늘기는 했지요. 하지만 해마다 입양되는 아이들 가운데 60%가 여전히 외국으로 나갑니다. 해외입양을 제일 많이 보낸 나라는 미국이지요. 해외입양 아동의 67%인 10만 6,000명이 미국으로 갔습니다. 나머지는 프랑스, 스웨덴, 덴마크, 노르웨이 등 서유럽과 북유럽에 있는 나라로 갔습니다. 옛날에 자료관리가 제대로 되지 않았던 경우가 있었다는 것을 고려하면, 실제 해외입양은 공식 통계보다 좀 많을지도 모르겠습니다.

입양되지 않은 아이들은 국내 아동시설에서 성장합니다. 지금도 2만 명 가까운 어린이와 청소년들이 시설에서 생활하고 있습니다. 2000년에 시범 실시했던 가정위탁사업을 본격 시행한 결과, 1만 명이 훨씬 넘는 아이들이 일반 가정에 위탁되어 수양부모의 보살핌을 받고 있습니다. 최근에는 아이들끼리 함께 가정을 꾸리는 공동생활가정 또는 그룹 홈도 늘어나는 추세입니다.

이 아이들은 우리의 사회복지정책에 대해 많은 것을 생각하게 합니다. 저는 국회 보건복지위원회 소속 의원들이 성년이 되어 시설을 나가는 아이들 문제를 두고 보건복지부를 질책하는 것을 보면서, 뒤늦게 이 아이들 문제에 관심을 갖게 되었습니다. 열여덟 살이 되면 시설을 나가야 하는데, 아무 준비 없이 세상으로 나가는 아이들이 제대로 적응하지 못한다는 겁니다. 대학에 진학하거나 취직을 하면 조금 더 머물게 하지만, 그래도 이 청년들이 자립 기반을 가질 때까지 기다려주지는 않습니다.

**아동발달지원계좌**

앞서 사회투자정책 또는 사회투자국가에 대해 말씀드렸습니다. 이것이 전통적인 사회복지정책과 어떻게 다른지, 아이들 문제를 가지고 말씀드리면 좋을 것 같습니다. 보통은 이렇게 생각하지요. 세상에 제일 서러운 게 부모 잃은 아이들이다. 그러니 국가가 나서서 이 아이들을 돌보는 시설을 세우거나 민간 시설을 지원하자. 나라 형편이 되는 만큼 잘 먹이고 입히고 재우고 공부 시키자. 이 아이들에게도 최소한의 기회를 주고, 어른이 되면 사회로 내보내자. 그래야만 보는 사람도 마음이 덜 불편하지 않은가? 실제로 우리는 그렇게 했습니다. 그런데 거기까지만 했지요. 더는 하지 않았습니다. 이것은 시혜적 복지정책입니다.

그런데 한 뼘만 더 깊이 생각하면 이야기가 크게 달라집니다. 이 아이들에게 조금 더 투자를 하자. 자기의 불운을 더 잘 소화하고 극복할 수 있도록 내면의 힘을 길러주자. 사회를 더 잘 이해할 수 있도록 돕고, 사회에 나가서 자립할 수 있는 심리적·정신적·경제적 기반을 스스로 형성하도록 돕자. 돈은 더 많이 들 것이다. 그러나 나중에 이 아이들이 적응과 자립을 잘 하지 못하고 범죄에 발을 들여놓거나 가난에 빠져 사회에 큰 피해와 부담을 주는 경우를 생각해보라. 이 아이들이 잘 자라서 성실하고 유능한 납세자가 될 수 있다면 당사자는 물론이요 사회 전체에도 얼마나 좋은 일인가? 여기에 돈을 쓰는 것을 투자라고 생각할 수는 없겠는가? 가정위탁과 국내입양으로 새 부모 새 가정을 찾아주어서 자라게 하는 편이 시설에서 자라는 것보다 아이들의 성장에 더 좋은 것이라면, 입양가정과 위탁가정에 좀 더 많은 지원을 하는 게 사회적으로 더 유익하지 않은가? 이렇게 생각하면 이 아이들은 시혜적 복지정책이 아니라 생산적 사회투자의 대상이 되는 것이죠.

2006년부터 보건복지부는 해외입양을 억제하고 국내입양을 늘리는 정책을 펴고 있습니다. '고아수출국'이라는 비판은 민족주의 감정을 불러일으킵니다. 그래서 어떤 국회의원들은 해외입양을 금지하는 법률을 만들자고 합니다. 그러나 우리가 국내에서 새 부모를 찾아주지 못하면서 외국 부모도 만나지 못하게 막는 것은, 그 아이들의 처지에서 보면 새로운 삶을 개척할 수 있는 기회를 박탈하는 정책이 됩니다. 옳지 않지요. 그래서 부모가 친권을 포기한 아이들은 먼저 일정 기간 국내입양을 추진하고, 그게 어려운 경우에 차선으로 해외입양을 모색하도록 하는 온건한 규제를 신설했습니다. 아울러 국내입양을 활성화하기 위해 입양수수료 200만 원을 국가가 대신 내주고 입양아동 양육수당을 크게 올리는 한편, 입양 제한사유를 대폭 완화했습니다. 10년 후에는 해외입양이 저절로 사라지도록 하는 게 이 정책의 목표입니다.

시혜적 복지정책에서 사회투자정책으로 넘어가는 변화의 흐름을 가장 뚜렷이 보여주는 제도는 2007년에 처음 도입한 '아동발달지원계좌'CDA 제도입니다. 시설아동을 비롯해 국가가 특별한 관심을 가져야 하는 아동을 대상으로 하는, 무척 흥미로운 사업입니다. 간단하게 설명드리겠습니다.

우선 시설아동을 비롯해 국가가 특별히 배려해야 하는 '요보호아동' 2만 8,000명에게 은행 계좌를 만들게 합니다. 사업 파트너로 신한은행이 선정되었기 때문에 신한은행 계좌를 개설합니다. 매월 3만 원 이하 범위에서, 아이들이 후원자나 부모·친지에게서 받거나 스스로 마련한 돈을 저축하면 같은 액수를 국가가 입금해줍니다. 신한은행은 이 돈을 운용할 수 있는 적절한 방법을 마련하고, 아이들이 그것을 알 수 있도록 합니다. 본인이 원하고 여건이 되면, 조금 더 많은 금액을 저축해도 됩니다. 국가 지원은 없지만 1% 정도 우대금리를 적용하기 때문에 아이들에게 유리합니다.

신한은행은 계좌를 가진 아이들에게 자산 형성이나 운용

과 관련된 교육기회를 만들어줍니다. 기업 사회공헌의 일환으로 후원자가 없는 아이들에게는 후원자를 찾아 서로 맺어주는 사업까지 합니다. 잘되면 좋은 일을 하면서 은행의 평생고객을 확보하는 성과를 얻을 수도 있겠습니다. 계좌 주인이 18세가 되기 전에는 누구도 이 계좌에서 돈을 인출하지 못합니다. 성인이 된 후에도 고등교육 또는 직업교육을 받거나 주택을 마련하는 등 자산을 형성하는 목적에 부합하는 용도로만 돈을 인출할 수 있습니다. 아주 어릴 때부터 계좌를 만들어 성인이 될 때까지 제대로 운용하면, 시설을 나갈 때는 제법 큰 목돈을 손에 쥘 수 있습니다.

      이것은 매우 독특한, 우리나라에서는 처음 해보는 사업입니다. 복지정책은 전통적으로 소비를 지원했습니다. 생활비를 주는 것이지요. 인적자원개발 관련 지출은 학비를 내주는 정도였습니다. 그런데 CDA는 소비가 아니라 아이들의 자산 형성을 돕고 자산 운용에 필요한 지식을 제공하는 정책입니다. 자산 형성과 인적자원개발을 동시에 해나가는 것이지요. 낯설어서 그런지 오해와 비판이 뒤따랐습니다. 당장 소비생활도 넉넉하지 않은 아이들에게 저축을 강요하는 정책이라든가, 복지정책의 본질을 훼손하는 신자유주의정책이라는 비판이 나왔습니다. 하지만 저는 달리 생각합니다. 돈이 행복의 유일한 원천은 아니지만, 시설이나 위탁가정에서 자라나는 아이들에게는 돈이 매우 중요하다고 말입니다. 다른 무엇보다도 돈의 소중함을 알고, 돈을 늘리는 데 따르는 기쁨을 느끼고, 돈을 잘 관리할 수 있는 능력을 길러주는 것이 훗날 그 아이들이 사회 발전에 기여하는 당당한 시민이 되도록 돕는 매우 효과적인 방법이라고 믿습니다.

　　　　이런 제도를 이미 채택한 나라도 제법 있습니다. 미국에서는 가난한 어른들에 대해서 비슷한 방식으로 자산 형성을 지원하는 개인발달지원계좌IDA 제도를 실시하고 있죠. 영국 토니 블레어Tony Blair 정부는 2005년에 장기아동신탁펀드CTF를 도입했고요. 모든 신생아에 대해 월 250파운드, 저소득층 신생아에 대해서는 월 500파운드 한도 안에서 국가가 함께 저축해주는 비과세 펀드입니다. 500파운드면 이 글을 쓰는 시점의 환율로 계산해서 90만 원 정도 되는 큰돈입니다. 아이들이 18세가 될 때까지 정부가 지원한 몫은 인출할 수 없습니다. 성인이 된 후에도 학자금, 혼인 비용, 자산 취득 등으로 사용처를 한정합니다.

　　　　보건복지부는 CDA 제도를 2007년부터 실시하기 시작했습니다. 원래는 요보호아동뿐만 아니라 저소득층 아이들을 대상으로 폭넓게 도입하려고 했는데, 기획예산처에서 먼저 작게 시작해 성과를 봐가면서 확대하자는 합리적인 의견을 냈기 때문에 일단 작게 시작했습니다. 장차 이 제도를 중산층 자녀들에게까지 확대하는 게 바람직하다고 저는 생각합니다.

## 제3의 길과 사회투자국가론

CDA 제도는 전통적 복지정책과 새로운 사회투자정책의 작지만 중요한 차이를 보여줍니다. 이제 그 차이를 일반화해서 말씀드려 보겠습니다. 사회투자국가라는 용어를 널리 알려지게 만든 사람은 이른바 '제3의 길'을 창시한 영국 학자 기든스Anthony Giddens입니다. 그러나 자산 형성과 인적자원개발을 강조하는 정책이 등장한 것은 오래전으로 거슬러 올라갑니다. 스웨덴 경제학자인 뮈르달Gunnar Myrdal은 무려 70여 년 전에, 사회정책을 단순한 지출이 아닌 투자라고 주장했습니다. 그래서 전문가들은 기든스가 세계화라는 새로운 환경 속에서 사회적 평등과 민주주의를 계속 발전시킬 수 있는 전략을 모색한 끝에 뮈르달의 관점을 살려 사회투자국가론을 만들었다고 합니다. 단순한 소비 지원을 넘어 인적자원개발과 사회적 자본 확충에 집중하는 새로운 성격의 복지국가, 이것이 사회투자국가입니다. 사회투자정책은 사회투자국가를 구현하는 정책수단을 의미합니다.

사회투자국가는 전통적인 복지국가와 이론적으로 어떻게 다를까요? 김영순 서울산업대 교수가 사회투자국가론을 아주 세게 비판한 글이 있습니다.「사회투자국가가 우리의 대안인가?-최근 한국의 사회투자국가 논의와 그 문제점」이라는 논문입니다. 김 교수가 여기서 사회투자국가와 복지국가의 이론적 차별성을 참으로 일목요연하게 정리해놓았기에, 제 주관을 약간 섞어서 요약 인용합니다. 사회투자국가는 다음과 같은 여섯 가지 특징을 가집니다.

1. '과세와 지출' 대신 사회투자를 강조한다. 투자는 수익을 상정하는 개념이므로 복지지출은 명확한 수익을 낳는 것이어야

한다.
2. 경제정책과 사회정책의 통합성을 강조한다. 사회지출은 수익을 창출할 투자이기 때문에 곧바로 경제정책의 한 요소가 된다.
3. 사회투자의 핵심은 인적 자본 및 사회적 자본 투자이다. 인적 자본투자의 핵심 대상은 아동이다. 사회적 자본은 좋은 인적 자원을 만들어내는 사회적 맥락, 경제활동의 포괄적 기반이다.
4. 사회지출을 소비적 지출과 투자적 지출로 나누어 소비적 지출을 가능한 한 억제한다. 대신 자산조사를 통해 찾아낸 특정한 목표집단을 대상으로 투자적 지출 프로그램을 만든다.
5. 시민의 권리는 의무와 균형을 이루어야 한다. 경제적인 기회 제공, 복지 제공이 국가의 의무라면, 유급노동을 통해 스스로를 부양하는 것은 시민의 의무이다. 복지를 대가로 근로의무를 부과하고, 여기에 불응하면 급여를 삭감 또는 박탈하는 근로연계복지정책이 대표적이다.
6. 결과의 평등보다는 기회의 평등을 중시하며, 불평등의 해소보다는 사회적 포섭에 더 관심을 가진다. 시장 실패자에 대한 사후 소득보장보다는 새로운 지식 기반경제에 적응해 시장에서 승리자가 될 수 있게 도와주는 인적자원개발 투자에 주력한다.

어떻습니까? 아동발달지원계좌는 이 여섯 가지 사회투자국가의 특징을 포괄적으로 보여주는 사업이라고 할 수 있지요. 김 교수처럼 사회투자국가론을 비판하는 학자들은 우리 정부가 사회투자국가라는 멋진 간판을 내걸고 그나마 부족하기 짝이 없는 전통적 복지제도마저 축소하려는 것이 아닌지 의심에 찬 눈길을 보냅니다. 저는 보건복지부 장관으로 부임하자마자 기존의 복지정책과 보건정책을 사회투자국가론의 관점에서 재해석하자고 제안하고, 작은 것이라도 사회투자국가론의 실제적 의미를 드러낼 수 있는 사업을 찾아보자고 직원들을 독려했습니다. 그런데 저와 함께 사회투자국가론을 공부하고 토론한 전문가들도 김연순 교수와 똑같은 걱정을 하더군요.

저도 그분들의 우려에 공감합니다. 대한민국은 국민소득 수준이 비슷한 다른 나라들과 비교할 때 사회지출을 너무 적게 합니다. 그래서 이걸 늘려야 합니다. 그러나 여기에 반대하는 보수적 담론의 세력과 힘이 너무나 강대하기 때문에, 과거의 정책을 그대로 답습하면서 지출을 확대하기란 사실상 불가능합니다. 저는 그렇게 판단합니다. 진보적 관점에서 나쁘게 보면 사회투자국가론은 보수파에 대한 굴복입니다. 그러나 좋게 보자면 불가피한 또는 적절한 타협이라고 할 수도 있지 않겠습니까? 사회복지정책이 아무리 좋다고 해도, 반대하는 사람을 무시하고 그냥 밀고 가기는 어렵습니다. 사회투자정책은 지향은 진보적이되 방법은 보수적으로 하는 절충적 해법입니다. 진보적인 학자들에게는 산뜻하지 않을지 모르겠으나, 정책을 기획하고 예산을 확보해야 하는 장관의 입장에서는 아주 매력적인 대안입니다. 저는 그렇게 생각합니다.

이런 관점에서 보면 민주노동당과 진보적 시민사회단체가 저를 '역사상 최악의 보건복지부 장관'으로 지목한 것은 어느 정도 이해할 수 있는 일입니다. 그분들은 저의 '진보적 지향'보다는 '보수적 방법'에 주목했던 것입니다. 제가 장관직을 그만두기 직전 마지막으로 했던 정책토론 주제가 국민기초생활보장제도 혁신에 관한 것이었습니다. 저는 이 제도를 혁신해야 한다는 기본 방침을 결정해두고 과천을 떠났습니다.

현행 국민기초생활보장제도는 통합급여제도입니다. 소득과 재산이 법령이 정한 기준을 충족하는 사람은 수급자가 됩니다. 수급자가 되면 생계, 의료, 주거, 교육급여 등 무려 20가지가 넘는 현금급여와 현물서비스급여를 받습니다. 그러나 그 기준에 들지 못하는 사람은, 실제 사는 게 비슷해도 거의 아무런 혜택을 받을 수가 없습니다. 이러다 보니 한번 수급자가 되고 나면 일하지 않는 게 이익입니다. 열심히 일해서 조금 더 벌면, 수급자 기준을 벗어나게 되어 열심히 일해서 번 돈보다 몇 배나 많은 혜택이 사라지기 때문입니다. 그래서 한번 수급자가 되면 좀처럼 거기서 벗어나지 못합니다.

국가는 어려운 사람들이 사는 형편과 처지에 따라 그에 맞는 지원을 하는 게 옳습니다. 집이 없는 사람에게는 주거급여를, 몸이 불편한 사람한테는 의료급여를, 자녀 교육비 지원이 필요한 사람에게는 교육급여를 제공하는 개별급여체제로 변경해야 합니다. 물론 그 모든 서비스가 필요한 사람에게는 지금처럼 다 제공해야겠지요. 열심히 일을 해서 돈을 벌면 모든 혜택이 한꺼번에 다 사라지는 게 아니라, 열심히 일해서 더 번 것보다는 사라지는 혜택의 경제적 가치가 더 적도록 제도를 개편해야 합니다. 일할 능력이 있고, 적절한 일자리를 제공했는데도 일하지 않는 사람에 대해서는, 좀 야박해보이긴 하지만 혜택을 제한할 필요가 있습니다. 이것이 양극화를 조장하고 사회정의와 평등을 침해하는 정책일까요? 저는 그렇게 생각하지 않습니다. 시민의 권리와 의무는 균형을 이루어야 한다고 믿습니다. 개인의 책임과 사회의 책임이 적절한 균형을 이루어야 한다는 것이지요.

**해외입양인 네트워크**

다시 시설아동과 입양아동 문제로 돌아가보겠습니다. 부모 잃은 아이들에게는 새 부모를 찾아주어야 합니다. 어려운 환경에서 살아가는 아이들에게는 타고난 능력을 찾고 발전시킬 기회를 더 많이 주어야 합니다. 어른들에게 권리에 어울리는 의무를 부여하고, 사회의 책임과 균형을 이루는 개인의 책임을 지게 함으로써 돈을 아낄 수 있습니다. 여기에 재원을 더 얹어서 아이들에게 투자해야 합니다. 이것이 사회의 미래를 더 밝게 만드는 길이라고 저는 믿습니다.

아동투자정책을 마무리하기에 앞서, 해외입양인 문제에 대해서 잠깐 한 말씀 드리겠습니다. 2007년 3월 워싱턴과 뉴욕을 방문했을 때 홀트재단의 콕스Susan Soon-keum Cox 씨를 비롯해 많은 해외입양인들을 만났습니다. 그들은 낳아준 부모에 대해, 대한민국에 대해 더 알고 싶어했습니다. 한글과 한국말을 배우고 싶어했습니다. 친부모와 양부모, 낳아준 조국과 길러준 조국 모두를 사랑한다고 했습니다. 앞으로 살아가면서 두 나라 모두에게 도움이 되고 싶고, 그렇게 되면 자기가 더 행복할 것 같다고 말했습니다.

　　대한민국은 이 사람들이 어렸을 때 해주었어야 마땅한 것들을 뒤늦게라도 해야 한다고 저는 생각합니다. 친부모를 쉽게 찾을 수 있도록 입양 관련 자료를 데이터베이스로 만들어 친절한 정보를 서비스하고, 일생에 한 번이라도 모국을 방문하는 비용을 제공하며, 모국을 방문했을 때 머물 수 있는 공간을 더 많이 마련하고, 스스로 만든 해외입양인 네트워크가 더 잘 작동될 수 있도록 지원하며, 그들이 모국의 언어와 문화를 더 깊이 이해할 기회를 폭넓게 제공하는 사업을 이제라도 더 적극적으로 해야 한다고 생각합니다.

　　사회투자정책의 관점에서 이 이야기를 하면 돈과 이익만을 숭배하는 천박한 사람이라는 비판을 받을지도 모르겠습니다만, 해외입양인들은 대한민국이 선진통상국가로 발전하는 데 크게 기여할 수 있는 국가적 자산입니다. 해외입양인들은 한국인의 유전자를 가진 다른 나라 시민입니다. 크게 성공한 사람도 있고 그렇지 않은 사람도 있지만, 이들이 만드는 네트워크는 그들 자신에게 그런 것처럼 대한민국에도 큰 가치를 가집니다.

　　입양 관련 다큐멘터리를 찍은 미드Jeffrey Mead 씨는 보건복지부 장관이 뉴욕에 왔다는 이야기를 듣고 딸 엠마Emma와 함께 수백 킬로미터를 자동차로 달려왔습니다. 그는 엠마의 친어머니를 찾아 달라고 눈물을 흘리며 호소했습니다. 돌아와 확인해본 결과, 안타깝게도 도울 방법이 없었습니다. 입양 관련 서류는 잘 보관되어 있었지만, 생모가 처음 서류를 작성할 때 인적사항을 허위로 적었기 때문입니다. 열다섯 살 길고 까만 생머리를 한 엠마가 어머니를 찾을 가능성은 아주 적어보입니다. 이런 일이 다시는 생기지 않도록 입양 관련 법령을 개선해야 할 것입니다.

눈을 제대로 뜨면 우리의 미래를 밝히는 많은 것을 볼 수 있습니다. 우리는 편견과 고정관념 때문에 가까이 있는 소중한 것들을 놓치는 경우가 많습니다. 대한민국 땅에서 한 해에 45만 명 남짓한 아이들이 태어납니다. 이 아이들 가운데 몇몇은 아주 뛰어난 재능을 타고납니다. 스물세 쌍의 유전자가 부모의 몸에서 감수분열하고 다시 결합하는 과정에서 우연히 주어지는 행운입니다. 이걸 살리면 천재가 탄생합니다. 그런 천재는 많은 이웃에게 혜택을 줍니다. 마이크로소프트를 만든 빌 게이츠Bill Gates 씨가 전 세계 얼마나 많은 젊은이들에게 일자리를 만들어주었는지를 생각하면 금방 이해하실 겁니다.

천재가 아닌 아이들도 어느 분야엔가 잘 들어맞는 재능을 가지고 태어납니다. 넉넉하고 좋은 환경에서 자라는 아이들의 재능은 부모가 찾아서 키워줍니다. 그런 재능을 제대로 찾지 못할 경우, 일차적인 책임은 부모에게 있습니다. 그러나 부모와 헤어져 시설에서 자라는 아이들, 어려서부터 시골의 할머니 할아버지에게 맡겨진 아이들, 다른 가정에 위탁된 아이들, 그룹 홈에서 자기 삶을 개척하는 아이들, 부모가 생활에 쫓겨 충분한 관심을 받지 못하는 아이들, 국가는 이 아이들 안에 잠재되어 있는 재능을 발견하고 키우는 일에 부모 못지않은, 아니 그보다 큰 책임을 져야 합니다. 이 책임을 다하지 못하는 국가는 미래가 밝을 수 없습니다. 국가가 어려운 환경에서 자라는 아이들에게 투자하는 돈을 아까워하지 마시기 바랍니다. 당신의 딸 아들이, 손녀 손자들이 그렇게 해서 재능을 꽃피운 친구 덕분에 좋은 일자리와 삶의 기회를 얻는 날이 올지 모르니까요.

# 사회서비스 시장과 일자리 창출

국민들은 정부에 여러 가지 요구를 합니다. 어떤 처지에 있고 무얼 하고 싶은지에 따라, 정부에 바라는 것이 사람마다 다릅니다. 정부가 마음만 먹으면 되는 것도 있지만, 하고 싶어도 할 수 없는 일 역시 무척 많습니다. 외환위기를 겪은 이후 많은 국민들이 가장 간절하게 원하는데도 잘 이루어지지 않은 게 무엇일까요? 아마도 일자리가 많이 생겨서 일하려는 사람들이 어렵지 않게 취직을 할 수 있도록 해달라는 게 아닐까 싶습니다. 언론사 여론조사를 봐도 그렇습니다. 정당과 정치인들도 하나같이 일자리 창출을 약속합니다. 그냥 일자리도 아니고, 안정되고 보수도 좋은 일자리를 만들겠다는 것이죠.

그런데 현실은 어떻습니까? 잘 되지 않고 있습니다. 정부도 자랑할 만한 성과를 내지 못했습니다. 많은 일자리가 새로 생겼지만 보수가 좋고 안정된 일자리보다는, 보수가 상대적으로 나쁘고 안정성이 부족한 비정규직 일자리가 많았습니다. 대학

공부까지 한 젊은이들은 장래성 있는 업종의 큰 회사에 들어가고 싶어서 중소기업이나 힘든 일자리를 외면합니다. 공무원 채용시험 경쟁률이 수백 대 일입니다. 교원 임용시험도 비슷합니다. 일할 사람을 찾지 못한 중소기업들은 외국인 노동자를 씁니다. 합법·비합법으로 한국 노동시장에서 일하는 외국인이 100만 명에 육박한다는 비공식 추계가 나올 정도입니다. 도대체 무엇이 문제일까요? 경기만 좋아지면 좋은 일자리가 많이 생길 수 있을까요? 경제성장률을 7%로 올리면 그렇게 될까요? 많은 정치인과 언론인, 전문가들이 그런 것처럼 말합니다. 정말 그럴까요? 결론부터 말하면, 절대 그렇지 않습니다. 그렇게 단순한 문제가 아닙니다. 일자리를 만드는 데도 정밀한 전략과 기술이 필요합니다.

### 제조업 일자리는 늘지 않는다

외환위기를 극복하는 과정에도 한국경제는 꾸준히 성장해왔습니다. 국민의 정부에 이어 참여정부 들어서도 4% 안팎의 꾸준한 성장세를 보였지요. 하지만 일자리가 바라는 만큼 늘어나지는 않았습니다. '일자리가 늘어나지 않는 경제성장' 또는 '고용 없는 성장' 현상이 나타난 것입니다. 이 기간에 생산성을 가장 빠르게 높였고, 가장 높은 성장률을 기록한 산업이 제조업입니다. 내수가 부진한 가운데 폭발적인 수출 증가를 일으켜 경제성장을 떠받친 것도 제조업입니다. 그런데 제조업 분야 일자리는 오히려 줄었습니다. 이상할 것도 없는 일입니다. 워낙 빠른 기술의 발전 덕분에 적은 사람을 쓰면서도 더 많이 생산할 수 있게 되었기 때문이죠. 2006년 GDP에서 제조업이 차지하는 비중은 28%였습니다. 그런데 이 분야 취업자 비중은 18%밖에 되지 않습니다. 경제성장을 주도했고 성장률이 제일 높은 제조업인데, 정작 제조업 분야 취업자 수는 줄어든다? 경제성장률을 높인다고 해서 반드시 일자리가 늘어나는 것은 아니라는 이야기입니다.

정치인들은 너나없이 일자리를 창출하겠다고 외칩니다. 그런데 방법을 구체적으로 제시하는 정치인은 별로 없습니다. 저는 아직 보지 못했습니다. 일자리를 만드는 방법과 전략을 찾지도 못한 상태에서 국민의 소망에 화답은 해야겠고, 그러다 보니 구호만 외치는 것이지요. 그런 분들은 대통령과 정부가 한눈을 팔아서 그렇다고 비난합니다. 그러나 세상 어느 정부가 일자리를 만들려는 의지가 없어서 일자리를 만들지 않겠습니까. 뾰족한 방법을 찾지 못해서 그렇습니다. GDP가 해마다 4% 넘게 늘어나는데도 일자리가 늘어나지 않는다면, 무엇인가 구조적인 원인이 있다고 봐야 하지 않을까요? 그렇습니다. 이유가 있습니다.

첫째는 생산성 향상입니다. 기업들은 노동력을 절약하는 기술혁신에 언제나 큰 관심을 지니고 있죠. 컴퓨터와 자동제어 장치, 정보통신 등 신기술은 대부분 노동력을 절약하는 쪽으로 작용합니다. 기업들은 더 적은 수의 종업원을 고용하면서도 과거보다 훨씬 더 많이 생산합니다. 그래야 치열한 국제 경쟁에서 살아남을 수 있는 것이죠. 고용증가율이 생산증가율을 따라가지 못하는 건 일반적인 현상이지만, 제조업 분야에서 특히 두드러집니다. 오늘날 제조업 분야에서 한국 기업들이 10억 원어치를 생산하는 데 필요한 종업원은 네 명도 되지 않습니다. 정보통신 산업의 경우는 이보다 더 적은 인원이 일합니다. 생산성 향상이 가장 빠른 제조업 분야의 취업자 수는, 지난 10년간 절대적으로 감소했습니다.

둘째는 서비스 시장 발전 지체입니다. 이 문제는 조금 깊이 데이터를 들여다보아야 정확하게 알 수 있습니다. 통계청이 발표한 「2006년 인력실태조사」의 '평소취업자' 구성을 살펴봅시다. 평소취업자는 최근 1년 동안에 6개월 이상 취업하거나 구직활동을 한 사람을 가리킵니다. 일반적인 취업자 통계와 약간 차이가 있기는 하지만, 노동시장 상황을 살피는 데는 이것이 오히려 더 적합한 면이 있습니다.

2006년 평소취업자는 2,318만 명입니다. 제조업 종사자는 19.5%인 452만 명입니다. 그렇다면 우리 국민들은 제조업 말고 다른 어떤 일을 하며 살아가는 것일까요? 역사와 전통을 자랑하는 농림어업 분야의 취업자는 약 11%인 259만 명입니다. 시골에서 농사를 짓는 어르신들이 대부분 여기 포함됩니다. 건설업 종사자는 7.8%인 182만 명입니다. 제조업과 농림어업, 건설업을 제외한 나머지 평소취업자는 거의 모두 서비스업으로 분류됩니다. 평소취업자 셋 가운데 둘이 서비스업에 종사합니다.

서비스업을 다시 잘게 나누어보겠습니다. 제일 많은 것이

도매업과 소매업 종사자입니다. 전체 취업자의 14.2%인 320만 명입니다. 다음으로 많은 것이 숙박·음식업 종사자로 8.3%인 192만 명입니다. 대한민국에는 식당과 모텔이 정말 많습니다. 교육서비스업 종사자는 6.9%인 160만 명인데, 영어학원에서 속셈학원까지 학원 선생님들이 모두 여기 들어갑니다. 엄청난 사교육 열풍이 큰 사회 문제이기는 하지만, 일자리 창출에 크게 기여하는 건 분명합니다. 정보처리와 연구개발, 전문성 높은 과학기술서비스를 담당하는 고학력 취업자는 사업서비스업 종사자로 분류합니다. 전체 평소취업자의 6.2%인 144만 명이 여기에 속합니다. 젊은이들이 대부분 대학교육을 받고 대학원이 커지는 현상을 보면, 장차 사업서비스업은 더 성장할 것입니다. 운수업 종사자는 4.6%인 108만 명이고, 하수도 정비 등 각종 공공수리 개인서비스 분야 종사자가 4.5%인 105만 명입니다.

제일 빈약한 분야들을 보겠습니다. 보건과 사회복지 서비스 종사자는 3.8%인 87만 명, 공공행정·국방·사회보장 분야 취업자는 3.3%인 77만 명, 금융보험 종사자는 3.1%인 72만 명입니다. 부동산업과 임대업 종사자가 2.3%인 53만 명입니다. 온 나라가 공인중개사 간판으로 뒤덮이고 대도시에 그토록 많은 빌딩이 있다는 것을 생각하면, 그렇게 많은 건 아니죠? 세계를 무대로 한류 열풍을 일으킨 영화산업 종사자와 운동선수 등을 모두 포함하는 오락·문화·운동 서비스 종사자는 겨우 2.1%인 49만 명에 불과합니다.

## 새로운 일자리는 서비스업에서 생긴다

대한민국 국민은 무엇으로 사는가? 앞의 통계는 이 질문에 답을 줍니다. 대한민국 국민 셋 가운데 둘이, 다른 누군가에게 어떤 종류의 서비스를 제공하면서 그 대가를 받아 살아갑니다. 농림어업 취업자가 줄어든다는 것은 달리 설명할 필요가 없을 겁니다. 시골에서 농사짓는 어르신들이 세상을 떠나시는 만큼 계속 줄어드는 것이죠. 제조업은 일자리가 줄지 않으면 다행으로 여겨야 합니다. 대한민국은 땅이 좁아 무한정 집을 지을 수도 없고, 고속도로도 필요한 곳에는 이미 많이 놓았기 때문에 건설업 일자리도 크게 늘 가능성이 없습니다. 뭐가 남았죠? 서비스업입니다. 서비스업은 날이 갈수록 더 중요해집니다. 만약 대한민국 취업자 셋 가운데 둘이 일하는 서비스업이 발전하지 못한다면, 장기적으로 일자리가 늘어날 가능성은 전혀 없다고 봐야 할 것입니다.

우리 국민들의 압도적 다수가 서비스업에 종사하며, 또한 각종 서비스를 구입하는 데 거기서 번 돈의 대부분을 씁니다. 아이들 등록금과 학원비, 보육비, 유학 간 자녀가 있는 경우 유학비, 가족 외식비, 영화 관람과 국내외 여행 등 문화비, 출퇴근 교통비와 휴대전화·인터넷 통신비, 여름 휴가비, 주택 담보대출 이자, 편찮으신 부모님의 병원비 등등. 이 모든 지출이 다 서비스를 구입하기 위해 지불하는 비용입니다. 여러분도 지난 1년치 가계부를 다시 들여다보면, 제조업 생산품을 구입한 데 쓴 돈보다 각종 서비스를 구입하는 데 쓴 돈이 훨씬 많다는 사실을 새삼 깨달으실 겁니다.

제조업의 비중이 줄어드는 것을 걱정하는 분이 많습니다. 나라가 망할 것처럼 말하는 사람도 있습니다. 오랫동안 우리 국민들은 제조업을 국부國富의 원천으로 인식해왔기 때문에 그런 불안을 느낄 만합니다. 40대에 들어선 독자라면 누구나 초등학교 시절 겪었던 '가정환경 조사'를 기억할 겁니다. 요즘도 그런지 모르겠지만, 1970년대에는 그런 걸 했습니다. 새 학년이 시작될 때 담임선생님이 60명이 넘는 반 아이들을 상대로 가정의 내구성 소비재 보유상태를 공개적으로 조사하곤 했죠. "집에 텔레비전 있는 사람 손들어!" "피아노 있는 사람?" "자가용 있는 사람?" 이러한 내구성 소비재는 모두 제조업 생산품입니다. 발전하는 제조업은 국부 증가와 국가 융성의 가시적 증거였던 겁니다. 그런데 이렇게 중요한 제조업의 비중이 날로 감소하다니, 정말 큰일이 아닌가! 그런 걱정을 하는 겁니다. 사실 그렇게 탄식할 일이 아닌데 말입니다.

원시적 수렵·채취 시대에서 벗어난 후, 인류는 수만 년 동안 농업이 부의 원천인 세상을 살았습니다. 100년 전 우리의 할아버지 할머니들도 그렇게 살았죠. 인구의 대부분이 농업에 종사했습니다. 참다운 가치는 땅에서 나오는 것이라고 믿었고요. 유럽도 마찬가지여서 300년쯤 전에는 프랑스를 중심으로 중농주의重農主義 학파라는 것이 생겼습니다. 오로지 농업만이 진정한 부를 창출하며, 상공업은 농업이 창출한 부를 변형하고 전달하는 데 불과하다고 주장했습니다. 케네François Quesnay라는 학자는 농업에서 창출된 가치가 어떻게 상업과 공업으로 흘러드는지를 정리한 '경제표'를 만들었습니다. 중농주의는 이론적으로 파산했지만 '경제표'는 살아남았습니다. 250년이나 지난 뒤에 레온티에프Wassily Leontief라는 러시아 출신 천재 경제학자의 손에서 '산업연관표'라는 이름으로 부활합니다. 한미 FTA 찬반논쟁의 와중에 정부 산하 연구기관이 한미 FTA 영향 분석 결과를 조작했다는 시비가 일었던 것을 기억하실 겁니다. 그때 그 연구기관이 한미 FTA가 우리 경제에 미칠 영향을 예측하기 위해 사용한 일반균형모형CGE, 이것도 케네의 '경제표'가 컴퓨터 시대에 맞는 모습으로 변신한 것입니다. 재미있는 일이죠.

이야기가 샛길로 좀 빠졌습니다. 산업혁명과 더불어 공업 또는 제조업이 새로운 부의 원천으로 등장하고 농업이 주변부로 밀려나는 현상을 보면서 대중이 느낀 위기의식을 중농주의 학파가 대변했다는 이야기를 하다보니 그렇게 되었습니다. 오늘날 제조업이 서비스업에 밀려나는 양상도 비슷한 위기의식을 불러옵니다. 농업이 압도적 우위를 잃은 것은 기술 진보와 생산성 향상 때문이었습니다. 생산성이 낮았던 시대에는 거의 모든 사람이 농사를 지어야 사회가 겨우 먹고살 수 있는 정도의 식량을 생산할 수 있었지만, 오늘날에는 농업기술이 발전해서 아주 적은 수가 농사를 지어도 사회를 지탱하는 데 필요한 식량을 생산할 수 있습니다. 그러니 많은 사람이 농사를 지을 필요가 없죠.

제조업이라고 해서 다르겠습니까? 마찬가지입니다. 10년

전보다 적은 수의 노동자들이 제조업 분야에서 일하는데도 눈부신 기술 발전 덕분에 온 국민이 쓰고 남을 만큼 생산할 수 있게 되었습니다. 농업에서 풀려난 노동력이 제조업으로 흘러든 것처럼, 이젠 제조업에서 풀려난 노동력이 소비자의 다양한 욕구를 충족하는 다양한 서비스업으로 흘러드는 것이지요. 제조업의 비중이 하락하는 것은 다양한 인간의 행복을 증진하는 수많은 서비스업이 새로 생기고 번창하는 데 따른 자연스러운 현상이라서, 한국도 예외일 수는 없는 일입니다.

새로운 일자리는 서비스업에서 생깁니다. 이 사실을 외면한 채 일자리를 만들자고 아무리 외쳐본들 소용이 없습니다. 제조업을 중심으로 수출을 늘리고 경제성장률을 올려도 일자리는 우리가 바라는 만큼 늘어나지 않습니다. 노동력을 절약하는 기술혁신의 속도가 제조업의 생산 증가 속도를 앞지르는 한, 생산이 늘어도 제조업 일자리는 늘어나지 않는다는 것이지요. 일자리를 늘리기 위해서는 우리나라의 서비스업 수급상황을 있는 그대로 살펴보고, 국내와 해외 시장에 수요가 이미 존재하는데도 공급이 따라가지 못하는 서비스 업종이 어느 것인지를 찾아 신속하게 시장이 형성되도록 해야 합니다. 시장이 생기고 서비스를 생산하려는 공급자가 나타나야 거기서 일할 사람을 찾는 수요가 생깁니다. 경제학 교과서에서 노동력 수요를 가리켜 파생적 수요라고 하는 것은 이런 이치 때문입니다. 멀쩡한 백두대간에 운하를 뚫는다고 해서 지속가능한 일자리가 생기는 건 아닙니다. 기업과 개인이 내는 세금을 깎아준다고 해서 오래 지속될 수 있는 좋은 일자리가 생기는 것 역시 아닙니다. 그런 것은 오래전에 유통기한이 지나버린 낡은 정책일 뿐입니다.

**충족되지 않은 사회서비스 수요**

일자리 창출과 관련해 저만 듣고 배우기에는 무척 아깝다고 생각한 보고서가 하나 있습니다. 대통령 자문 사람입국일자리위원회가 2006년 4월 26일 제75회 국정과제회의에서 대통령에게 보고한 「사회서비스 일자리 창출 전략」이라는 보고서입니다. 저는 보건복지부 장관으로 대통령과 함께 보고를 들었는데, 정말이지 장관들만 듣기에는 너무 아까운 내용이었습니다. 그후 다섯 달 동안 저는 이 전략을 실행에 옮기는 데 필요한 제도 개혁과 재정 투자계획을 만들어 대통령에게 보고했습니다. 핵심 내용 몇 가지를 국민들께도 소개하려고 합니다.

사회서비스업은 주로 교육·보건·사회복지·보육·문화·환경 분야 서비스를 생산하고 공급하는 산업입니다. 같은 액수의 서비스를 생산하는 경우, 제조업이나 사업서비스업보다 훨씬 많은 사람을 필요로 합니다. 전문용어로는 취업유발계수가 크다고 하죠. 특히 여성이 취업하기 좋은 분야고, 국민들이 이런 서비스를 충분히 제공받는 경우 여성들이 경제활동에 참가하는 비율이 크게 높아집니다. 국민 생활의 품질을 높이는 효과도 있습니다. 선진국 사례를 보면, 국민소득이 높아지면서 사회서비스 수요가 국민소득보다 더 빠르게 증가합니다. 그래서 사회서비스업 고용 비중은 국민소득 증가와 더불어 계속 높아집니다. 일반적 추세가 그렇습니다.

그렇다면 우리나라 사회서비스업은 어느 정도 발전해 있을까요? 선진국들과 비교해보겠습니다. 지금 시점에서 비교하는 것은 선진국이 우리나라보다 소득수준이 훨씬 높기 때문에 적절치 않겠죠. 그래서 비교 대상 국가들의 1인당 국민소득이 각각 1만 8,000달러였던 시점에서 사회서비스 취업자 비중이 얼마나 되었는지를 알아봅니다. 그랬더니 핀란드가 26.6%, 영국은 21.2%, 뉴질랜드가 20.5%, 그리고 스페인은 17.8%였습니다. 다른 OECD 회원국들도 크게 다르지 않습니다. 우리나라는 어떨까요? 딱 절반 수준인 12.7%입니다. 만약 다른 선진국의 사회발전 과정에 보편적 타당성을 가진 패턴이 있다고 인정한다면, 우리나라는 국민들의 사회서비스 수요가 제대로 충족되고 있지 않다고 말할 수 있습니다.

그렇다면 이미 존재하는 사회서비스 수요가 어느 정도 충족되고 있을까요? 보건복지부를 비롯한 여러 정부 부처들이 조사한 사회서비스 수요를 종합해보면, 우리 국민들의 사회서비스 수요는 77.8% 정도만 충족되고 있다는 진단이 나옵니다. 세부 분야별로 잠깐만 들여다보겠습니다. 충족률이 가장 높은 분야가 어디인지는 말씀드리지 않아도 아마 아실 겁니다. 바로 교육서비스죠. 수요충족률이 무려 99%가 넘습니다. 우리 국민들이 자녀교육에 얼마나 아낌없는 투자를 하고 있는지 생각하면 전혀 놀랄 일이 아닐 겁니다. 일반 공공행정이 91.7%였고, 환경은 66%, 보육 58%, 보건의료 45.5%, 문화 분야가 40%로 그 뒤를 잇습니다. 그럼 복지서비스는? 38.9%로 수요충족률 최하위를 달리고 있습니다. 국민의 정부와 참여정부가 10년 동안 한나라당과 보수언론에게 좌파라는 욕을 무진장 들어가면서 애를 썼지만, 대한민국 보건서비스와 복지서비스의 현주소는 여기입니다.

사회서비스업에서 얼마나 많은 일자리를 만들 수 있을까요? 일단 선진국들이 국민소득 1만 8,000달러였던 시절에 했던 만큼만 키운다고 가정하면 대충 답이 나오겠죠. 늘어날 수 있는 일자리는 보건의료 분야가 39만 개로 압도적입니다. 복지 22만 개, 보육 13만 개 등 차례로 따져보면, 무려 90여 만 개에 육박하는 일자리를 사회서비스업 분야에서 만들어낼 수 있다는 결론이 나옵니다. 지금 당장 말입니다. 국민소득 증가와 고령화의 진전을 감안하면, 중장기적으로는 그보다 몇 배 많은 일자리가 나옵니다. 앞으로 일할 사람이 부족할지도 모릅니다. 그래서 지금 추세대로 가면 어떤 직종에서 자격과 능력을 가진 일꾼이 부족해질 것인지 예측해보았습니다. 간병인, 의사, 간호사, 방문간호요원, 재활훈련요원, 노인과 장애인 활동보조요원, 시설보육교사와 탁아모 등이 제일 크게 부족할 것이라는 전망이 나옵니다.

### 사회서비스 일자리 창출 전략

자연스럽게 이런 의문을 가지시게 될 겁니다. 왜 그런 거야? 어째서 우리나라는 사회서비스업이 제때 발전하지 못한 거야? 여러 이유가 있습니다. 우선 들 수 있는 이유는, 관심이 없었다는 것이죠. 사회서비스 시장은 저절로 만들어지지 않는 특수한 시장입니다. 국가가 필요한 재정투자를 하고 법률과 제도를 정비해주지 않으면 시장이 제대로 형성될 수 없다는 뜻입니다. 그런데 외환위기 전까지 고용 사정이 크게 나쁘지 않았던 만큼, 정부나 민간 전문가들이 사회서비스 분야에 크게 관심을 두지 않았습니다. 사회서비스 시장을 형성하기 위한 재정투자는 전통적인 용어로 표현하면 '복지지출'입니다. 크게 관심 둔 사람이 없는 상황에서 누군가가 그걸 하려고 하면 곧바로 보수진영의 비난이 쏟아집니다. "큰 정부 하느냐!" "선심정책 아니냐!" "좌파 포퓰리즘이다!" 목숨 걸고 하겠다는 사람이 없고 방해하는 세력은 크니, 그게 될 리가 있겠습니까?

어째서 사회서비스 시장을 저절로 발전하지 않는 특수한 시장이라고 하는지 잠깐 설명드리는 게 좋겠습니다. 사회서비스는 사람이 사람답게 사는 데 꼭 필요한 서비스입니다. 경제적으로 풍요한 사람들은 어떤 방식으로든 자기가 알아서 서비스를 조달할 수 있습니다. 연봉이 수십 억 원이나 되는 대기업 CEO라면 아무 문제가 없습니다. 아기가 있으면 유모를 붙이고, 수험생이 있으면 과외 선생님을 붙이고, 몸이 아프면 의사를 부르고,

노부모가 편찮으시면 간병인과 생활 도우미를 구해드립니다. 그렇지만 가난한 사람은 그럴 수가 없습니다. 가난하기 때문에 더욱 절실하게 사회서비스를 원하지만, 가난하기 때문에 서비스를 구입할 수 없는 악순환에 빠지는 것이죠.

　　　가난한 사람들은 자녀에게 방과 후 교육을 시킬 수 없습니다. 조기 영어교육도 그렇습니다. 나쁜 학습환경에서 자란 아이들은 자기 재능을 제때 발견해 키우지 못합니다. 나중에 가난해질 확률이 그만큼 높아집니다. 몸이 아파도 충분히 좋은 치료를 받지 못하며 간병인을 쓰지도 못합니다. 더 오래 병치레를 하고 더 오래 소득활동을 할 수 없어서, 더 허약하고 더 가난해집니다. 노부모가 중풍이나 치매에 걸리면 가족들이 직접 돌봐야 하기 때문에 며느리나 아들딸 가운데 누군가는 소득활동을 포기해야 합니다. 그래서 더 쪼들리는 것이죠. 악순환입니다. 이런 악순환이 있는 사회가 건전하게 발전하기란 어렵겠지요. 이 악순환의 고리를 끊으려면 국가가 세 가지를 해야 합니다. 첫째는 저소득층의 구매능력 강화를 위한 재정투자, 둘째는 공급자 진입을 막는 불합리한 규제 혁파, 셋째는 종사자 자격관리를 통한 서비스 품질관리입니다.

　　　어느 사회나 부자는 수가 적고 가난한 사람은 많습니다. 가난한 다수가 서비스를 구매할 능력이 없으면 시장이 작아서 공급자가 잘 나타나지 않습니다. 공급자가 나타나도 규모의 경제를 실현할 수 없기 때문에 가격이 아주 비쌉니다. 서비스의 품질을 검증할 정보도 충분하지 않겠죠. 가격이 어지간만 하면 서비스를 구입할 수 있는 중산층 국민들도 가격이 너무 비싸거나 서비스를 신뢰하기 어려우면 구입을 꺼립니다. 사람들이 사회서비스를 많이 구입해야 시장이 커지고 노동력 수요가 확대될 텐데, 그렇지 않으니 일자리가 많이 생길 리 없습니다.

　　가난한 사람들의 사회적 수요 social need는 있어도 구매능력이 뒷받침되지 않으면 시장수요 market demand로 전환되지 않기 때문에, 시장이 제대로 형성되려면 국가가 재정 투입을 해서 또는 사회보험제도를 만들어서 가난한 국민들의 서비스 구매능력을 보충해주어야 합니다. 그래야 공급자가 나타나고 경쟁이 생기고 서비스 가격이 떨어져, 서비스 소비가 늘고 그 서비스를 제공할 사람에 대한 수요가 발생해 일자리가 생기는 것입니다. 선진국은 국가가 적극적인 재정투자를 했기 때문에 사회서비스 시장이 크게 형성되고 일자리가 많이 생긴 것입니다. 대한민국 정부는 그런 투자를 별로 하지 않았습니다. 그래서 사회서비스 일자리가 적은 것이지요.

　　국가가 가난한 사람들을 위한 재정투자를 해서 시장수요를 키운다고, 그것만으로 문제가 해결되는 건 아닙니다. 사회서비스 분야에서 일자리를 만들려면 공급자가 나타나야 합니다. 공급자가 나타나야만 서비스를 생산할 사람을 고용할 수 있기 때문이죠. 우리나라 사회서비스 시장을 보면 신규 공급자의 출현을 원천봉쇄하거나 심각하게 저해하는 불합리한 규제가 널려 있습니다. 가장 심한 것이 보건의료 분야입니다. 국민들에게는 엄청난 손해를 주면서 아주 적은 공급자들의 기득권을 지켜주는 괴상한 규제가 많습니다. 누가 언제 왜 만들었는지도 모르는 규제가 곳곳에 남아 있습니다. 이런 규제에 손을 대려고 하면 관련된 이익집단들이 벌 떼처럼 들고일어납니다. 공무원들이 몸을 사리는 것이 어찌 보면 당연합니다.

사례를 가지고 말씀드리는 게 좋겠습니다. 우리는 몸이 아프면 병원에 갑니다. 이런 생각을 해보지 않으셨나요? 의사가 집에 와서 봐주면 좋을 텐데! 그런데 집에 찾아오는 의사는 없습니다. 왜 그럴까요? 방문 진료는 수가酬價가 낮아서 타산이 맞지 않기 때문입니다. 찾아오는 환자를 받기에도 바쁜 의사들이 손해를 보면서 방문 진료를 할 리가 없습니다. 그러면 간호사라도 오면 좋지 않을까요? 수액주사를 맞는다거나 와상환자가 있어서 병원에 모시고 가는 비용이 너무 많이 드는 경우, 간호사가 와서 욕창 부위 소독도 해주고 혈압을 재주면 좋겠지요. 이런 일을 하는 의료기관은 사실상 보건소밖에 없습니다. 왜 그럴까요? 방문간호사업은 국가와 지방자치단체를 제외하면 의료기관만 할 수 있도록 되어 있기 때문입니다.

이것은 아주 오래된 의료법 규제 가운데 하나입니다. 그런데 병원들은 역시 방문간호 수가가 낮아서 타산이 맞지 않는 탓에 이 사업을 하지 않습니다. 누군가, 의사가 아닌 사람이 간호사를 고용해서 저렴하게 서비스를 하고 싶어도 의료법 규제 때문에 할 수가 없습니다. 의사가 아니면 의료기관을 개설할 수 없고, 의료기관이 아니면 방문간호서비스를 제공할 수 없습니다. 방문간호서비스를 원하는 많은 국민들의 수요는 충족되지 않은 채 남아 있을 수밖에 없습니다. 거기서 생길 수 있는 수많은 일자리도 만들어지지 않은 채 세월은 흘러갑니다. 이 사례를 말씀드린 것은 사회서비스 분야에 다양한 시장을 형성하고 일자리를 창출하기 위해서는 낡고 불합리한 각종 규제를 없애야 한다는 걸 설명드리기 위해서였습니다. 의사들을 비난하는 말이라고 받아들이지는 마시기 바랍니다.

말이 나온 김에 방문간호 관련 규제는 이미 없앴다는 말씀을 드립니다. 전국 8개 시군구에서 노인장기요양보험 시범사업을 해왔는데, 여기서는 보건소뿐만 아니라 간호사협회 같은 비영리 민간 단체도 방문간호사업을 합니다. 의료법 규제를 우회하기 위해 지역보건법을 활용했죠. 보건소 업무를 민간에 위탁할 수 있다는 규정을 가져다 그렇게 했습니다. 시범지역에서 보건소가 방문간호사업을 하는데, 직접 하지 않고 간호사협회라는 비영리단체에 사업을 위탁함으로써 의료기관만 방문간호를 할 수 있도록 하는 의료법 규제를 피해간 것이지요. 물론 의사협회는 이 규제를 유지하고 싶어했습니다. 하지만 2007년 4월 임시국회가 통과시킨 노인장기요양보험법은 누구나 방문간호서비스를 제공하는 기업을 설립할 수 있다는 규정을 담고 있습니다. 법안 심의 과정에서 밖으로 소리가 나가지 않도록 조용하게 일을 처리했습니다. 이 분야에서 많은 일자리가 새로 만들어질 것입니다.

국가가 재정을 투입해 가난한 국민의 서비스 구매능력을 보충하고 공급자의 진입을 막는 불합리한 규제를 없앤다고 해서 문제가 다 해결되는 것은 아닙니다. 한 가지가 더 있습니다. 사회서비스 시장이 지속적으로 발전하려면 서비스 품질을 제대로 관리해야 합니다. 사회서비스와 같은 인적 서비스는 생산과 소비가 동시에 이루어지는 특성을 가지고 있죠. 여기 종사하는 인력은 일정한 전문성과 경험을 갖추어야 합니다. 이렇게 하려면 공급자들 사이의 경쟁이 필요할 뿐만 아니라, 종사자들이 전문적인 능력을 보유하도록 국가와 민간 협회가 자격증을 세분화·전문화하고 관리를 강화해야 한다는 이야기입니다. 이 셋째 조건까지 모두 갖추면 대한민국 사회서비스 시장은 국민에게 일자리와 삶의 즐거움을 함께 제공하는 '블루 오션'이 될 것으로 저는 확신합니다.

돌이켜보면 우리나라는 이런 경험을 이미 한 적이 있습니다. 1977년에 도입된 국민건강보험은 여러 발전단계를 거쳐 오늘에 이르렀습니다. 한국의 의료서비스 기술수준은 세계 일류가 되었고, 공공과 민간 의료기관이 보유한 30만 개 가까운 병상을 중심으로 수많은 의사, 약사, 간호사, 간호조무사, 의료기사, 간병인, 영양사, 조리사들이 안정된 일자리를 얻었습니다. 2007년 2월 임시국회를 통과해 2008년 7월 첫 단계 사업을 실시하는 노인장기요양보험제도 역시 국민들이 적은 본인부담금을 내고 요양서비스를 이용할 수 있게 함으로써 거대한 요양서비스 시장을 형성해 시행 첫해에 5만 개, 그후 해마다 10만 개의 요양서비스 관련 일자리를 만들어낼 것입니다.

보건복지부 장관은 사회문화장관회의를 이끄는 당연직 의

장입니다. 저는 보건복지부 장관으로서 사회서비스 시장 형성과 일자리 창출 전략을 사회문화장관회의 주요 의제로 상정해 논의했습니다. 이것을 사회투자정책과 연계한 전략계획을 만들어 대통령께 보고해 「비전 2030」의 한 축으로 세웠습니다. 이것이 장관으로서 한 가장 보람 있는 일이었다고 생각합니다. 이 계획을 제대로 집행하면 우리는 2015년까지 보건의료 분야 106만 개와 사회복지 분야 26만 개, 보육교육 분야 30만 개를 포함해 186만 개의 새로운 일자리를 만들 수 있을 것입니다.

그런데 사회서비스 일자리를 본격적으로 만들어내려면 보건정책과 복지정책을 포함해, 사회정책 전체를 크게 혁신해야만 합니다. 빈곤층의 사회서비스 구매능력을 강화하기 위해서는 국가 재정투자를 대폭 확대하고, 국가가 직접 사람을 고용해 서비스를 공급하는 기존의 사업방식을 버려야 합니다. 민간 공급자와 시장의 힘을 최대한 활용하는 것입니다. 그렇게 하려면 공급자들은 더 나은 서비스를 더 저렴하게 공급하기 위해 치열하게 경쟁하고 소비자는 책임감 있게 선택권을 행사하도록, 불합리한 규제를 없애고 제도를 개혁해야 합니다.

### 쥐를 잘 잡는 고양이가 필요하다

사회서비스 시장을 형성하고 일자리를 창출하는 이 전략은 정부 안에서 폭넓고 강력한 지지를 받았습니다. 한명숙 국무총리와 한덕수 국무총리의 강력한 지원을 받았습니다. 하지만 밖에서는 만만치 않은 비판에 맞닥뜨렸습니다. 보수진영은 사회서비스 분야의 국가 재정 투입을 선심정책 또는 좌파정책이라는 딱지를 붙여 비난했고, 진보진영은 신자유주의·시장주의 정책으로 보건의료와 사회복지의 공공성을 훼손한다고 공격한 것이죠. 의사협회를 비롯한 몇몇 공급자 단체는 의료법 개정안을 비롯해 잠재적 경쟁자의 시장 진입을 수월하게 만드는 제도 개혁에 대해 심한 반발을 보였습니다.

저는 이런 비난을 예상하면서 일했습니다. 누가 어떤 비난을 퍼붓는다고 해도, 이것이 옳은 길이라는 저의 확신은 흔들리지 않을 것입니다. 삶의 주인은 자기 자신입니다. 대한민국의 주인은 국민 개개인입니다. 개인의 책임성이 무엇보다 중요합니다. 공공성이라는 이름 아래 개인의 책임성을 약화시키고 정부의 역할을 무작정 키우는 정책을 고집해서는 안 된다고 생각합니다. 한편 국가는 국가가 해야 할 일을 확실하게 해야 합니다. 국가의 재정 투입과 합리적인 규제 없이는 형성되지도 작동하지도 않을 특수한 사회서비스 시장을 두고, 마치 그냥 내버려두기만 하면 제일 잘 번성할 것처럼 시장만능주의 구호를 외치거나, 시끄러운 일을 회피하기 위해 기득권을 가진 기존 공급자 단체의 눈치를 살피며 규제 혁파를 미루는 것은 왕인 국민을 모시는 신하로서의 도리가 아니라고 생각합니다.

전통적인 관점에서 볼 때, 사회서비스 분야에 대한 국가의 재정 투입을 대폭 늘리는 것은 진보정책입니다. 개인의 책임성을 강조하고 불합리한 규제를 혁파해 시장의 힘을 적극 활용하는 것은 보수정책입니다. 사회서비스 일자리를 창출하는 전략의 목표는 진보적이지만, 방법은 보수적·자유주의적입니다. 그런데 대통령과 정부 지지도가 낮은 탓인지, 좌우 모두에서 이런 정책기조를 비판합니다. 진보파는 보수적 방법만을 보면서 우측통행이라고 욕합니다. 보수파는 진보적 목표만을 보면서 좌측통행한다고 비난합니다. 그래서 속이 터진 노무현 대통령이 '썰렁개그'를 하나 했지요. "그렇다면 참여정부는 좌파신자유주의다." 그들의 말이 둘 다, 또는 최소한 한쪽은 옳지 않다는 걸 꼬집은 반어법적 조크였습니다. 그런데 많은 정치인과 지식인과 언론인들이 심각한 얼굴로 이 조크에서 애써 '깊은 의미'를 찾아내 '정체성 혼란'이라고 또 공격합니다. 진짜 개그 프로그램을 보는 기분입니다.

검은 고양이든 흰 고양이든 쥐만 잘 잡으면 그만입니다. 애완용이 아니라 쥐를 잡기 위해 고양이를 키운다면 말입니다. 사회서비스 시장을 확대해 국민을 더 행복하게 하고 더 많은 일자리를 만드는 데 필요한 것이라면, 그 정책수단이 좌파적이든 우파적이든, 진보적이든 보수적이든 뭐 그리 큰 상관이 있겠습니까? 어떤 정책의 가치는 그것이 특정한 이데올로기나 이론에 맞는지 여부가 아니라, 국민의 소망에 부합하고 주어진 정책여건 아래서 가능한지 여부에 따라 결정된다는 것이 제 생각입니다. 고양이 털이 흰색인지 검정색인지는 애완용을 기르는 사람에게나 중요합니다. 쥐 잘 잡는 고양이를 원하신다면, 털 색깔은 따지지 마시기 바랍니다. 사회서비스 시장화전략이 일자리를 만들고 국민을 행복하게 할 수 있는 효과적인 정책이라면, 그것이 우파적이든 좌파적이든 무슨 상관이 있겠습니까.

# 책임성 없는 진보, 일관성 없는 보수

마르크스가 유물론으로 역사를 해석했다는 사실은 다 아실 겁니다. 역사 발전의 동력은 물질적 이해관계를 달리하는 상이한 계급 사이의 투쟁이며, 역사는 그 투쟁의 과정과 결과 그 자체인 동시에 기록이라는 것입니다. 강력한 매력을 지닌 역사관이죠. 하지만 저는 그게 전부라고 보지는 않습니다. 역사는 계급투쟁의 역사이기도 하지만, 다른 측면에서 보면 관념투쟁의 역사이기도 합니다. 서로 다른 아이디어 또는 이상理想, 사상思想, 이론들 사이의 대립과 경쟁이 역사를 만든다는 이야기입니다. 더러는 낡은, 더러는 새로 나타난 아이디어들 가운데 치열한 쟁투를 이기고 살아남은 것이 한 시대를 지배하며, 그 사상도 언젠가는 다른 사상에 밀려 왕좌에서 쫓겨납니다. "정말 위험한 것은 기득권이 아니라 사상"이라는 경제학자 케인스John Maynard Keynes의 견해는 마르크스의 유물사관만큼이나 경청할 가치가 있다고 생각합니다.

아이디어와 사상은 스스로 경쟁하지 못하죠. 사람을 통해서, 그것도 주로 지식을 생산하고 전파하는 사람을 통해서 경쟁합니다. 오늘날 우리 국민들은 신문과 방송을 통해, 정치인과 지식인과 언론인들의 말과 행동으로 전개되는 아이디어와 사상의 경쟁을 날마다 경험합니다. 그들의 말을 듣고 행동을 보면서 어느 쪽엔가 힘을 실어줍니다. 사회를 변화시키려면 국민에게서 권력을 위임받아야 하기에, 정치인과 정당들은 자기 아이디어가 국민을 위한 올바른 것이라고 주장하면서 경쟁자의 아이디어를 비판하고 공박합니다. 지식인과 언론인들은 그들과 직접·간접으로 제휴하거나 대립하면서 자기의 목소리를 내고, 미디어는 이것을 쉴 새 없이 국민에게 실어 나릅니다. 이 경쟁이 주권자인 국민을 행복하게 할 수 있는 바른 아이디어의 승리로 귀결되려면, 정치인과 지식인과 언론인들은 일관성을 유지하면서 정직하게 경쟁해야 합니다. 위선과 이중성과 거짓말을 동원한 경쟁은 아름다운 열매를 맺을 수 없습니다.

우리의 현실은 어떻습니까? 자칭 진보는 진보대로, 자칭 보수는 보수대로, 국민이 듣기 좋아할 말만 하면서 진실을 감추고 책임을 회피합니다. 제가 보기에 그렇다는 말씀입니다. 중도를 자처하는 사람들도 크게 다르지 않습니다. 책임의식은 실종되고 대중의 심리에 영합하는 감언이설이 판치고 있습니다. 국민에게서 권력을 위임받기 위해, 정치인과 지식인과 언론인들이 거대한 국민사기극을 벌이고 있습니다. 왕인 국민의 귀에 거슬리는 직언을 하는 사람은 드물고, 왕의 기분을 달콤하게 만드는 아부만 경쟁적으로 합니다. 국민 여론조사 결과가 어느 한쪽으로 쏠리면, 무조건 국민이 옳다고 외치면서 비위를 맞추기에 바쁩니다. 저는 그분들에게 묻습니다. 정말 국민의 판단이 언제나 옳다고 생각하십니까? 저는 그렇게 생각하지 않습니다. 국민들께도 말씀드립니다. 자기 머리로 생각하십시오. 그렇지 않으면 왕이 왕 노릇을 못하고 누군가의 수렴청정을 받게 됩니다.

### 아이디어 경쟁의 생태계

우리는 저마다 다른 꿈을 가지고 삽니다. 각자가 꿈꾸는 이상국가理想國家의 모습은 저마다 다를 것입니다. 그러나 대한민국이 어떤 나라가 되어야 하는가에 대해서는 포괄적인 합의가 있습니다. 대한민국 헌법을 보면 됩니다. 우리 헌법은 인류 문명이 이룩한 최고 수준의 가치를 담은 것으로, 모든 국민에게 강력한 규범적 구속력을 갖는 최고의 문헌입니다. 여기에는 대한민국이 지향하는 최고의 가치가 다 들어 있죠. 자유, 복지, 평등, 사회정의, 행복, 환경, 안전(범죄와 재해 방지 등 사회적 안전뿐만 아니라 국가 안보까지 포함하는 안전). 사유재산권의 폐지와 생산수단의 전면적 국유화, 프롤레타리아독재와 같은 낡은 사회주의는 우리 헌법과 함께 존재할 수 없습니다. 경제성장이라는 좁은 의미의 복지 증대를 절대적 가치로 삼아 개인의 자유와 인권, 사회정의와 평등 등 다른 가치들을 그에 복속시킨 우익전체주의, 우리 역사에서 나타났던 유신체제와 전두환의 5공정권 같은 것도 마찬가지로 우리 헌법과 양립하지 못합니다. 대한민국 헌법은 그와 같은 좌우 극단주의를 용납하지 않는 규범이기 때문입니다.

정상적인 진보와 보수와 중도는 모두 우리 헌법의 테두리 안에 존재해야 하며, 또 그렇게 존재하고 있습니다. 진보·보수·중도란, 사실은 그것을 표방하는 사람들의 아이디어, 철학, 정책, 태도를 모두 합친 것을 가리키는 말입니다. 물론 보수와 진보를 나누는 기준은 나라와 시대에 따라 달라집니다. 오랫동안 살아남은 유력한 기준 가운데 하나가 개인과 사회의 책임 분담에 대한 입장이죠. 모든 사회적인 문제는 개인의 책임인 동시에 사회의 책임이기도 합니다. 여기서 보수는 개인의 책임을 강조하고 진보는 사회의 책임을 강조합니다. 그래서 보수는 상대적으로 작은 정부를 옹호하며, 진보는 큰 정부 또는 정부의 적극적인 개입을 강조하는 것이지요. 보수는 물질적 풍요를 실현하는데 강조점을 찍는 반면, 진보는 사회정의와 평등에 방점을 찍습니다. 이 둘 사이의 넓은 공간에 다양한 형태의 절충적 중도파가 존재합니다. 이것이 민주주의를 제대로 하는 나라에서 일반적으로 관찰할 수 있는 아이디어 경쟁의 생태계입니다.

한국 보수진영의 중심에 한나라당이 있습니다. 자민련이니 국민중심당이니 하는 국지적 보수정당이 가끔씩 분화되어 나타나기는 하지만, 공화당-민정당-신한국당-한나라당으로 이어지는 보수의 본류는 언제나 굳건합니다. 대부분의 신문사들도 같은 흐름에 있습니다. 대학교수는 물론이요 국책 연구기관과 민간 기업연구소에서 지식을 생산하고 유통시키는 대부분의 지식인, 전문가들도 보수에 기울어 있지요.

　　박정희-전두환 체제에서 완전히 말살당했던 대한민국의 진보정치세력은 민주노동당을 통해 새롭게 그 존재를 확인했습니다. 비교적 소수의 대학교수, 전문가들과 영향력이 미약한 일부 온오프라인 신문들이 아이디어 경쟁에서 민주노동당과 보조를 맞추는 중입니다. 이 둘 사이에 보수적 색채가 짙은 중도세력이 제법 폭넓게 존재합니다. 이 세력의 본류는 평민당-새정치국민회의-새천년민주당-열린우리당으로 이어져왔습니다. 2004년 17대 총선에서 탄핵역풍에 휘말려 졸지에 군소 정당으로 전락하는 비운을 겪었던 민주당도 중도보수세력의 한 지류입니다. 중도보수가 압도적 주도권을 가진 가운데 중도진보 성향의 자유주의자들이 막강한 보수적 지역당인 한나라당에 맞서기 위해 힘을 보태온 것이 한국 중도정치세력의 실체입니다. 이 글을 쓰는 시점에서 해체 과정에 휩쓸려 있는 열린우리당이 바로 그런 정당이었지요. 2002년 대선 당시 창당했다가 2003년 열린우리당에 합류한 개혁당이 중도진보 성향의 자유주의 정치세력인데, 아직은 독립 생존할 수 있는 역량을 확보하지 못하고 있습니다.

　　대한민국의 정당들은 보수·진보·중도를 불문하고, 그 정당과 직·간접적으로 연계된 지식인과 언론인들을 포함해, 자기 정체성이 혼미한 가운데 국민에게 잘 보이기 위해 일관성 없는 아부행위를 일삼고 있습니다. 저는 그렇게 봅니다. 시급히 해결해야 할 국가적·사회적 과제에 대응하는 방식을 보면 이렇게 말할 수밖에 없습니다. 다른 정책 현안을 다룰 때도 비슷한 지적을 하겠지만, 여기서는 보건복지예산 심의를 두고 국회에서 일어났던 사건에 대해서만 간단하게 살펴보겠습니다.

## 한나라당, 말과 행동이 다른 보수정당

보건복지부 장관이 상대해야 하는 고객은 대부분 '특별한' 국민들입니다. 태어나면서부터 장애를 안고 나온 아기들, 부모에게서 버림받은 아이들, 의지할 자식도 재산도 돈도 없는 노인들, 원인조차 모르거나 원인을 알아도 고치기 어려운 질병에 걸린 이들, 교통사고나 산업재해로 장애를 얻은 어른들, 자신에게 닥친 크고 작은 시련과 삶에 대한 회의를 견디지 못해 스스로 목숨을 버리려는 사람들, 일하고 또 일하지만 가난에서 헤어나오지 못하는 사람들. 이들이 보건복지부의 이른바 '정책고객' 또는 '정책수요자'들이지요. 대한민국 사회의 빛과 그늘 가운데 보건복지부는 주로 그늘을 살피는 일을 맡고 있기에 그럴 수밖에 없는 겁니다.

이 '정책고객'들에게 긴요한 서비스를 하려면, 그들의 가슴속에 작은 희망의 싹이라도 틔우려면, 절대적으로 필요하면서도 부족한 것이 바로 돈입니다. 선천성 장애를 예방하고 버림받은 아이들이 곧게 자라나게 하려면, 가난한 노인들에게 일자리를 제공하고 장애인들에게 경제활동에 참여할 기회를 주려면,

돈이 있어야 합니다. 가장이 암에 걸린 가족이 빈곤의 나락으로 떨어지지 않게 하고, 삶의 무게를 지탱하지 못해 목숨을 버리려는 사람이 용기와 내면의 힘을 기르게 하는 데도, 돈이 듭니다. 물론 돈이 있다고 모든 일이 다 해결되는 건 아니겠지요. 하지만 돈 없이 할 수 있는 일 역시 별로 많지 않은 것이 현실입니다.

장관으로서 신문과 방송 보도를 볼 때마다 죄짓는 느낌이 들어 괴로웠습니다. 루게릭병이나 혈우병 같은 희귀난치성 질환에 걸린 이들의 가슴 아픈 사연이 몇 백만 명이 보는 신문의 1면 머리기사로 깔립니다. 홀로 사는 가난한 노인들의 집을 고쳐주거나 산간벽지 무의촌을 찾아가 겨우내 목욕 한 번 하지 못한 연세 드신 농민들의 건강진단을 해주는 텔레비전 방송 프로그램도 있었습니다. 정부는 도대체 무엇을 하느냐는 탄식이 절로 흘러나오지요. 손과 발이 자유롭지 못해 입으로 붓을 물고 그림 그리는 화가를 다룬 다큐멘터리를 보면서, 누군가가 우리나라에는 왜 저렇게 좋은 장애인 활동보조인제도가 없느냐고 물을 때는 말문이 막히곤 했습니다. 천박한 신자유주의 사조에 휘둘린 정부가 부와 소득의 양극화를 조장해 서민의 삶이 파탄에 빠졌다는 일부 지식인들의 질타가 지금도 귀를 때립니다. OECD 평균에 비해 너무 낮은 공적 사회지출을 근거로 삼아 참여정부의 복지정책이 오히려 후퇴했다는 비난도 들립니다. 장애인단체나 진보적 보건의료단체들이 보건복지부 장관 물러나라고 요구한 일이 한두 번이 아니었습니다.

일일이 통계수치를 들어 참여정부가 이런 문제를 직시하

고 있으며 지난 4년간 이렇게 노력해서 저렇게 문제를 개선했노라고, 또는 문제가 악화되는 것을 막았노라고 말해봐야 별 소용이 없었습니다. 그런 통계를 들여다보면서 이야기하는 사람이 거의 없기 때문이지요. 사실 장관이 그런 하소연을 하는 것도 그리 현명한 일은 아닙니다. '또 예산 부족 타령'을 하고 '또 언론 탓'을 한다고 더 심한 비난을 들을 뿐이니까요. 항변하면 할수록 그만큼 더 매를 법니다. 하지만 매를 벌더라도 할 말은 해야겠습니다. 지금 우리 국회와 정당, 언론인과 지식인들은 거대한 '국민사기극' 또는 '가면무도회'를 벌이고 있습니다. 그들은 가난과 질병과 장애와 소득 없는 노후라는 시련에 직면한 국민들의 절절한 사연을 거론하면서 정부의 소극적인 자세를 질타합니다. 그러나 돈 없이는 그 일을 할 수 없다는 사실에는 거의 모두가 눈을 감습니다. 이래도 되는 걸까요?

2006년 가을 정기국회의 2007년 예산안 심의·의결 과정에서 있었던 실화입니다. 자칭 보수정당인 한나라당은 시행 첫해에만 11조 원이 넘는 재정이 투입되어야 할 기초연금제 법안을 발의하면서, 동시에 국민들에게는 세금을 깎아주겠다고 호언장담했지요. 거시경제지표가 나쁘지 않다고는 해도 서민들의 삶이 파탄났는데 무슨 소용이 있냐고 정부를 손가락질하던 바로 그 손으로 노인과 장애인, 부모 잃은 아이들에게 사회서비스를 지원하는 사업예산을 전액 삭감하겠다고 했습니다. 대통령 선거를 앞두고 정치적 목적으로 편성한 선거용 선심예산이라는 겁니다. 한나라당의 주장대로 이걸 다 삭감했으면 무려 1조 원이 넘었을 겁니다. 결국 한나라당은 어려운 국민들을 위한 사업비를 1,000억 원 넘게 삭감했습니다. 그 돈이 어디로 갔는지 아십니까? 예산을 심의했던 국회의원들의 지역구 근처 도로건설사업에 투입되었습니다. 하는 말과 행동이 전혀 다른 무책임한 보수정당, 이것이 한나라당의 실체입니다.

**민주노동당, 책임의식 부족한 진보정당**

같은 시기에 진보정당인 민주노동당은 어떤 일을 했을까요? 민주노동당 현애자 의원이 국비와 지방비를 합치면 해마다 2,000억 원이 넘게 들어갈 6세 미만 아동의 무료 예방접종을 시행하도록 하는 법률을 대표 발의했는데, 국회가 그 법률개정안을 통과시켰습니다. 민주노동당은 무상의료정책으로 가는 첫걸음을 디뎠노라고 자랑도 많이 했지요. 좋은 정책입니다. 다만 돈이 없다는 게 문제였습니다. 보건복지부는 2007년 하반기부터 국가예방접종사업을 하기로 하고, 반년치 국비예산 500억 원 정도를 국민건강증진기금사업에 편성했습니다.

그러나 민주노동당은 예정되어 있던 담배 건강증진부담금 500원 인상 법안에 끝까지 반대하면서 일반회계예산에서 그 돈을 마련하라고 요구했습니다. 민주노동당과 한나라당이 반대하면 상임위에서 법안을 처리할 길이 없습니다. 그런데 보건복지부의 사업비는 대부분 기초생활보장 생계급여와 의료급여, 경로

연금, 노인 일자리사업과 장애수당 지원, 시설 및 입양 아동 지원 등 국가가 꼭 도와야 할 정책고객들을 위한 것입니다. 담뱃값 500원 인상안이 좌절되어 그렇지 않아도 수천 억 원의 세출예산을 삭감해야 하는 판국에 도대체 어디서 그 돈을 만든다는 말입니까? 결국 국가예방접종사업예산은 예결위 계수조정소위원회(계수소위)의 조정에서 전액 삭감되었고, 사업은 2008년으로 넘어갔습니다. 2008년에는 할 수 있을지, 전망이 밝지 않습니다.

그러면 열린우리당은 어땠을까요? 당시까지는 법률적 여당이었기 때문에 정부가 제출한 담뱃값 인상안에 반대하기 어려웠을 겁니다. 그러나 담뱃값을 올리면 국민들에게 욕을 듣는다는 정치적 판단 때문에 법안을 처리하지도 않았습니다. 지도부는 이 문제에 대해 아무런 의사결정도 하지 않았고, 여당 소속 보건복지위원회에 어떻게 처리하라는 지시를 내리지도 않았습니다. 열린우리당 소속 위원장이 있고 위원회 절반이 여당 소속이었지만, 결국 담뱃값 인상안은 법안소위에 잠재워둔 채 세입은 수천 억 원 삭감하고 세출은 오히려 증액 의결해 예결위로 송부했습니다.

세입은 삭감하고 세출은 증액한 예산안을 의결한 것이 보건복지위원회만은 아니었지만, 이렇게 황당한 경우는 그리 흔치 않습니다. 예결위 계수소위가 사업예산을 전액 삭감하고, 보건의료 분야 연구개발사업예산과 노인·장애인 지원예산 등을 중심으로 세입에 맞게 삭감한 예산안을 의결한 것은 불가피한 일이었습니다. 열린우리당은 중도를 표방했지만, 진짜 하고 싶은 게 무엇인지를 잘 모르는 정당이었습니다. 100년 정당 건설을 약속했던 거대 집권당의 국회의원들이, 대통령과 여당의 지지율이 낮다는 이유를 들어 대통령의 탈당을 요구하고 당의 해산을 주장하고 나선 일련의 사태는 모두 정체성의 위기에서 비롯되었다는 것이 저의 판단입니다.

이 사건을 두고 진보를 표방하는 시민단체와 신문들은 장관인 저를 맹렬하게 비난했습니다. 그러나 신문시장을 압도하는 보수신문들은, 국민에게 혜택이 가는 사업예산 증액에는 목소리를 높이면서도 그 재원을 마련하는 데는 눈을 감고 거부한 정당들의 앞뒤가 다른 행태에 대해 아무런 비판을 하지 않았습니다. 오히려 그들이 1면에는 난치병에 걸린 가난한 사람들의 고통을 기획기사로 보도해 국민의 눈물샘을 자극하면서, 오피니언 페이지에는 이런 국민에 대한 서비스를 강화하려는 정부의 노력을 '세계적 흐름에 역행하는 큰 정부'라고 비난하는 사설과 칼럼을 게재했습니다. 앞뒤가 맞지 않기로는 한나라당과 다를 바 없는, 무책임하고 일관성 없는 보수입니다. 정말 이렇게 해도 되는 건가요?

진보를 표방하는 신문들도 다르지 않습니다. 그렇지 않아도 정책담론 경쟁에서의 열세로 효과적인 정책수단을 확보하지 못하는 정부를 '신자유주의'로 몰아 공박하는 것으로 자기의 존재 근거를 확인했을 뿐입니다. 정부 지출을 증가시킬 수밖에 없는 정책을 실시하라고 하면서도, 세입의 증가를 가져올 수 있는 정책수단에 대해서는 침묵하거나 심지어는 반대한 것입니다. 민주노동당과 똑같이 무책임하고 일관성 없는 진보입니다.

### 정직하게, 일관성 있게 행동하자

저는 언론 탓이나 야당 탓을 하는 게 아닙니다. 언론과 야당을 비판하는 것입니다. 야당이라고 해서, 언론이라고 해서 성역일 수는 없습니다. 야당과 언론이 완벽한 존재이기 때문에 정부와 집권당을 비판할 권리를 누리는 것이 아닌 것과 꼭 마찬가지로, 정부와 집권당도 완벽한 존재는 아니지만 야당과 언론의 잘못을 비판할 권리를 가진다고 저는 믿습니다. 저는 정부와 공직사회가 효율적으로 일을 잘하고 있다고 주장하는 게 아닙니다. 많은 혁신을 했지만, 낭비를 줄이고 재정지출을 합리화하는 일에 앞으로 더 큰 힘을 기울여야 합니다. 낡은 관행에서 벗어나 국민이 체감할 수 있는 정책을 개발하고 실천하기 위해 배전의 노력을 기울여야 합니다. 아직도 남아 있는 공직사회의 특권과 비효율을 제거하기 위해 더욱더 솔직하게 반성하고 혁신해야 합니다.

그러나 교정해야 할 정부의 오류가 아직 숱하게 있는데도, 언론 탓만 한다는 비난을 받을 위험을 무릅쓰고 저는 외칩니다. 이제 정직하지 않은 보수와 역시 정직하지 않은 진보가 함께 벌이는 이 소모적인 국민사기극을 걷어치워야 한다고 말입니다. '작은정부론'을 옹호하는 정치인과 언론인, 지식인들은 정부지출을 증가시켜야만 하는 정책에 반대하는 일관성을 가져야 합니다. 최소한 그런 일을 적게 한다고 정부를 비난하는 것만이라도 그만두었으면 좋겠습니다. 정부지출을 필연적으로 증가시키는 정책을 내세우는 정치인과 언론인, 지식인들은 그 재원을 확보하는 방법에 대해서도 함께 말하는 일관성을 가져야 합니다.

　　　　보수가 좋다거나 진보가 좋다는 말이 아닙니다. 보수는 보수답게 진보는 진보답게, 책임 있는 자세로 토론하자는 것입니다. 그래야만 국민이 어느 쪽이든 분명하게 선택할 수 있고, 필요한 경우 절충안을 받아들일 수 있지 않겠습니까. 제가 참여했던 참여정부만을 옹호할 목적으로 하는 말이 아닙니다. 뒤에 들어설 그 어떤 정부도, 이 국민사기극의 덫에 갇히면 국민의 신임을 받기 어렵다고 보기에 하는 말입니다. 저는 지금 정치인과 지식인과 언론인들이 일관성을 잃고 국민에게 아부만 일삼으면, 왕의 판단력이 흐려져 국사를 망칠 수 있다는 걱정을 하는 것입니다. 국민 전하께서 깊이 헤아려주시기를 앙망하면서!

# 의료급여제도 혁신

『인구론』을 쓴 맬서스의 별명은 '몬스터'였습니다. 19세기 초 유럽의 진보적 사회사상가들이 붙인 별명이죠. 대중의 집단적 궁핍을 인간이 해결할 수 없는 자연법칙의 산물이라고 주장한 『인구론』이 진보적 사조에 가한 타격이 얼마나 컸는지를 증명하는 일화라고 하겠습니다. 그런데 평소 진보적 견해를 펼쳐왔던 어느 대학교수가 제가 한 복지정책을 가리켜 '맬서스의 망령'이 살아났다고 했습니다. 곰곰이 생각해보았습니다. 내가 그렇게 못된 짓을 했던가? 그런데 아무리 생각해도 동의할 수 없었습니다. 그 교수가 저를 그렇게 비난한 계기는 의료급여제도 혁신정책이었습니다. 이 정책 때문에 저는 진보적 보건의료단체들에게서 거의 욕설에 가까운 비난을 들었습니다. 의료급여제도는 정책수단의 합목적성과 효율성을 둘러싼 논쟁점을 원래부터 지니고 있는 제도입니다. 나아가 사회정책을 바라보는 철학과 태도의 차이를 선명하게 드러내는 문제이기도 합니다. 그래서 다음과 같은 철학적인 질문으로 이야기를 엽니다.

사람 목숨에 값을 매길 수 있을까요? 그렇습니다. 옳든 그르든, 우리는 실제로 그렇게 하고 있습니다. 교통사고나 산업재해로 생명을 잃은 사람들에 대해, 보험회사는 그가 어떤 사람인가에 따라 다르게 보상하지요. 사람의 목숨 값이 천차만별이라는 뜻입니다. 여기서 제일 중요한 판단기준은 그 사람이 죽지 않았다면 평생 동안 손에 쥘 수 있었을 소득의 크기입니다. 그런데 이건 어디까지나 이미 죽은 사람에게, 어떻게 해도 생명을 되살릴 수 없는 경우에만 적용할 수 있는 계산방법입니다.

그렇다면 산 사람의 목숨도 값을 매길 수 있을까요? 그건 안 되겠지요. 그럴 수는 없습니다. 살아 있는 사람의 목숨은 무한한 가치가 있다고 보기 때문입니다. 정말 그럴까요? 정말 그렇습니다. 적어도 대한민국이 운영하는 의료급여제도를 보면 그렇다고 말해야 합니다. 어떤 사람이 살아서 돈을 벌 수 있기 때문이 아니라 그저 그를 계속 살아 숨쉬게 할 수 있다는 이유 때문에, 돈이 없어서 죽는 사람이 있어서는 안 된다는 이유 때문에, 국가가 무한정 치료비를 부담하는 제도를 대한민국은 가지고 있습니다. 살아 있는 생명은 무한한 가치를 지닌다는 사실을 확인하는 문명의 제도, 이것이 바로 의료급여제도입니다. 의료급여는 소득과 재산이 매우 적어 치료비를 낼 수 없는 가난한 국민, 그리 가난하지는 않아도 희귀난치성 질환에 걸려 자기의 재산과 소득으로는 치료비를 감당하기 어려운 국민을 위해 국가가 치료비의 전부 또는 일부를 대신 지불해주는 제도입니다. 이 제도가 없다면 살릴 수 있는 치료기술과 의약품이 있는데도 돈이 없어서 목숨과 건강을 잃는 국민이 조만간 많이 생길 것입니다. 의료급여제도는 1977년에 매우 제한적인 무상의료제도로 첫 출발한 후 30년 동안 점진적으로 확대되어온, 대한민국이 문명국가임을 입증하는 정말 훌륭한 제도 가운데 하나라고 하겠습니다.

### 1년에 2,287번 병원에 간 사람

저는 장관에 부임한 직후부터 곧바로 의료급여제도 혁신에 착수했습니다. 당시 의료급여의 혜택을 보는 수급권자는 모두 176만 명이었습니다. 본인부담금을 전혀 내지 않는 1종 수급자는 99만 6,000명. 거기에는 기초생활보장 수급자 79만 명과 사회복지시설 보호대상자 8만 8,000명, 국가유공자 8만 5,000명, 북한에서 온 새터민 5,200명, 광주민주화운동 관련자 9,300명, 입양아동과 희귀 질환자 2만 명이 포함되어 있었습니다. 진료비의 15%만을 부담하는 2종 수급자는 76만 5,000명이었습니다. 노동능력이 있는 기초생활 수급자 63만 명과, 차상위계층 어린이와 만성 질환자 13만 4,000명이 여기에 들어갑니다.

저는 보건복지부 의료급여 담당 팀장에게 176만 명의 의료급여 수급자 가운데 2005년 한 해 동안 가장 많은 진료비를 사용한 사람이 얼마를 썼는지 물었습니다. 나중에 이 질문을 가까운 친지들에게 던져보았는데, 비슷하게라도 답을 말한 이는 아무도 없었습니다. 정답은 13억 9,500만 원. 어느 광역시에 사는 30세 남자입니다. 이 사람을 비난할 이유는 없습니다. 혈우병 환자이기 때문입니다. 이 환자는 생명을 유지하기 위해서 한 병에 640만 원 하는 혈액응고제를 사흘 간격으로 1년 내내 맞았지요. 살기 위해서는 그렇게 해야 했습니다. 여기에다 다른 질병 치료비까지 합쳐서 약 14억 원을 쓴 것입니다. 지금 이 시각에도 아마 그때와 비슷한 수준의 치료비를 쓰고 있을 그가, 앞으로 얼마 동안 얼마나 많은 돈을 더 쓸지는 알 수 없습니다. 어쨌든 정부는 계속 돈을 내야 합니다. 정부가 돈을 끊으면 그는 확실하게 사망할 것이기 때문이죠. 그렇게 되면 많은 국민들이 마음 아파할 것입니다. 모든 국민이 살아 있는 생명의 가치는 무한히 크다는 데 동의할 것이기에, 정부는 돈을 끊을 수가 없습니다. 희귀 질환과 난치성 질환으로 인해 의료급여 수급자가 된 사람이 10만 5,000명이 넘는다는 걸 참고로 말씀드립니다.

가까운 분들에게 다음 질문을 던져보았습니다. 2005년에 가장 자주 병원을 찾은 의료급여 수급자는 몇 번 정도 진료를 받았을까요? 정답에 접근한 사람은 물론 없었죠. 정답은 2,287회, 일요일과 공휴일까지 다 합쳐 계산해도 1년 내내 매일 여섯 번이나 일곱 번 진료를 받은 셈이고, 하루에 많은 경우 스물일곱 군데 병원을 방문한 적도 있었습니다. 그가 처방받은 약품을 모두 복용했다면, 아마 약물 과다복용으로 사망했을 것입니다. 어느 지방 도시에 사는 21세 남자인데, 편의상 홍길동 씨라 하겠습니다. 이렇게 해서 홍길동 씨는 2005년에만 3,560만 원의 진료비를 썼습니다. 홍길동 씨의 형제인 또 다른 20대 남자는 같은 기간에 2,218번 진료를 받으며 3,280만 원을 썼고요. 이 형제는 정신 질환을 지닌 1종 의료급여 수급자로, 병원과 약국을 돌아다니는 것이 거의 유일한 일과였던 것으로 확인되었습니다.

14억 원을 쓴 혈우병 환자 사례도 깊이 들여다보면 문제가 없지는 않겠으나, 홍길동 형제의 경우 매우 심각한 혈세 낭비가 있으리라는 사실은 특별히 말할 필요가 없을 겁니다. 이 형제의 사례는 현행 제도의 구조적 결함과 주무부처인 보건복지부의 무책임한 행정, 수급자의 도덕적 해이와 의료기관의 불법행위 등 우리의 의료급여제도가 안고 있는 문제점을 총체적으로 노출시켰다고, 저는 판단했습니다. 그냥 내버려두고 갈 수 없는 상황이었습니다.

### 1년에 4조 원 넘게 들어가는 사업

제가 의료급여제도에 대해 특별한 관심을 갖게 된 것은 투입되는 예산 규모가 매우 클 뿐만 아니라, 그 증가 속도가 보건복지부 일반회계예산보다 몇 배나 빨랐기 때문입니다. 의료급여지출 총액은 2001년에 2조 1,000억 원 정도였지만, 해마다 20% 넘게 늘어나 2006년 예산안은 무려 3조 5,000억 원에 육박했습니다. 그 중 2조 6,600억 원이 국고 부담이고, 시도와 시군구 등 지방자치단체 부담도 8,200억 원이나 되었습니다. 그런데 이것은 어디까지나 예산서에 나와 있는 금액일 뿐, 실제 지출 총액은 4조 원이 넘을 것으로 예측되고 있었죠. 돈이 모자라면 외상으로 두었다가 2007년 예산이 나오면 그 돈으로 의료기관에 빚진 것을 갚고, 그 다음에 다시 돈이 부족하면 예비비를 받기 위해 노력하고, 그도 안 되면 다시 외상으로 두었다가 또다시 다음해 예산으로 갚아나가는 겁니다. 국가 행정이 어떻게 그럴 수 있냐고 놀라는 분이 있을지 모르겠지만, 어쨌든 이게 현실이었습니다.

2001년 보건복지부 일반회계예산에서 의료급여사업이 차지하는 비중은 21.3%였습니다. 그런데 2006년에는 그 비중이 무려 27%까지 올라왔습니다. 보건복지부 일반회계예산을 아무리 열심히 증액해봐도 의료급여에 투입하고 나면 다른 사업을 하기가 어려운 지경에 이른 것이지요. 보건복지부는 돈 없고 몸이 아픈 국민들만이 아니라 의지할 곳 없는 노인과 부모 잃은 아이들, 장애인을 지원하는 사업까지 맡고 있습니다. 국민들이 병원에 덜 가도록 건강하게 만드는 건강증진사업도 해야 합니다. 의료급여제도가 유일한 사업도 아닌데, 해마다 증액예산의 대부분을 의료급여에 쓰는 상황을 도대체 언제까지 방치할 것인가? 장관의 고민은 이런 것이었습니다. 그래서 이 업무를 담당하는 사회복지정책본부 담당 팀을 중심으로 여러 차례 정책토론을 하면서 의료급여예산이 이렇게 급격하게 늘어나는 것이 바람직하거나 불가피한 일인지를 점검했습니다. 결론은, 결코 바람직한 현상이 아닐 뿐만 아니라 불가피한 현상도 아니라는 것이었습니다.

저는 건강보험심사평가원(심평원)에 의료급여예산이 왜

이처럼 가파르게 증가하는지 물었습니다. 원인을 알아야 처방을 내릴 수 있지 않겠습니까? 심평원은 진료비 청구 데이터를 분석해 의료기관의 불법적이고 부당한 청구행위를 적발하는 한편, 의료기관별 감기 환자 항생제 처방율이나 주사제 처방율 같은 정보를 공개함으로써 의료소비자의 안전을 도모하고 건강보험 가입자의 권리를 지켜주는 매우 중요한 전문가 조직입니다. 심평원이 최근 3년간 의료급여 총진료비 증가 요인에 대한 분석결과를 가지고 왔는데, 복잡한 분석결과는 생략하고 결론만 간단히 이야기하면 이런 것입니다.

우선 의료급여 수급자의 수가 크게 늘었습니다. 희귀난치성 질환이나 만성 질병을 가진 사람의 비중도 조금 높아졌습니다. 특히 그동안 건강보험을 적용받았던 차상위계층 중에서 건강보험의 보장성이 취약해 많은 의료비를 부담했던 희귀난치성 질환자, 만성 질환자 및 18세 미만 아동 등 18만 명이 의료급여 수급자로 전환되었습니다. 수급자 한 사람이 병원에 가거나 입원하는 날이 점점 많아졌고, 병원에 한 번 갈 때마다 더 많은 진료를 받고 더 많은 약품을 처방받았습니다. 정부가 병원이 제공하는 의료서비스와 재료비 등의 수가를 조금씩 인상했고, 건강보험의 보장 범위가 확대되는 데 따라 의료급여의 보장 범위도 같이 확대되었습니다. 이렇게 해서 의료급여 총진료비는 지난 3년간 연평균 21%씩 증가한 것입니다.

의료급여지출이 증가한 게 꼭 나쁜 일이라고만 할 수는 없습니다. 우선 수급자 수가 크게 늘어나고 희귀난치성 질환자들이 의료급여 수급자가 된 것은, 일부 자격이 없는데도 선정된 부정수급자의 존재를 제외하고 본다면 그 자체로는 좋은 일이죠. 건강보험 수가인상과 급여확대로 인한 의료급여 총진료비 증가 역시 제도개선에 따른 불가피한 현상입니다. 그러나 1종 급여 수급자 1인당 내원일수와 입원일수의 증가, 그리고 내원일당 진료비 증가, 이 두 가지가 총진료비 증가에 미친 영향이 무려 26%나 되었다는 것, 문제는 바로 여기에 있을 것으로 저는 추정했습니다.

그래서 그 다음 질문을 던졌습니다. 의료급여 수급자들 가운데 누가, 언제, 왜, 어떤 의료기관을 방문했는가? 그렇게 많은 돈을 진료비로 사용함으로써 그들은 자신의 건강수준을 개선했는가? 보건복지부와 심평원의 업무 담당자들은 데이터를 가능한 모든 방식으로 쪼개고 돌리고 해석한 끝에 다음과 같은 답을 제출했습니다. 이것은 그동안 보건복지부가 저지른 잘못에 대한 적나라한 고백입니다. 제가 이끌었던 조직을 비난하는 것 같아 민망하기는 하지만, 왕인 국민들께 진실을 말씀드리는 것이 신하의 도리라 여겨 더하거나 빼는 일 없이 있었던 그대로를 말씀드립니다.

### 뜻은 훌륭하지만 방법은 최악인 정책

첫째, 사업의 목표를 제대로 설정하지 않았습니다. 보건복지부는 한 해 4조 원이나 되는 돈을 쏟아 부으면서도 의료급여 수급자들이 자신의 건강을 향상시켰는지 여부를 알지 못했습니다. 수급자들의 건강수준 향상을 사업의 성과지표로 삼은 적도 없었고, 객관적인 건강수준은 물론이요 수급자들이 주관적으로 느끼는 건강상태를 측정하려는 시도를 한 적도 없었습니다. 그저 가난하고 병든 국민을 위해 해마다 더 많은 치료비를 지원하는 것을 보람으로 알고 일했던 것이지요. 한마디로 말해서 뜻은 좋았으나, 사업의 성과나 효율성에 대한 인식이 부족했다는 이야기입니다. 만약 똑같은 돈을 들여서 수급자의 건강수준을 올리는 다른 방법이 있었다면, 또는 현재의 건강수준을 유지하게 하면서 더 적은 돈을 투입하는 다른 방법을 찾았더라면, 보건복지부는 여기서 절약한 예산으로 부모 잃은 아이들이 사회에 대한 믿음과 미래에 대한 희망을 갖도록 하는 일을 더 많이 할 수 있었을 것입니다. 결국 국민이 낸 세금으로 좋은 일을 더 많이 할 수 있는 기회를 저버린 것, 이것이 의료급여제도와 관련해 보건복지부가 저지른 첫째 잘못이었습니다.

둘째, 상황을 파악할 수 있는 정보시스템이 전혀 없었습니다. 보건복지부는 수급자들 가운데 누가 왜 얼마나 자주 의료기관을 방문하는지를 제대로 파악하고 있지 않았습니다. 그래서 심평원 전문가들과 함께 2005년 의료급여 진료비 청구 자료를 이리저리 찢어보았는데, 가장 두드러진 것이 연간 급여일수(진료일수+투약일수) 365일을 초과한 수급자와 관련된 데이터였습니다. 365일 초과 진료자는 38만 5,000명으로 전체 진료 인원의 22.3%였는데, 이들이 사용한 진료비는 전체의 48.7%였습니다. 연간 급여일수가 1,100일이 넘는 사람은 2만 5,000명이었고, 5,000일을 초과한 사람도 19명이 있었죠. 가장 많은 급여일수를 기록한 사람은 무려 1만 2,257일이나 되었습니다. 하루 평균 30여 가지의 약을 처방받았다는 뜻입니다.

도대체 왜 이렇게 자주 병원에 가고 처방을 받았는지 알아보기 위해 진료건수가 가장 많았던 100명을 모두 면담해 의료 이용 실태를 조사하게 했습니다. 이후 이들에 대한 면담보고서를 다 읽어보았습니다. 이 100명은 2005년에 모두 합쳐 17억 8,000만 원을 썼는데, 이 중 70%가 심각하거나 가벼운 정신 질환을 앓고 있었습니다. 그들이 그토록 자주 병원을 찾았던 이유를 분석해보니 '건강에 대한 막연한 불안감'과 '더 좋은 병원을 찾는 의료쇼핑' 그리고 '여가시간 활용', 이 세 가지가 주요한 원인이었습니다.

여기서 앞서 나온 홍길동 씨의 일과를 소개해드리는 게 좋겠습니다. 그는 늦잠을 자고 일어나 버스를 타고 시내에 갑니다. 대여섯 군데 병원을 돌며 간호사들과 이야기를 나누고 처방을 받으면서 하루를 보냅니다. 처방전은 모두 특정한 약국들에 갖다주었습니다. 그러다 막차를 타고 집에 갑니다. 다음날 아침에도 똑같은 일과를 시작합니다. 물론 병원과 약국의 불법행위가 있었습니다. 그러나 그보다 더 중요한 것은 이렇게 해서 홍길동 씨의 건강이 좋아지지도 않았거니와, 보건복지부는 이 사람이 이토록 자주 병원에 다니는 이유는 고사하고, 그런 사실조차 인지하지 못했다는 점입니다. 병원과 약국의 청구서를 받고 돈을 다 내준 다음, 뒤늦게 통계를 정리하는 과정에서야 이런 사실을 알게 된 것이죠.

보건복지부는 의료급여 수급자들이 얼마나 자주 병원에 가는지, 얼마나 많은 약품을 처방받았는지를 제때 파악할 수 있는 시스템을 전혀 갖추고 있지 않았습니다. 병원과 약국, 함께 비용을 대는 광역시도와 시군구 담당 공무원들 역시 알 도리가 없었고요. 법적으로는 연간 365일을 초과해서 급여를 받으려면 당국의 사전 심사와 승인을 받아야 하지만, 이 사전승인제를 운영하는 데 필요한 정보시스템을 만들지 않았기 때문에, 사실상 아무런 통제도 가할 수 없었습니다. 이것이 보건복지부의 둘째 잘못입니다.

셋째, 모럴 해저드Moral Hazard를 막는 장치가 전혀 없었습니다. 약 100만 명의 1종 의료급여 수급자들은 무상의료의 혜택을 누립니다. 이들은 원하는 때, 원하는 병원에 가서 원하는 모든 서비스를, 물론 건강보험 급여 대상이 아닌 고급 또는 신의료기술서비스를 제외하고, 공짜로 받을 수 있습니다. 그래서 비용에 대한 인식 그 자체가 없는 경우가 많습니다. 고맙게도 나라에서 해주는 것이라는 생각은 있어도, 그 비용이 동시대를 살아가는 다른 국민이 땀 흘려 번 돈이라는 데 생각이 미치는 경우는 거의 없습니다. 자기가 필요 없이 돈을 쓰면 부모 잃은 아이들에게 갈 혜택이 줄어든다는 생각은 하지 않습니다.

수급자들의 처지에서 보면 조금만 몸이 불편해도 곧장 병원에 가는 것이 합리적인 행동입니다. 이른바 모럴 해저드 현상이죠. 무상의료제도를 하면 어느 정도는 이런 현상이 나타날 수밖에 없습니다. 그런데 의료급여에서는 이러한 도덕적 해이 현상이 매우 공세적인 양상으로 나타납니다. 그 대표적인 사례가 파스 오남용입니다. 의사의 처방이 없어도 살 수 있는 소염진통 치료 보조제인 파스가 적절하게 사용되고 있는지를 점검해보았는데, 문제가 심각했습니다. 2005년에 의료급여 수급자들은 파스를 266억 원어치 썼습니다. 모두 필요해서 썼다면 좋았겠지만, 안타깝게도 그렇지가 않습니다. 38만 명이 파스를 처방받았는데, 그 중 2만 7,000명이 500매 이상을 받았습니다. 5,000매 넘게 처방받은 이가 22명이었는데, 최고기록은 1만 3,699매였지요. 하루 평균 38매 정도 됩니다. 온몸에 24시간 붙일 수 있는 양입니다. 하루에 1,200매를 처방받은 사례도 있었습니다.

의료급여 관리사를 보내 점검한 결과, 하루에 여러 군데 보건소를 다니면서 싼 파스 처방전을 모은 다음 비싼 고급 파스로 변경 조제받기도 하고, 친지에게 나누어주기도 하며, 심지어는 다른 사람에게 팔았을 가능성도 배제하기 어려운 상황이었습니다. 더 기막힌 것은 이 파스를 처방받는 과정에서 파스 값보다 몇 배나 많은 돈이 병원과 약국에 지급되었다는 사실입니다. 예를 들어 국내 T제약사에서 나온 K플라스터 파스 10매의 구입가격은 2,650원이었습니다. 그런데 어떤 수급자는 별로 필요하지도 않은 이 파스를 처방받느라 병원과 약국을 오가면서 진찰료 7,960원, 약품비와 처방조제료 6,120원 등 모두 1만 4,080원을 보건복지부와 지방정부에 부담시켰습니다. 파스 값의 다섯 배나 되는 돈이 그 파스를 처방받는 데 들어간 것이죠. 모럴 해저드를 통제하는 제도적 장치를 전혀 마련하지 않은 채 수급자를 늘리고 보장 범위를 넓히는 데만 힘을 쏟은 것, 이것이 보건복지부의 셋째 잘못입니다.

넷째, 공급자 관리를 엄정하게 하지 않았습니다. 수급자만이 아니라 병의원과 약국 등 의료기관의 불법행위도 속수무책 내버려둔 것이지요. 다시 홍길동 씨의 경우를 보겠습니다. 급여 청구 데이터를 보면 정신지체 3급인 홍길동 씨는 형제관계인 또 다른 홍씨, 그리고 역시 의료급여 수급자인 이웃 주민과 함께 여러 병원을 돌며 이른바 '세트처방전'을 받았습니다. 세 사람이 한날 한시에 같은 병원에서 똑같은 처방전을 받은 것이지요. 조사한 결과 실제 진료를 받은 것은 홍길동 씨 하나였고, 그가 다른 두 사람의 의료급여증과 주민등록번호를 가지고 그렇게 한 것으로 드러났습니다. 세트처방전을 써준 병원은 의료급여법, 의료법과 더불어 일반 형법에도 위반되는 불법행위를 했습니다.

홍길동 씨의 진료비 청구 서류를 보니, 2005년 11월 7일 하루에만 무려 27곳의 의료기관을 방문해 두 사람 몫의 세트처방전 51장을 받아, 특수관계에 있는 세 곳의 약국에서 모두 조제를 받은 것으로 나와 있었습니다. 현장조사를 보냈습니다. 일부 약국은 처방전을 금품으로 교환해준 혐의가 있었습니다. 정말 그랬다면 실제 조제하지 않고 용돈을 쥐여준 다음 정부에는 조제한 것처럼 청구함으로써 국민의 돈을 도둑질한 겁니다. 일부 관련 병원과 약국들은 보건복지부의 현지조사 때 관련자료 제출을 거부하는가 하면, 전산자료를 폐기·조작하거나 폐업신고를 함으로써 조제 자료를 은닉한 의혹이 있었습니다. 이런 기관들은 모두 해당 지방검찰청에 수사 의뢰하거나 고발하도록 했습니다. 어떤 지역에서는 의료급여 수급자들을 모아 금품을 주고 진료를 받게 하는 병원이 있다는 제보를 받았지만, 아쉽게도 사실관계를 입증할 확실한 증거를 잡지는 못했습니다.

병원과 약국 등 의료기관 경영자들은 의료인인 동시에 생활인이고 경영자입니다. 창업을 하면서 금융기관 대출도 받았으니 원리금도 갚아야 하고, 간호사와 의료기사 급여와 4대보험 기여금도 내야 합니다. 생존하기 위해서는 이윤을 내야 합니다. 의료급여 수급자들의 모럴 해저드에 대해 그들은 알지 못하며, 문제의식을 느끼는 경우에도 나서서 바로잡을 이유나 수단이 없습니다. 의심스러운 경우에도 눈을 감아주는 것이 매출 증가에 도움이 되죠. 적극적으로 수급자의 도덕적 해이를 부추기면 큰 이익을 얻을 수도 있습니다. 의료 공급자들이 건전한 진료행위를 하도록 유도하지도 못했고, 일부 의료기관들의 불법행위에 대해서도 위장폐업이나 명의변경으로 쉽게 법망을 빠져나갈 수 있도록 방치한 것, 이것이 보건복지부의 넷째 잘못이었습니다.

## 선택병원제와 본인부담금

이런 평가를 토대로 삼아 응급조처를 내보냈습니다. 의료기관

특별실사팀을 만들어 진료기록과 처방내역을 분석하고 허위청구와 부당청구 혐의가 있는 의료기관에 대한 기획 실사를 시작했습니다. 심각한 불법행위를 저지른 의료기관의 실명 공개와 의료법에 따른 엄정한 행정조처, 필요한 경우 검찰 수사의뢰나 형사고발 방침을 천명했습니다. 연간 급여일수 365일이 넘는 38만 명을 대상으로 한 전면적 실태조사도 시작했습니다. 집중적인 건강상담과 밀착관리가 필요한 2만 7,000명에 대해서는 시군구 의료급여 관리사 1인이 120명씩 맡아서 특별 사례관리에 들어갔습니다. 심평원과 국민건강보험공단, 보건소 등 모든 가용인력과 조직을 총동원해 협조체제를 구축했습니다. 만성 질환자의 건강관리를 보건소 방문보건사업에서 할 수 있도록 방문보건사업 요원을 2,000명 이상 확대 배치하는 방안을 확정했고, 의료급여 관리사 262명을 추가로 충원해 수급자의 건강상담과 함께 지역사회 복지서비스를 연계할 수 있도록 조처했습니다.

아울러 365일 넘게 의료 이용을 하는 수급자의 건강수준을 평가하고, 건강수준을 유지·증진하기 위한 예방보건사업, 건강검진사업 등 장단기 대책을 마련하기 위해 외부 전문기관에 장기 의료 이용자 실태조사 분석을 의뢰했습니다. 원활한 정보교류와 업무협조를 하지 못했던 국민건강보험공단과 심평원이 긴밀하게 정보를 교환하게 하는 한편, 수급자들의 의료기관 이용 현황을 가능한 한 신속하게 파악해 시군구 담당공무원과 의료급여 관리사에게 이상 징후를 전달하도록 하고, 365일 초과 진료자에 대해서는 예전보다 엄격한 사전심사제를 실시하도록 했습니다.

　　이러한 응급처방은 곧바로 효과를 나타냈습니다. 2006년 10월부터는 전년 동기 대비 진료비 청구액 증가율이 예전의 20% 이상에서 10% 수준으로 떨어진 것이죠. 이런 추세는 2007년 5월까지 지속되고 있습니다. 그러나 운영방식을 개선하는 것만으로는 문제를 근본적으로 해결하지 못합니다. 제도를 근본적으로 혁신해야 하는 것이죠. 그래서 의료급여제도 개선안을 마련해 의료급여법 시행령과 시행규칙 등 관련 법령 정비를 완료했습니다. 2007년 하반기부터는 새로운 제도가 시행됩니다. 핵심은 두 가지입니다.

　　첫째, 선택병원제도를 도입합니다. 이 제도와 관련된 논쟁의 초점은 이런 질문입니다. 의료서비스 오남용을 막기 위해서 의료급여 수급자에 대해 주치의나 전담병원을 지정하는 것이 부당한 차별인가? 우리 의료급여제도는 수급자를 다른 국민과 평등하게 대우합니다. 1종 수급자들은 보통의 국민건강보험 가입자와 마찬가지로 자기가 원하는 시간에 가고자 하는 병원을 방문해 건강보험 급여 대상이 되는 모든 서비스를 다 받을 수 있습니다. 차이가 있다면 건강보험 가입자들이 내는 20%의 본인부담금을 전혀 내지 않는다는 것뿐입니다. 국가가 대신 내주기 때문에 건강보험료도 내지 않고 진료비 본인부담금도 내지 않습니다. 일부 고급 또는 첨단에 속하는 비급여서비스를 제외하면, 그야말로 전면적인 무상의료서비스를 받는 것이죠. 옛날에는 보건소나 국공립병원 등 특정병원을 지정해서 다니게 했지만, 부당한 차별대우라는 비판 때문에 모든 제한을 다 없앴습니다. 그들은 소득세를 납부해 의료급여 재정에 기여하는 중산층 국민보다 더 많은 의료서비스를 한 푼도 부담하지 않고 소비합니다. 이것이 평등하고 정의로운 정책일까요? 여러분은 어떻게 생각하십니까? 저는 정의롭고 평등한 정책이라고 생각하지 않습니다.

　　무상의료에 따른 의료서비스 오남용을 막기 위해 의료급여 수급자 가운데 연간 급여일수가 예컨대 365일을 초과하는 사람, 특히 만성 질환이나 난치성 질환을 가진 수급자에 대해서는 특정한 병의원을 스스로 선택해 우선 거기서 진료받게 하는 선택병원제를 도입했습니다. 연간 급여일수가 365일이 넘는 수급자는 모두 이 제도를 적용받으며, 그렇지 않은 수급자도 원하면 그렇게 할 수 있습니다. 여기서 진료를 받으면 지금까지처럼 본인부담금을 내지 않아도 됩니다. 지정병원 의사가 필요하다고 인정하는 경우에 한해, 다른 의료기관에서 진료받는 길도 물론 열어둡니다. 진보적 지식인과 시민사회단체들은 이것을 차별이라며 반대합니다. 저는 이것이 부당한 차별이라고 생각하지 않습니다. 동시대를 사는 다른 국민의 도움을 받아 치료를 받는 사람으로서 이런 정도는 감수할 수 있고, 또 감수해야 마땅한 것이라고 생각합니다. 귀중한 그 무엇이 공짜로 제공되는 것은 좋은 일이 아니라고 저는 믿습니다. 귀한 것은 무엇이든 제값을 지녀야 한다는 것이 제 소신입니다. 이것이 잘못이라고 하는 이유를 저는 이해할 수가 없습니다.

　　둘째, 의료급여 수급자도 이제는 본인부담금을 조

금 내야 합니다. 진보세력은 물론 이 제도를 강력 비난했습니다. 무상의료의 부작용을 줄이기 위해 수급권자로 하여금 약간의 본인부담금을 내도록 하는 것이 사회정의를 해치는 신자유주의정책인가? 이것이 의료급여제도 혁신에 관한 둘째 논쟁점입니다. 의료급여 1종 수급자들은 자기 돈을 내지 않기 때문에 비용의식이 없습니다. 어느 지방도시 영구 임대아파트를 방문해 혼자 사는 할머니를 만난 적이 있습니다. 국가의 무상의료서비스에 대해 무척 고마워하셨죠. 이런 혜택을 보지 못하고 세상을 떠난 언니 이야기를 하며 눈시울을 적셨습니다. 정말 좋은 제도입니다. 그런데 그 할머니 말씀이, 얼마 전부터 자꾸 기침이 나고 목이 아파 잘한다는 시내 병원을 다 다녔는데도 낫지 않았는데, 누가 소개해준 어느 병원 약을 먹고 며칠 전부터 훨씬 좋아졌다고 했습니다. 그분은 하나의 증상 때문에 무려 여섯 군데 병원을 다녔습니다. 다섯 군데 병원 약은 모두 조금 먹다 말고 버렸습니다. 이 할머니에게는 죄가 없지요. 비용을 의식할 필요가 없기 때문에 그렇게 했을 뿐입니다.

입원치료는 앞으로도 본인부담금이 없습니다. 돈 없고 큰 병에 걸린 사람더러 치료비를 내라고 해서는 안 되겠기에 그렇게 했습니다. 외래진료에 한정해 의원에서는 1,000원, 병원에서는 1,500원, 약국에서는 500원을 냅니다. 의료급여 수급자를 외래진료를 많이 받는 순서로 줄을 세운다고 가정할 때, 맨 앞에서 20% 지점 사이에 있는 사람들이 부담해야 할 본인부담금 액수 약 6,000원을 매월 건강유지비로 지급하고, 병원을 별로 가지 않아 돈이 남으면 당사자가 갖도록 합니다. 일종의 건강생활 인센티브제도를 도입한 것이죠. 이것이 수급자의 건강을 해치고 건강 양극화를 심화시키는 나쁜 정책일까요? 저는 그렇게 생각하지 않습니다. 스스로 건강을 지키는 게 이익이 되도록 하는 것이 국민을 위해 좋은 일이라고 믿습니다. 과연 건강을 좌우하는 요인은 어떤 것이며, 의료기관 방문 기회가 많다는 것이 개인의 건강을 지키는 데 얼마나 중요한 요인인지는 조금 있다가 따져보기로 하겠습니다.

**무상의료제도는 정책이 아니다**

수급자의 의료 이용 상황과 의료기관의 서비스 제공 실태를 실시간으로 파악할 수 있게 하는 플라스틱 카드 의료급여증 도입은 명시적 차별이라는 반대가 너무 격렬해서 일단 유보했습니다. 플라스틱 건강보험증을 도입한다면 그때 함께 도입할 수 있을 것입니다. 그러나 약간의 시차를 두고라도 수급자의 의료 이용 실태를 신속하게 파악할 수 있는 정보시스템은 도입합니다. 희귀난치성 질환자들을 민간 의료기관에 맡기고 비용을 정부가 대느니, 차라리 희귀난치성 질환 전문병원을 국가가 지어서 운영하는 방안도 앞으로 시간을 두고 검토할 필요가 있을 것입니다. 지방비를 부담하지 않는 광역시 자치구의 의료급여 관리 책임성을 높이기 위한 지방비 부담제도 개선도 빠뜨릴 수 없는 과제입니다.

　의료급여제도는 민주노동당이 주창하는 무상의료제도에 대해서 많은 것을 생각하게 합니다. 부유세를 걷어 조성한 재원으로 무상의료를 하겠다는 것은 세상 물정 모르는 터무니없는 구상입니다. 이건 정책이라고 할 수 없습니다. 하나의 구호 또는 이데올로기에 불과하지요. 국가 전체로 보면 무상의료라는 것은 존재할 수 없습니다. 모든 의료서비스는 비용이 듭니다. 그 비용을 누가 어떤 방식으로 얼마나 부담하게 하느냐, 나라마다 그런 차이가 있을 뿐입니다. 국민이 스스로 건강해지도록 노력하게끔 적절한 인센티브를 부여해 국민의료비를 줄이는 동시에, 건강하고 능력 있는 사람이 비용을 많이 내서 병들고 가난한 사람도 같은 수준의 의료서비스를 받도록 만드는 게 좋은 제도의 요체입니다.

　만약 본인부담금이 전혀 없는 것이 무상의료라면, 환자 개인에게는 모든 것이 다 공짜로 보일 것입니다. 그러면 의료서비스에 대한 모든 욕구를 다 충족하는 수준까지 수요가 늘어나고, 따라서 공급도 늘어난다는 것은 불을 보듯 명백한 일입니다. 그에 따라 국민의료비가 무제한으로 폭발한다는 것은 이론적으로 분명할 뿐만 아니라, 본인부담금이 사실상 존재하지 않았던 유럽 선진국의 사례에서도 이미 입증되었습니다. 건강보험료로 걷든 세금으로 충당하든, 그 비용은 남김없이 국민이 부담해야 합니다.

　민주노동당은 무상의료를 해도 현재의 국민의료비 수준이

유지될 것으로 가정하고 부유세의 일부를 덜어 재원을 충당하겠다고 하는데, 이것은 무지의 산물이거나 이데올로기 수준의 선동적 구호와 실현가능한 정책을 구별하지 못하는 과욕의 산물에 불과합니다. 게다가 아무 때고 돈을 내지 않고 병원에 갈 수 있다고 해서 국민이 건강해지는 것은 아니라는 사실을 잊고 있습니다. 우리 국민은 이미 세계에서 일본 다음으로 자주 병원에 다니는 국민입니다. 더 자주 병원에 가서 좋을 게 없습니다. 국가의 보건정책이 지향하는 목표는 국민이 자주 병원에 가도록 보장하는 것이 아니라, 국민이 건강해서 병원에 자주 갈 필요가 없도록 만드는 데 있습니다. 많은 사람들이 이걸 착각합니다. 무상의료 공약은 정책의 목표와 수단을 혼동한 데서 나오는 착각의 산물에 지나지 않습니다. 의료급여 혁신에 대한 이념적 비난도 같은 종류의 착각에 뿌리를 두고 있다는 것이 제 판단입니다.

　　　　민주노동당만 비판해서 미안하군요. 그런데 한나라당은 비판할 수가 없습니다. 이런 문제에 대해서 아무 견해도 없는 정당이기 때문입니다. 이 문제에 대해서는 비판을 받을 수 있는 정책을 전혀 가지고 있지 않은 정당! 그러면서도 국민의 압도적 지지를 받는 한나라당! 정말 행복한 정당, '신이 내린 정당'이 아닐 수 없습니다.

# 약제비 적정화와 한미 FTA

"약 모르고 오용 말고 약 좋다고 남용 말자!" 이 표어는 다 아실 겁니다. 약을 즐겨 드십니까? 약 먹으면 건강해진다고 믿으십니까? 그렇지 않습니다. 약은 사람을 건강하게 만들지 못합니다. 약은 기껏해야 병에 걸린 사람을 병 걸리기 전 상태로 돌려놓을 뿐입니다. 약이 아니라 좋은 생활습관과 좋은 환경이 사람을 건강하게 만듭니다. 그런데 우리 국민들은 약을 너무 많이 먹습니다. 맞지 않는 약을 먹거나 약을 너무 많이 먹는 바람에 오히려 건강을 해치는 경우도 적지 않습니다. 먹지 않아도 될 약을 먹느라 낭비하는 돈이 여간 많지 않습니다.

보건복지부 장관으로서 제일 힘들게 한 일 가운데 하나가 건강보험의 약가제도를 소위 '네거티브 리스트'(급여제외목록)에서 '포지티브 리스트'(선별등재목록)로 바꾸어 약가협상제도를 도입하는 '약제비 적정화 방안'이었습니다. 보건 분야 한미 FTA 협상도 아주 힘든 일이었습니다. 그런데 따로따로 해도 힘든 이 두 사업이 함께 얽이는 바람에 곱절 힘들었습니다.

　　　진보적 보건의료단체와 한미 FTA에 반대한 시민사회단체들은 약가제도 변경은 지지하면서 한미 FTA는 반대했습니다. 다국적 제약회사들은 정확히 반대되는 입장이었지요. 그리고 국내 제약업계는 둘 다 반대했습니다. 진보적 시민사회단체들은 한미 FTA가 약제비 적정화 정책을 무력화할 것이라고 주장했고, 협상이 타결된 후에는 자기네 말대로 보건 분야 협상이 세계 FTA 역사상 최악의 결과를 내서 약제비 적정화 정책이 완전히 무력화되었다고 정부를 맹렬하게 비난했습니다. 무척 복잡한 문제이기 때문에 설명드리기가 쉽지 않지만, 국민들의 권익과 깊은 관계가 있는 만큼 핵심 쟁점 몇 가지만 짚어보도록 하겠습니다.

　　　가족 중에 누가 아프면 먼저 겁부터 납니다. 다시 건강해질 수 있을까 걱정이 앞서죠. 큰 병인 경우에는 치료비와 약값 걱정이 곧바로 뒤따릅니다. 건강 회복 여부는 본인의 의지와 노력, 의료진의 능력과 정성이 좌우합니다. 돈이 없어 적절한 치료를 받지 못하는 사태를 예방하기 위해 정부는 국민건강보험을 만들었습니다. 평소 소득의 일부를 건강보험료로 내면 치료비의 일부만 본인부담금으로 내고 나머지는 보험에서 맡아줍니다. 요즘은 6세 미만 어린이가 입원 치료를 받을 경우는 본인부담금이 없습니다. 암을 비롯한 몇몇 중증 질환은 본인부담금이 10%로 줄었습니다. 본인부담금 합계가 6개월에 300만 원을 넘으면, 넘는 부분만큼은 보험에서 대신 내줍니다. 본인부담금 상한선은 곧 200만 원으로 내려갈 예정입니다. 비급여서비스와 약품들이 있어서 여전히 환자 부담이 적지 않지만, 그래도 중증 환자들에 대한 건강보험 보장성은 예전보다 크게 높아졌습니다.

**약이 병을 만드는 사회**

그런데 건강보험료가 자꾸 올라서 속이 상한다는 분들이 많습니다. 건강보험지출이 빠르게 늘어나다 보니 보험료도 조금씩 올리지 않을 도리가 없습니다. 2006년 국민건강보험 급여지출은 28조 5,000억 원을 넘었습니다. 2000년과 비교하면 겨우 6년 사이에 거의 두 배로 늘었습니다. 노인이 많아지고 만성 질환자가 늘어났으며, 효과가 좋지만 더 비싼 진단장비와 치료기술이 자꾸 나오기 때문이기도 합니다. 국민들이 너무 자주 병원에 가서 너무 많은 약을 처방받는 탓이기도 합니다. 불합리한 제도에도 원인이 있습니다. 우리나라 건강보험은 '행위별 지불방식'을 택하고 있습니다. 의사나 약사들이 치료행위를 하거나 약을 조제할 때마다 돈을 주는 것이죠. 많이 진료하고 많이 처방하고 많이 조제할수록 의료기관과 약국의 수입이 늘어납니다. 그래서 되도록 의료행위를 많이 하고 약을 많이 처방하는 경향이 있습니다.

의료인들이 특별히 나빠서가 아닙니다. 사람은 누구나 자기에게 이익이 되는 행동을 하기 마련이며, 그런 행동을 올바른 것으로 생각하는 경향이 있기 때문입니다. 남들은 많이 진료하는데 자기만 적게 하면, 그런 의사는 시장에서 살아남기 어렵습니다. 표준화된 진료를 할 수 있는 질병에 대해서는 의료행위의 양에 상관없이 일정 금액을 지불하는 '포괄수가제'를 폭넓게 도입하는 것이 해법입니다. 산부인과 민간 병원에서 표준화된 분만 비용을 받는 것을 보셨을 겁니다. 그런 방식을 다른 질병에도 널리 적용하는 것이죠. 그런데 이 제도를 도입하는 데 필요한 기술적 조건을 아직 온전하게 갖추지 못했고, 또 의사단체들의 반대가 너무 거센 탓에 제도를 제대로 개선하지 못했습니다. 장관을 지낸 사람으로서 무척 죄송합니다. 앞으로 이런 방향으로 나가야 할 것입니다.

그런데 최근 국민건강보험지출 증가 원인을 살펴보니 약제비도 한몫을 했습니다. 여기서 약제비란 약사에게 지급하는 조제료를 포함하지 않은, 순전히 약값으로 국민건강보험이 지출한 돈의 액수를 의미합니다. 2006년 약제비는 8조 4,000억 원으로 건강보험급여 총액의 29.4%를 기록했습니다. 2005년보다 무려 16.3% 늘었습니다. 규모가 큰 것도 문제지만, 더 큰 문제는 연평균 15% 내외의 빠른 증가 속도입니다. OECD 나라에서 우리만큼 건강보험지출 대비 약제비 비중이 크고 또 빠르게 늘어나는 나라는 달리 없습니다. 이유는 두 가지입니다.

첫째, 국민들이 약을 점점 더 많이 씁니다. 노인인구가 늘고 고혈압과 당뇨 같은 만성 질환이 증가하고 있어서 어느 정도 불가피한 현상이기는 합니다. 그러나 약을 지나치게 좋아하는 국민들의 고정관념과 습관도 문제입니다. 병원에 가면 무조건 주사를 맞아야 한다거나 약을 처방받아야 한다고 생각하는 것이죠. 주사를 놓지 않거나 간단한 처방을 하면 의사를 불신합니다. 미국과 유럽 선진 10개국 의사들은 처방전 하나에 평균 2.6개의 약품을 처방하는 데 비해, 우리나라는 평균 4.2개입니다. 단순한 감기 환자에게 불필요한 항생제를 처방하는 것을 포함해서 효과가 상충하는 약품을 함께 처방하는 경우도 너무나 빈번합니다. 의사들도 노력해야 하지만 국민들도 생각을 바꾸어야 합니다.

둘째 이유는 비싼 약 처방이 늘어난 것입니다. 국민들은 새로운 약이 더 좋은 약이라는 편견을 가지고 있습니다. 제약회사는 이런 심리를 이용해 큰 차이도 없는 약을 효과가 훨씬 큰 약처럼 광고하면서 높은 가격에 마케팅을 합니다. 병원들은 약효와 성분이 똑같은 약이 열 가지가 넘게 있는데도 굳이 제일 비싼 것을 처방합니다. 이 문제에 대해 조금만 더 깊이 들어가보겠습니다.

**네거티브 리스트와 포지티브 리스트**

우리나라 약가관리제도에는 정말 심각한 문제가 있습니다. 이 제도를 제대로 손보지 않으면 국민들의 약값 부담은 계속 늘고 제약산업의 발전도 기대하기 어렵습니다. 제일 큰 문제는 아무 약이나 다 건강보험이 돈을 대는 '네거티브 리스트' 제도입니다. 제약회사가 식품의약품안전청장에게 의약품 판매 허가를 받아 보건복지부 장관에게 신청하면, 아주 큰 문제가 있어서 '급여제외목록'negative list에 오르지 않는 한 모두 건강보험에 등재되는 것이지요. 그러다 보니 2006년 초 등재된 의약품이 무려 2만 1,700개나 되었습니다. 실제로는 거의 생산되지 않거나 의사들이 쓰지 않는 품목 7,300개가 모두 여기 포함되어 있었습니다. 의사들도 어떤 약이 있는지 다 알 수 없는 지경이 된 겁니다. 프랑스와 이탈리아, 스웨덴, 호주, 스위스 등 신약을 많이 개발하지 않는 나라들의 건강보험급여 대상 의약품이 5,000개를 넘지 않는 현실과 비교하면 터무니없이 많지요. 우리나라에서 제일 좋다는 종합전문병원이 실제로 처방하는 의약품 품목은 5,000개를 넘지 않습니다.

이러니 부작용이 없을 수가 없습니다. 특별한 사유가 없는 한 모두 건강보험 급여 대상으로 등재해주다 보니, 미국이나 독일 등 어느 한 나라에서라도 보험이 적용되는 의약품은 그 임상적인 효과가 분명하지 않아도 등재할 수 있습니다. 이런 약은 합리적인 가격을 산정하기가 어렵지요. 실제 판매하지도 않으면서 높은 가격을 받아놓을 목적으로 등재해놓기도 하고, 낮은 가격으로 등재한 다음 공개입찰을 할 때 끼워 팔기를 해서 시장 질서를 문란하게 만들기도 합니다. 약국은 약국대로 의사가 처방할 가능성이 있는 모든 품목을 전부 비치하느라 경영 압박을 받고, 또 팔다 남은 재고약을 처리하느라 골머리를 썩입니다. 법령에 따르면 지역 의사회가 정기적으로 처방 리스트를 선정해 사전 통보해야 하는데, 우리나라 의사협회는 너무나 힘이 세서 이걸 하지 않습니다. 하지 않는다고 해서 처벌하는 법규도 없지요. 결국 이러한 혼란과 무질서가 야기하는 비용은 종국적으로 환자에게 떠넘겨집니다.

약을 선택하는 권한은 전적으로 의료기관과 의사에게 있습니다. 의사들은 모든 약에 대한 정보를 가지고 있지 않기 때문에 최선의 선택을 하기가 어렵습니다. 식약청은 약의 안전성과 효과에 대해 최소한의 검증을 할 뿐, 어떤 의약품이 가격에 비해 효과가 좋은지를 판단하는 주체는 존재하지 않습니다. 그러니 제약회사와 약품도매업체들은 품질 경쟁을 하기보다는 합법적·불법적 거래를 통해 의료기관과 의사들에게 약품을 판매하는 마케팅 경쟁에 몰두했습니다. 부패가 자리 잡은 곳에서 산업이 제대로 건전하게 발전하기는 어려운 것이죠.

환자들은 어떤 약이 효과가 좋고 값이 싼지를 알 수 없습니다. 이러한 이른바 '정보 불균형' 때문에 의약품 시장에서는 소비자 주권이 통용되지 않습니다. 누가 국민을 대신해서 소비자 주권을 행사해야 하는데, 그게 바로 보험자입니다. 국민건강보험공단이지요. 외국은 다 이렇게 합니다. 약효와 경제성을 따져서 국민들에게 좋은 의약품만 급여 대상으로 등재하는 겁니다. 이것이 '선별등재목록' positive list입니다. 공적인 건강보험이 없는 미국에서는 민간 보험회사들이 이런 역할을 합니다. 그런데 우리의 국민건강보험공단은 약가산정 기준을 정해두고 그에 따라 보험약가를 결정했을 뿐, 소비자 주권을 대신 행사해 공급자와 가격을 협상하는 대리인 역할을 제대로 하지 못했습니다.

몸담았던 조직을 비판하는 것 같아서 마음이 무겁지만, 국민들께 고백하는 심정으로 말씀드립니다. 정부는 '의약품 실거래가 상환제도'라는 괴상한 제도를 만들어 운영하는 과정에서 의약품 가격의 거품을 키우고 의약품 시장에서 비리와 부패가 만연하도록 만든 책임이 있습니다. 1977년 처음 의료보험제도를 도입했을 때는 정부가 약값을 고시했습니다. 그런데 고시가격보다 의료기관의 실제 구입가격이 낮으면 차액이 생기는데, 이것이 모두 요양기관의 음성적 수입이 되었습니다. 이 문제를 해결하려고 1999년에는 의약품의 상한가격을 정해두고, 그보다 낮은 가격에 요양기관이 의약품을 구입하면 실제 구입한 가격을 기준으로 약제비를 지급하는, 이른바 '실거래가 상환제도'를 도입했습니다.

무슨 효과가 있었을까요? 아무 효과도 없었습니다. 우선 병원들은 의약품을 싸게 구입할 필요가 없어졌습니다. 그래봐야 자기에게 남는 건 없으니까요. 제약회사와 도매상들은 보건복지부 장관이 고시한 의약품 상한가와 비슷한 수준으로 가격을 담합합니다. 제약회사와 의료기관이 실제 얼마에 거래했는지를 건강보험공단이나 보건복지부가 확인할 방법은 전혀 없습니다. 신고는 상한가와 비슷한 수준에서 구입한 것으로 하지만, 실제 거래가격은 그보다 훨씬 낮을 가능성이 큽니다. 의료기관이 자기 회사 제품을 구입하도록 하기 위해서는 불법 리베이트를 비롯한 불공정 경쟁수단을 동원합니다. 실제 그렇습니다.

복지부 장관이 정한 상한가와 의료기관이 신고한 구입가격을 비교해보니 2005년의 경우 전체 요양기관의 99% 이상이

상한가로 구입한 것으로 나타났습니다. 종합병원과 동네 병의원, 약국을 불문하고 다 마찬가지입니다. 대한민국 의료기관과 약국, 제약회사와 도매상들의 장부는 대부분 실제와 다르게 조작된 것으로 봐야 합니다. 건강보험공단의 약제비 급여실적과 제약회사들이 국세청에 제출한 세무신고 자료의 데이터를 회사별·품목별로 비교해보면 그 증거가 명백하게 드러날 것입니다. 제 권한이 아니라서 실제로 조사해보지는 않았지만, 분명 그럴 것으로 생각합니다. 정부가 운영해온 '실거래가 상환제도'는 사실은 '상한가 상환제도'이며, 옛날 '고시가제도'가 안고 있던 문제를 거의 해결하지 못한 실패작입니다.

### 약가제도와 한미 FTA 협상

문제는 여기서 끝나지 않습니다. 건강보험에 일단 등재되었다 해도 가격 인하요인이 생기면 나중에 값을 내려야 맞습니다. 실제 거래가격을 조사해 의약품의 상한금액을 인하하거나, 등재 후 3년마다 외국 7개국(미국, 영국, 독일, 프랑스, 이탈리아, 스위스, 일본) 가격의 조정평균가 이하로 내리는 방식을 씁니다. 이를 'A7 조정평균가'라고 합니다. 그런데 실거래가를 조사해서 약가를 내리는 건 사실 불가능합니다. 정부는 의약품 실거래가가 얼마인지를 알 수 없기 때문이지요. 그러니 결국 이 방법도 별 의미가 없습니다. 'A7 조정평균가'는 혁신성이 인정되는 신약이 등

재될 때 적용하는 기준으로 원래 약값이 매우 높습니다. 실제로 약값을 내릴 수 있는 폭이 아주 좁은 것이죠. 그 밖에 특허 보호 기간이 만료된 의약품 가격을 복제약이 등재된 후에도 내리지 않고 그대로 유지해주는 등 우리는 불합리한 제도를 가지고 있었습니다. 국민들이 시장에서 실제 거래되는 가격보다 훨씬 많은 돈을 내고 약을 먹었다는 결론입니다.

저는 한미 FTA 협상 전초전이 진행되던 2006년 5월 3일, 문제의 '건강보험 약제비 적정화 방안'을 발표했습니다. 장관 인사청문회를 앞둔 시점부터 검토를 시작해 석 달 동안 숨 가쁜 토론과 작업을 해서 만든 방안이었습니다. 물론 갑작스러운 제도 변경은 아닙니다. 약제비 문제는 국민의 정부도 알고 있었습니다. 2001년 8월에는 보건복지부와 관련기관, 의료계와 약계, 언론계 인사들이 두루 참여해 약제급여 적정성평가 정책토론회를 열었고, 전문가들이 연구한 성과도 숱하게 많습니다. 특히 건강보험심사평가원은 2005년 의약품 보험급여와 관련한 경제성 평가자료 활용 방안과 평가지침을 개발하고 경제성 평가 가이드라인 초안을 마련하는 등 제도 개혁을 위한 준비를 착실하게 진행했습니다. 여러 이해당사자와 시민단체의 의견을 최대한 반영해 방향과 비전을 제시하고 여러 차례 간담회와 토론회를 열었습니다.

제가 취임하자마자 약제비 제도 개혁을 서두른 것은, 그 자체가 너무나 시급한 과제이기도 했지만, 임박한 한미 FTA 협상 때문이기도 했습니다. 이른바 '한미 FTA 4대 선결조건'을 둘러싸고 벌어졌던 논란을 기억하실 겁니다. 영화 스크린 쿼터, 쇠

고기, 자동차 세제, 그리고 의약품 가격 네 가지를 미국에 미리 양보한 굴욕적 협상이라는 비난이 빗발쳤습니다. 저는 장관 취임 직후 FTA 담당 팀장에게, 약가제도와 관련해 미국 정부에 문서로 무언가를 약속하거나 구두로 약속한 것을 기록한 문서가 있는지 확인해보라고 지시했습니다. 외교부의 관련 문서를 다 뒤졌지만 그런 것은 없었습니다. 우리 통상교섭본부 관계자가 미국무역대표부USTR 관계자에게 무언가 우호적인 언급을 했을 수는 있지만, 국제법이나 외교 관례에 비추어볼 때 우리 정부의 정책결정권을 제약할 수 있는 합의는 존재하지 않는다는 것이 실무자의 견해였습니다. 결국 '4대 선결조건'에 약가제도 문제는 존재하지 않는다는 뜻입니다. 저는 이 견해를 받아들여 약제비 적정화 방안을 밀고나갔습니다. 한미 FTA 협상이 본격화하기 전에 약가제도 변경을 기정사실로 만들어야 했습니다. 만약 제도 개혁을 하기 전에 협상이 타결되면, 그후에는 협정 위반이라는 공격 때문에 제도 개혁을 하기가 더 어려워질 것이었기 때문입니다.

　　2006년 5월 3일 제도 혁신 방침 발표를 앞두고 많은 난관에 부닥쳤습니다. 저는 국내외 제약업계와 의료계, 약계, 시민단체에 미리 내용을 알리도록 했습니다. 제가 직접 대표자들과 대화했습니다. 약제비 적정화 방안을 시행하면 제약업계는 중대한 영업환경 변화를 맞게 되고, 의료계는 의약품 구입과 처방 관행을 바꾸어야 하며, 건강보험 가입자단체를 비롯한 보건의료 분야 시민단체들도 정책 평가를 할 준비를 해야 하기 때문에 미리 알려줄 필요가 있었습니다. 상황은 예견한 대로 흘러갔습니다.

제약업계는 이것이 산업을 위축시키고 약제비를 오히려 증가시킬 것이라고 주장하면서 헌법재판소에 위헌소송을 내겠다고 으름장을 놓았습니다. 의사단체는 의사의 처방권을 침해한다며 반대했습니다. 일부 시민단체들은 약효 경제성 평가를 심평원에 맡기고 협상권을 건강보험공단에 부여하는 방침을 거두고, 이 둘을 하나의 조직에 맡기라고 요구했습니다.

다국적 제약회사들은 아니나 다를까, 미국 정부에 매달렸습니다. 서울에서 열린 2차 협상 당시 커틀러Wendy Cutler 미국 협상 대표는 의약품 의료기기 분과뿐만 아니라 아무 관계없는 다른 여러 분과 협상까지 전격 중단하는 방식으로 약제비 적정화 방안에 대한 불만을 표시했습니다. 통상교섭본부를 비롯해 원만한 협상 진전을 원하는 정부 여러 부처에서 원망 섞인 눈총이 쏟아졌습니다. 발표를 연기하라는 요구도 거세게 나왔고, 미국 측 협상 대표가 청와대에 직접 항의하는 해프닝도 있었습니다. 그러나 청와대는 협상을 지휘하는 장관들을 믿고 미국 협상 대표들을 만나주지 않았습니다. 이것이 국가 정책주권에 속한다고 잘라 말했다가 미국 측이 2차 협상 테이블을 엎어버리게 만든 복지부의 담당 국장에 대한 원망이 쏟아져 제 귀에도 그대로 들렸습니다. 저도 나름대로 세게 나갔습니다. 한미 FTA와 무관한 정책주권 사항을 미국이 왜 이래라저래라 하느냐고 말한 것이 언론에 나는 바람에 "유시민 장관이 정태인 전 청와대 국민경제비서관과 짜고 한미 FTA 협상을 파탄내려고 한다"는, 이른바 'FTA 괴담'이 정부 안팎에 돌아다니기도 했습니다.

## 미국 대사를 만나면 압력을 받은 것이다?

하이라이트는 버시바우Alexander Vershbow 주한 미국 대사가 두 차례 저를 방문한 일입니다. 그는 미국 국민의 이익을 위해 참으로 열심히 일하는 외교관입니다. 버시바우 대사는 약제비 적정화 방안 발표를 하루 앞둔 2006년 5월 2일 저를 찾아왔습니다. 중요한 쟁점 법안 본회의 표결을 앞둔 터라 저는 그를 국회 의원회관에서 만났습니다. 버시바우 대사는 시종 상대를 존중하는 정중한 어조로 자기 견해를 말했습니다. 선별등재목록이 신약을 연구 개발하는 미국 제약사에게 불리하고, 한국 국민의 신약 접근을 막는 장애요인이 된다는 주장이었죠. 보건복지부가 수요 독점 지위를 갖기 때문에 우월적 지위를 남용해 약값을 부당하게 깎을 우려가 있는 만큼, 약제비 적정화 방안 발표를 연기하거나 취소하라고 요구했습니다. 한국에서 활동하는 외국 제약사 대표들이 저와 대화하면서 말한 내용 그대로였습니다.

저는 버시바우 대사가 미국 기업의 이익을 위해 동분서주하는 것을 보면서 존경심을 가진다고 했습니다. 정말입니다. 참 열심히 일하는 미국 공무원입니다. 제가 많은 것을 배웁니다. 저는 그에게 약제비 적정화 방안의 세 가지 원칙을 설명했습니다. 첫째, 의약품 시장에서 국내외 자본의 차별을 전혀 두지 않는 공정한 경쟁 풍토를 세우는 것. 둘째, 선별등재제도가 비관세 무역 장벽으로 작용하지 않도록 하는 것. 셋째, 약가 결정과 관련한 모든 절차를 투명하게 하는 것. 저는 입법예고 기간에 미국 제약사들의 의견을 충분히 들을 것임을 강조했습니다. 보건복지부의 의약품 수요 독점 우려에 대해서는, 혁신 신약의 경우 지금까지 다국적 제약사가 공급 독점 지위를 누리던 것이 쌍방 독점으로 바뀌는 것인 만큼, 협상을 통해서 힘의 균형을 이루는 것이 시장 경쟁 질서에 더 부합한다는 점을 지적했습니다.

　　버시바우 대사가 저를 방문한 일을 두고 한미 FTA에 반대하는 시민단체들은 미국이 부당한 '압력'을 넣는다고 비난했습니다. 거참 이상한 일이죠? 직접 대화를 나눈 저는 아무런 '압력'을 느끼지 않는데, 그분들은 왜 한국 공무원이 미국 공무원을 만나면 무조건 압력을 받는다고 느끼는 걸까요? 버시바우 대사는 미국 기업의 이익을 위해서 한국 장관에게 자기의 의견을 말했고, 저는 대한민국 장관으로서 우리 국민의 이익을 위해 저의 의견을 말했을 따름입니다. 대화를 해야 오해는 풀고 상대방의 입장을 더 잘 이해할 수 있습니다. 그래서 서로에게 이익이 되는 방향으로 필요한 타협을 할 수 있지 않겠습니까? 그날 만남은 그런 점에서 매우 유익한 것이었습니다. 복지부의 협상 실무자들 누구도 미국 대사 일행 앞에서 주눅 들지 않았습니다.

　　'건강보험 약제비 적정화 방안'은 약가제도 변경만을 담은 정책이 아닙니다. 그것은 의약품의 품질 제고, 의약품 유통 투명화, 보험의약품 가격 적정화, 의약품 사용량의 적정화 등 네 가지를 담은 종합대책입니다. 그러나 어쨌든 이것이 한미 FTA 협상의 원만한 진전을 가로막는 협상 초기 최대 현안으로 떠올랐기 때문에, 저는 상황을 타개하기 위해 국내외 제약회사 CEO와 제약업계 원로들, 미 대사관과 미 상공회의소 고위 관계자, 대한의사협회 회장단과 시도의사회장, 대한병원협회 회장단과 시도병원협회장, 대한약사회 회장단, 국·공립 병원장 등 만날 필요가 있는 모든 분들을 직접 만나 끈질기게 대화했습니다.

제일 큰 고비는 2006년 7월 하순 대통령을 모시고 연 한미 FTA 관계 장관 회의였습니다. 이때는 미국 측이 선별등재제도를 수용할 테니 세부사항을 FTA 협상 틀 안에서 합의하자고 제안했고, 저는 이것이 정책주권 사항이고 국내외 자본에 대한 비차별적 제도이기 때문에 그대로 입법예고 하겠노라고 고집을 부리는 중이었습니다. 세부사항을 한미 FTA 협상 대상으로 인정하는 순간 미국의 동의 없이는 입법예고를 할 수 없기에, 저는 버시바우 대사가 두번째 방문에서 한 제안을 수용하지 않았습니다. 관계 장관 회의에서 이 문제로 협상이 결렬될지 여부를 둘러싼 날카로운 토론이 있었는데, 결국 대통령이 정리해주셨지요. 미국이 선별등재제도를 수용한 것은 큰 성과이고, 보건복지부가 핵심을 파악해서 전략적으로 잘 대처했다고 한 것입니다. 그대로 밀고 나가라는 결정이었습니다. 이렇게 해서 보건복지부는 7월 26일 선별등재목록 도입, 제약사와 국민건강보험공단의 약가협상, 특허 보호기간 만료시 신약의 가격 인하, 오리지널 제품과 복제약의 가격 비율 인하 등을 핵심으로 하는 '국민건강보험 요양급여의 기준에 관한 규칙 개정안'과 '신의료기술 등의 결정 및 조정 기준 개정안'을 60일간 입법예고할 수 있었습니다.

## 약제비 적정화 방안은 이미 시행 중

한미 FTA에 반대하는 시민단체들은 미국의 압력으로 약제비 적정화 방안이 무력화되었다고 주장합니다. 하지만 약제비 적정화 방안은 한미 FTA 협정을 타결하기 전인 2006년 11월에 이미 그 첫걸음을 내디뎠습니다. 의사협회가 강하게 반대했지만 일반의약품 중 복합제 742품목(2005년 청구금액 1,680억)을 건강보험 대상에서 제외하는 첫 단계 조처를 취한 것이지요. 이것은 이 정책을 본격 시행하겠다는 정부의 의지를 밝히기 위한 예비조처였습니다. 규제개혁위원회 심사도 복제약 가격 인하와 관련해 약간의 조정을 하는 정도로 무난히 통과했습니다. 법제처 심의가 끝난 후인 2006년 12월 29일 새로운 시행규칙이 발효됨으로써, 저는 연내에 새로운 제도를 시행하겠다고 한 약속을 지켰습니다. 2007년 들어 기존 등재약품에 대한 약효 경제성 재평가 작업의 첫 단계를 진행하고 있습니다. 고지혈증에 쓰는 신약과 복제약들이 맨 먼저 시험대에 올랐습니다. 마침내 건강보험 약제비 적정화를 도모하는 선별등재목록을 도입함으로써 건강보험의 패러다임을 크게 바꾼 것입니다.

이제는 국민건강보험공단이 가격에 비해 효과가 우수한 의약품을 선별해서 보험을 적용합니다. 선진국이 대부분 채택한 제도를 우리도 하게 된 것이죠. 값은 비싸고 효과는 적은 약품은 퇴출될 것입니다. 제약회사들은 더 좋은 약품을 더 저렴하게 공급하기 위해 치열한 경쟁을 벌여야 합니다. 의약품을 보험급여

목록에 등재하려면 건강보험심사평가원에 설치되는 '약제급여평가위원회'에서 경제성을 평가받아야 합니다. 등재 대상이 될 자격이 있다는 평가를 받은 신약은 제약사와 국민건강보험공단의 협상을 통해 가격을 결정합니다. 환자를 치료하는 데 필수적인 의약품은 가격협상이 결렬되더라도 한번 더 가격을 조정할 수 있는 절차를 두어, 되도록 건강보험을 적용할 수 있게 했습니다. 이미 등재되어 있는 의약품은 새로운 선별등재제도가 시행되어도 보험 등재된 것으로 간주하고 단계적으로 평가해 비교적 우수한 의약품만 계속 목록에 올려놓게 됩니다. 2011년까지 5년에 걸쳐 순차적으로 기존 등재의약품을 정리하되, 사실상 생산되지 않거나 요양기관이 거의 쓰지 않는 4,000여 품목부터 등재목록에서 삭제했습니다.

특허 보호기간이 끝나 복제약이 등재된 의약품에 대해서는 가격을 100% 그대로 인정해주던 것과 달리, 앞으로는 가격을 20% 인하합니다. 따라서 복제약 가격도 현재보다 15% 내립니다. 등재한 후 사용량이 크게 늘어났거나 당초보다 보험 적용 범위가 늘어나는 등 신약 가격의 변동요인이 발생하는 경우, 국민건강보험공단과 제약회사가 협상해 가격을 다시 조정할 수 있는 제도를 신설했습니다.

약제비 적정화는 의약품 품질을 높이기 위한 정책이기도 합니다. 일단 품질이 확실한 약 중에서 치료적·경제적 가치가 우수한 약을 선별해 보험을 적용하기 때문에 의사들도 더 안전하고 합리적인 처방을 할 수 있습니다. 제조업소의 품질관리 기준을 지속적으로 평가해 의약품의 품질을 높여나가게 됩니다. 생물학적동등성 시험 결과를 믿을 수 있게 관리하고 시험 대상을 확대하며, 이미 허가된 품목 중에서 생물학적동등성 입증 자료를 제출하지 않은 품목은 재평가를 통해 단계적으로 퇴출합니다.

의약품 시장을 투명하게 만들어야 합니다. 의약품 정보센터를 만들어 의약품 생산량뿐만 아니라 유통량과 사용량까지 종합적인 정보를 축적합니다. 이를 위해 약사법 개정안을 국회에 내놓았습니다. 의약품 정보센터를 제대로 운영하면 고가 의약품 대체 청구상황을 관리할 수 있고, 무자료 거래와 가짜 약 공급 실태를 파악할 수 있습니다. 이른바 실거래가 상환제에 따르는 약가 거품과 불법 리베이트 경쟁을 근절하기 위해, 공개 경쟁 입찰이나 온라인 거래 등 투명한 절차를 통해 저가로 의약품을 구매한 경우에는 상한금액과 실거래가의 차액을 합법적으로 보상받을 수 있도록 하고 시차를 두어 시장의 실제 거래가와 상한금액의 차이를 좁혀나가는 저가구매활성화제도를 꼭 도입해야 합니다. 여기에 필요한 법률 개정안도 입법 절차에 들어가 있습니다.

약제비 적정화 방안은 그 밖에도 의료계 의약품 처방행태를 개선하는 조처를 포함하고 있습니다. 의약계가 자율적으로 비용 대비 효과가 좋은 처방과 조제를 장려하는 경우, 절감되는 약제비의 일부분을 의약계의 수가에 반영해줄 것입니다. 의료기관별 감기 환자 항생제 처방률을 실명으로 공개하자 불과 반년도 안 되는 기간에 처방율이 12.4%나 줄어들어 약 55억 원의 건보 재정을 절감했습니다. 의료기관별 주사제 처방률과 제왕절개 수술율 공개도 비슷한 효과를 냅니다. 의약품 처방행태와 관련한 정보 공개는 계속 확대해나갈 것입니다.

## 의료비 폭등 주장은 근거 없는 선동

보건복지부는 약제비 적정화 방안을 원래 계획대로 추진하면서도 보건 분야 한미 FTA 협상을 원만하게 타결했습니다. "세계 최악의 보건 분야 FTA 협상으로 약제비 적정화 방안을 무력화했다"는 한미 FTA 저지 범국민운동본부의 주장은 국민을 현혹하는 정치적 선동에 불과합니다. 그들은 한미 FTA가 타결되면 향후 5년간 총 12조 원의 피해가 발생한다고 주장했습니다. 약값이 천정부지로 치솟고, 돈이 없는 사람은 적절한 진료를 받지 못해 죽을 수도 있다는 공포의 시나리오를 유포했습니다. 심지어는 맹장염 수술비가 1,000만 원으로 올라간다는 황당한 선동까지 합니다.

송도와 제주에 들어설 외국병원이 건강보험 적용을 받지 않는다는 것이 이 주장의 근거입니다. 건강보험 적용을 받지 않는다는 것은 그 병원의 의료서비스 가격을 한국 정부가 통제하지 않는다는 걸 의미합니다. 대한민국의 다른 모든 병원은 건강보험 환자를 받는 이른바 '당연지정제'를 그대로 유지합니다. 의료 수가와 약품 가격은 앞으로도 보건복지부 장관이 통제합니다. 외국병원이 맹장 수술비를 1,000만 원 받을 리도 없지만, 설혹 그렇다고 해도 우리 국민들이 그 병원에서 수술을 받아야 할 아무런 이유가 없습니다. 그래서 황당무계한 선동이라고 한 것이지요.

시민단체가 주장하는 피해 규모 12조 원은 앞에서 설명드린 약제비 적정화 방안을 미국의 요구에 밀려 완전히 포기하는 경우를 가정해서 산출한 금액입니다. 그렇게 나라 걱정을 하는 것은 좋은 일입니다. 그렇게 걱정하는 분들이 있기에 원칙을 세우고 협상해서 그런 일이 생기지 않도록 했습니다. 협상이 타결된 만큼 이제는 협정문을 보고 사실에 입각해서 주장을 수정해야 마땅한 일인데, 범국본은 여전히 지난날의 주장을 되풀이했습니다. 안타까운 일이죠.

범국본이 문제 삼는 것은 이제 두 가지가 남았습니다. 하나는 약가 결정과 관련한 '독립적 이의신청 절차'입니다. 국내외를 막론하고 한국 시장에서 영업하는 제약사들이 건강보험 등재 여부나 약가수준 결정에 불만이 있을 때는 어딘가에 이의신청을 할 수 있어야 합니다. 약제비 적정화 방안에 따라 약효 경제성 평가제도와 가격협상 절차를 도입한 이상, 그와 같은 독립적 이의신청 기구는 반드시 필요합니다. 미국 측은 이 기구가 원래의 결정을 번복할 권한이 있어야 한다고 주장했지만, 우리는 받아들이지 않았습니다. 물론 협정문에 그럴 권한이 없어야 한다고 명시하지도 않았습니다. 범국본은 그렇기 때문에 원래의 결정을 번복할 권한이 있는 것이라고 주장하면서 협상 결과를 비난합니다. 미국 기업이 그들의 요구를 말할 권리를 주기만 하면 그것이 곧 미국의 요구에 굴복하는 것이라는 이 열등감과 자기비하가 어디서 온 것인지 저는 이해하지 못하겠습니다. 이 규정은 미국과 호주의 FTA 협정문에 들어 있는 것과 동일하며, 호주도 번복 권한이 없는 이의신청 철차를 두고 있습니다.

     다른 하나는 특허보호를 강화하는 조처입니다. 특허를 가진 제약사가, 특허보호 기간이 끝나기 전에 복제약이 출시됨으로써 오리지널 신약의 가격이 깎이고 매출이 감소하는 사태를 막으려는 것은 너무나 당연합니다. 그들은 특히 특허침해 소송이 진행 중인 상황에서 우리 식약청이 복제약 품목허가를 내주는 데 불만을 품고 있습니다. 정당한 불만입니다. 자료독점권 보호도 강화해 달라고 합니다. 자기가 많은 돈을 들여 만든 임상자료를 다른 기업이 그대로 가져다 복제약 품목허가를 받는다면 억울하지 않을 기업이 어디 있겠습니까? 우리 정부는 국제적 규범을 받아들여 의약품 특허보호를 강화하겠다는 것을 협정문에 명시했습니다. 구체적인 방법으로는 특허침해 소송과 품목허가 정지 가처분신청이 동시에 진행될 때 적어도 가처분신청에 대한 법원의 결정이 날 때까지는 품목허가 절차를 동결하는 것을 검토하고 있습니다. 제약업계 일각에서는 특허청의 특허권에 대한 권리범위확인심판제도를 활용하는 방안을 대안으로 제시했습니다. 이것도 함께 검토할 수 있을 것입니다. 자료보호도 현행법을 좀 더 엄격하게 집행하는 쪽으로 대책을 세웠습니다. 과거 특허권침해 소송의 승소율과 국내에서 많이 판매되는 신약의 특허보호 만료 시점, 국내 제약사들의 개량신약 준비 정도를 살펴볼 때, 이런 정도로 합의해도 그리 큰 피해는 없을 것으로 판단했습니다.

저는 7차 협상 시점에서 이 두 가지를 양보하는 것으로 의약품 상품 양허안을 포함해 의약품 적정화 방안과 관련한 미국 측 요구 전면 철회를 비롯한 보건 분야 핵심 쟁점을 다 합의하도록 협상을 지휘했습니다. 마지막 협상 라운드까지 끌고가면 딜 브레이커(deal breaker, 협상결렬요인)가 되어 더 큰 것을 내줘야 할지도 모른다는 실무자들의 판단을 존중해서 그렇게 결정했습니다. 보건 분야 한미 FTA 협정의 최종 책임은 제가 지는 것이 마땅합니다. 저는 한미 FTA가 한국과 미국 양측 모두의 이익과 기회를 균형 있게 반영한 잘된 협상이라고 평가합니다. 보건 분야에서도 비교적 원만한 합의를 보았다고 생각합니다.

이 문제와 관련해 국민 여러분께 한 말씀만 더 드립니다. 대한민국 공무원들은 미국 제약사의 앞잡이가 아닙니다. 미국 공무원들이 요구한다고 해서 부당한 요구도 무조건 받아들이는, 그런 못난이들이 아닙니다. 그들은 조국에 대한 자부심과 충성심을 가진 일꾼들입니다. 열심히 조사연구하고 학습능력도 뛰어난 영리한 공복입니다. 적어도 제가 보건복지부 장관으로 한미 FTA 협상을 지휘하면서 겪은 젊은 공무원들은 그런 사람들이었습니다.

# 건강투자정책

제가 장관으로 재임하던 시기에 보건복지부는 몇 번 큰 사고를 쳤습니다. 어떤 것은 그럭저럭 소리 나지 않게 수습을 했지만, 더러는 온 나라가 들썩이는 소용돌이를 몰고오기도 했습니다. 대표적인 사례가 대통령의 기자실 담합 비판과 그에 따른 정부 기관 상주 기자실 폐지 방침으로 불거진 정언政言 대충돌입니다. 이 사태의 단초를 제공한 주인공이 바로 보건복지부입니다. 더 정확히 말하면, 장관이었던 제게 책임이 있습니다.

2007년 1월 초 보건복지부는 국민을 건강하게 만드는 것이 국민의 행복뿐만 아니라 경제성장과 사회 발전에도 결정적으로 중요하다는 문제의식 아래, 국가 보건의료정책의 목표와 방향을 혁신하겠다는 이른바 건강투자전략을 작성했습니다. 관련 전문가들의 도움을 받고 외국 사례를 연구하고 장관과 직원들이 여러 차례 내부 정책토론을 하는 등 무려 8개월 넘게 걸려 준비한 것이었지요. 김용익 청와대 사회문화 수석비서관도 그 과정에 함께 참여하면서 참으로 좋은 제안과 도움을 주셨기 때문에 제가 청와대에 가서 김 수석과 함께 대통령께 직접 보고했습니다. 대통령은 정말 좋은 계획인데 너무 늦게 만들어왔다는 아쉬움을 토로하셨죠. 임기 말이 다 되어서 이걸 언제 하겠냐고 탄식하신 겁니다. 하지만 정말 중요한 정책 전환인 만큼 국민들께 직접 브리핑하고 여론의 지지를 얻어 재원대책을 마련하기로 하고, 곧바로 재원을 조달할 수 있는 일부 정책은 바로 시행하거나 2008년 예산안에 적극 반영하기로 했습니다.

저는 대통령께 보고드린 후 며칠이 지난 2007년 1월 15일 월요일에, 보건복지부 기자실에서 그 내용을 브리핑하고 기자들의 질문이 더 이상 나오지 않을 때까지 충분히 토론했습니다. 그런데 당일 저녁 방송 보도와 다음날 아침 신문 보도를 보면서, 사실 말이 잘 나오지 않을 만큼 실망했습니다. 건강보험에서 곧바로 비용을 부담할 수 있는 임산부 산전 산후 토털케어 도입을 중심으로 비슷비슷한 기사가 나왔고, 게다가 기사 말미에는 재원대책 없는 대선용 선심정책이라는 딱지가 붙은 경우가 대부분이었기 때문입니다. 바로 그 화요일 아침 국무회의 모두 발언에서 '기자실 담합'에 대한 문제 제기와 선진국의 사례를 조사하라는 대통령의 지시가 나왔습니다.

과천으로 돌아오니 기자들은 기자단 간사를 중심으로 항의방문단을 조직해 장관실을 찾아왔고, 대통령을 비판하는 성명을 발표했습니다. 건강투자전략은 난데없이 언론의 뒤늦은 집중 조명을 받았습니다. 뒤이어 한명숙 총리가 협의 없이 정책을 발표한 잘못을 들어 '실세 장관'을 질책했다는 기사가 쏟아졌습니다. 저는 총리실과 협의도 하지 않고 정책을 발표해 물의를 일으킨 '문제아' 취급을 받았죠. 그 기사를 쓴 기자들이 제게 총리실 협의가 있었는지 여부를 확인하는 절차는 물론 없었습니다. 협의를 했다고 주장하거나 질책받은 사실이 없다고 하면 장관과 총리가 다투는 꼴이 될 판이었기에, 평소 한명숙 총리를 존경해온 저는 입을 다물었습니다. 보건복지부 홍보팀 직원들에게도 함구령을 내렸죠.

  하지만 사실은 청와대 사회문화수석실과 오랜 기간 협의했습니다. 국무조정실의 정책조정관들과도 협의할 내용은 다 협의했고요. 어느 장관이 교육부와 노동부 등 여러 부처가 함께 관련된 정책을 국무총리실과 협의하지도 않고 발표하겠습니까? 어쨌든 이 사건의 연장선 위에서 정부기관 상주 기자실 폐지와 브리핑 공간 통폐합, 온라인 브리핑 도입 등 2007년 5월 국정홍보처가 내놓은 '취재지원 선진화 방안'이 나왔습니다. 이제 다시 본론으로 돌아가볼까요. 그런 소동을 일으킨 건강투자전략은 도대체 어떤 문제의식에 근거를 둔 것이며 내용은 무엇인가? 그것은 다음과 같은 매우 소박하고 상식적인 의문에 착안하고 준비한 정책입니다.

## 무엇이 사람을 건강하게 하나

"재산을 잃으면 조금 잃는 것이요, 명예를 잃으면 더 많이 잃는 것이요, 건강을 잃으면 세상을 다 잃는 것이다." 누가 처음 말했는지는 모르겠으나, 삶의 진실을 이처럼 정확하게 꿰뚫는 말은 그리 흔하지 않습니다. 건강이란 무엇일까? 단순히 질병에 걸리지 않은 상태만을 의미하는 건 아닙니다. 세계보건기구WHO 헌장에 따르면, 건강이란 단지 질병이 없거나 허약하지 않은 상태를 넘어 "신체적·정신적·사회적으로 완전하게 안녕한 상태"를 말합니다. '사회적으로 안녕한 상태'는 무척 복잡한 논쟁거리를 포함하기 때문에 여기서는 좁은 의미에서의 건강, 즉 국민의 '신체적, 정신적 안녕'을 도모하는 보건의료정책을 다루기로 하겠습니다.

보통 사람들의 근심 또는 소망 가운데 아주 큰 것이 바로 건강입니다. 어떻게 하면 건강해질 수 있을까? 누구나 이런 의문을 지니고 있지요. 이 질문을 조금 바꾸면, 이렇게 됩니다. 사람의 건강을 좌우하는 요인은 무엇일까? 깊이 생각하지 않아도 답을 찾을 수 있습니다. 좋은 환경에서 살수록, 건강한 생활습관을 따를수록, 좋은 유전자를 받아 태어날수록, 병에 걸렸을 때 신속하게 치료를 받을수록, 꼭 그런 것은 아니겠지만 오래 건강하게 살 확률이 높습니다. 달리 근거를 대지 않아도 직관적으로 이해할 수 있는 이야기입니다. 소득이 높을수록 건강하게 오래 산다는 통계를 흔히 볼 수 있지요. 맞습니다. 그래서 선진국일수록 국민이 오래 건강하게 삽니다. 소득수준이 높으면 그렇지 않은 경우보다 좋은 환경, 좋은 생활습관, 좋은 의료서비스를 가질 수 있기 때문이지요.

이 질문을 국가를 중심에 두고 바꾸면 이렇게 됩니다. 국민들이 오래 건강하게 살도록 하려면 국가는 무엇을 해야 할까? 어떤 사업에 재정투자를 하는 게 효과적일까? 국민이 건강하면 국가와 사회 발전에는 어떤 영향을 얼마나 줄까? 국민을 건강하게 만드는 일이 국가 목표 가운데 어느 정도 앞자리를 차지해야 마땅한가? 대한민국은 국민 건강을 증진하는 일의 중요성을 제대로 인식하고, 효과적인 정책을 그에 걸맞은 정성을 기울여 마련해온 것일까? 결론부터 말하면, 전혀 그렇지 않았습니다. 국민 건강의 중요성을 충분히 인지하지도 못했고, 국민 건강을 증진하는 효과적인 정책수단을 개발하지도 못했습니다. 주권자인 국민들도 건강을 개인적인 일로 치부하면서 국가에 대해 마땅히 해야 할 요구를 하지 않았습니다. 한마디로 말해서, 엉망입니다. 건강투자전략은 이런 반성을 토대로 만든 정책입니다.

대한민국 국민은 건강한 편입니다. 다른 나라들과 비교할 때 그렇게 말할 수 있습니다. 우리의 거시건강지표를 보면 출생 시 기대수명이나 영유아 사망률, 국민의 의료기관 이용 빈도와 임상진료의 품질 등 모든 면에서 OECD 평균수준에 도달했습니다. 특히 국민들의 연평균 의료기관 방문 횟수는 10회를 훌쩍 넘어 세계에서 둘째 자리를 차지했죠. 앞으로는 어떨까요? 문제는 여기 있습니다. 전망이 그리 밝지 않습니다. 빨간 불이 벌써 켜졌습니다. OECD 선진국에 비해 대한민국은 아직 젊은 나라입니다. 아직은 그렇습니다. 그런데 고령화가 빠르게 진행되면서 상황이 급격하게 나빠지는 중입니다. 통계청과 보건복지부, 질병관리본부의 여러 조사 결과를 요약해 말씀드리면, 우리 국민의 건강은 악화일로를 걷는 중입니다.

가장 두드러진 현상은 만성 질환자의 급증입니다. 2002년 이후 4년 만에 고혈압 환자는 348만 명에서 463만 명으로 무려 33%가 늘었습니다. 같은 기간 당뇨병 환자는 173만 명에서 214만 명으로 23% 늘어났죠. 나쁜 식습관, 부족한 운동, 과도한 흡연과 음주 등 건강에 좋지 않은 생활방식이 주된 원인입니다. 아이들은 '체격은 크지만 정신과 체력은 약한 세대'로 자라나고 있습니다. 중고등학생 셋 중 하나가 아침밥을 거릅니다. 넷 중 하나만이 규칙적으로 운동합니다. 청소년 흡연율은 남자 14%에 여자는 8%를 넘고, 특히 고등학교 여학생 흡연율은 13%를 넘어 성인 여성 흡연율보다 두 배 이상 높죠. 중학생 넷 가운데 하나는 비만입니다. 이 아이들이 자라서 '운동 부족과 스트레스에 시달리는 직장인'이 됩니다. 직장인 가운데 규칙적으로 운동하는 사람은 30%에 미치지 못합니다. 정기적으로 건강검진을 받는 경우도 30%에 불과하고요. 사망 원인을 보면 20대와 30대는 자살, 40대와 50대는 암과 간 질환이 맨 앞자리에 있습니다. 자라나는 청소년과 일하는 어른들 모두 육체적·정신적으로 허약한 것이지요.

노인 건강은 더욱 심각합니다. 대부분이 만성 질환을 앓으면서 운동과 치료는 소홀히 하는 '병들어 일할 수 없는 고령층'

이 되었습니다. 스스로 만성 질환을 앓고 있다는 노인이 전체의 90%나 됩니다. 고혈압 환자의 25%와 당뇨 환자의 35%만이 지속적으로 치료를 받고 있습니다. 모든 연령층에서 소득이 낮은 계층은 돈과 시간, 관심의 부족으로 건강이 더 나쁩니다. 농어촌 지역은 도시 지역에 비해 만성 질환자가 훨씬 많지만, 건강을 증진하는 데 필요한 시설과 프로그램은 오히려 훨씬 부족합니다.

전체적인 상황을 보면 대한민국은 국민 건강 악화가 초래할 사회적 재앙을 눈앞에 두고 있습니다. 크고 작은 질병을 지닌 거대한 환자집단이 등장해 국민 의료비지출이 감당하기 어려운 수준으로 폭증할 것입니다. 현재 GDP의 6% 내외로 추정되는 국민 의료비지출은 2010년 GDP의 8%를 넘어 2020년에는 11.4%, 2030년에는 GDP의 17%에 육박할 것입니다. 직원 건강보험료의 절반을 내는 기업의 비용 부담이 커져 고용에 악영향을 미치고, 민간 가계 역시 보험료와 치료비 폭증으로 인한 가처분소득의 실질적 감소로 고통받게 됩니다. 지난 15년간 건강보험과 의료급여 제도를 유지하는 데 들어가는 중앙정부와 지방정부의 재정 부담은 10배로 늘었습니다. 최근 5년 사이에만 두 배가 되었습니다. 앞으로 더 빠르게 늘어날 것입니다.

질병은 직접적인 치료비 말고도 엄청나게 큰 사회적 손실을 동반합니다. 보건사회연구원이 조사한 바에 따르면, 질병으로 인한 연간 사회적 손실은 진료비와 간병비 등 직접 비용이 22조 5,000억 원, 소득손실 등 간접 비용이 15조 9,000억 원으로, 합쳐서 38조 원이 넘습니다. 이것이 2003년의 손실액이니, 현재는 그보다 훨씬 많은 사회적 손실을 입고 있다고 해야겠지요. 국가의 보건정책을 여태 해오던 방식으로 계속하면 이렇게 된다는 이야기입니다. 다 사람이 하는 일이기 때문에 정책을 바꾸면 결과가 달라질 수 있겠지요. 당연한 이야기입니다.

### 예방과 건강증진을 위한 선제적 투자

그러면 그동안 국가가 도대체 무엇을 어떻게 해왔기에 사태가 이 지경에 이른 것일까요? 국민건강보험이 도입된 1977년 이전까지 보건의료사업은 국가가 주도했습니다. 국립의료원을 필두로 공공병원과 지방의료원, 보건소, 보건지소, 보건진료소로 이어지는 보건사업 조직을 만들어 일반 공중위생과 기생충 퇴치사업, 콜레라와 천연두 등 급성 전염병 예방과 결핵을 비롯한 만성 전염병 관리사업을 적극적으로 수행했습니다. 대한민국은 이런 사업을 매우 성공적으로 수행함으로써 국제적인 모범이 되었지요. 그런데 이런 사업들이 성공하고 건강보험제도가 도입되면서 보건의료 분야의 국가 역할은 점차 줄어듭니다. 민간 자본의 의료산업 진출이 빠르게 확산되어 1970년에는 절반쯤 되었던 공공의료기관 병상 비율이 오늘날에는 15% 아래로 떨어졌습니다. 보건 분야에서 국가가 하는 일은 주로 전염병을 예방·관리하는 일과 건강보험료를 걷어서 의료기관에 지급하는 일 두 가지에 집중되어 있습니다. 다른 일도 많이 하기는 하지만, 대부분 시범

사업 성격의 자잘한 사업입니다. 국가가 투자를 하지 않았으니 그런 자잘한 사업밖에 없는 게 당연합니다.

그러면 무엇을 어떻게 바꾸어야 할까요? 이미 병든 국민을 치료하는 이른바 치료 중심 정책에서 국민이 병들지 않도록 하는 건강증진 중심 정책으로 국가 보건의료정책의 목표를 변경하고 재정투자 우선순위도 그에 맞게 조정해야 합니다. 그러면 무엇이 사람을 건강하게 만드는 걸까요? 많은 연구 결과가 있습니다. 1989년 미국 질병관리본부CDC가 미국 75세 이하 성인의 사망을 부르는 요인을 조사했는데, 그 결과를 보면 나쁜 생활행태가 51%, 유해환경이 20%, 유전적 요인이 19%, 그리고 의료접근성 부족은 고작 10%에 지나지 않았습니다. 사망 영향요인은 뒤집어서 보면 건강 영향요인이 됩니다. 2004년 미국 연구자들이 위스콘신 주를 대상으로 실시한 건강 결정요인 조사도 마찬가지 결과를 보여줍니다. 여기서는 건강행태가 40%, 소득수준과 혼인 여부 등 건강과 관련된 사회·경제적 요인이 40%, 환경이 10%, 그리고 보건의료접근성은 역시 10% 정도의 영향력을 가진 것으로 나타났습니다. 병원을 아무리 많이 짓고 국민들이 병원을 아무리 자주 다닌다고 해도 건강이 별로 좋아지지 않는다는 이야기입니다.

이것이 새로운 발견일까요? 전혀 그렇지 않습니다. 저도 다른 나라 사례와 국제기구 동향에 대해 조사하다가 처음 알게 되었는데, 선진국들은 이미 오래전부터 이런 상황에 맞게 보건정책 방향을 조정해왔습니다. 우리 정부와 학계 전문가들의 관심이 부족해서 이런 흐름을 놓치고 있었을 뿐입니다. 세계건강증진회의라는 것이 있습니다. 각국 정부 대표와 학자, 비정부기구NGO 대표들이 모여서 건강증진전략에 대한 국제적 원칙과 전략을 모색하는 세계대회로 WHO가 이 회의를 후원합니다.

　　　　1986년 제1차 대회가 채택한 '오타와 헌장'에서 2005년 제6차 대회 '방콕 헌장'에 이르기까지 세계건강증진회의는 건강의 가치와 건강증진의 중요성, 건강증진전략과 정부의 역할에 관한 원칙에 합의해 선언으로 채택했습니다. WHO는 이를 토대로 세부 실천강령과 실행지침을 만들었으며, 세계 여러 나라가 이 강령과 지침을 활용해서 나름의 정책을 만들어 집행했습니다. 우리나라는 WHO 사무총장을 배출한 나라면서도 여기에 대해서는 참으로 무관심하게 지내왔습니다. 세계건강증진회의는 1986년 '오타와 헌장'에서부터 일관되게, 건강이 인간의 기본권에 속하며 삶의 질을 결정하는 중요한 요소인 동시에 사회적·경제적 발전을 위한 필수조건이라는 사실을 명확히 하고, 의료접근성보다는 생활행태와 환경개선이 중요한 사업임을 강조해왔습니다.

## 건강은 소비재가 아닌 자본재

특히 2005년 '방콕 선언'은 건강이 제3자에 의해 주어질 수 없는, 사람이 스스로 변화하고 노력함으로써 달성할 수 있는 목표임을 명확히 했습니다. 건강의 주체는 병원이나 의사가 아니라 건강을 원하는 개인 자신이라는 선언입니다. 세계건강증진회의는 건강증진을 세계 개발의제의 중심으로 설정하는 한편, 중앙정부와 지방정부를 포함한 모든 정부, 지역사회와 시민사회, 기업의 공동책임으로 규정했습니다. 그러나 대한민국의 보건의료정책은 이러한 세계 흐름과 동떨어져, 지난 20년간 건강결정 비중이 10%에 불과한 의료접근성을 보장하는 데 재정투자의 대부분을 집중시켰습니다.

2006년 한국 정부의 보건 분야 재정투자 현황을 보면 그렇게 말할 수밖에 없습니다. 건강보험과 의료급여를 포함해 무려 23조 원이 넘는 돈을 병든 국민을 치료하는 데 쏟아 부었지만, 국민을 더 건강하게 만드는 데는 그 1.35%인 3,120억 원을 투자했을 뿐입니다. 그런 가운데 국민의 건강지표는 악화일로를 걸었습니다. 2005년 12월 보건복지부가 발표한 공공의료 확충계획 역시 질병의 예방과 건강증진이 아니라 치료 중심의 인프라를 확대하는 데 초점을 맞추고 있어 큰 의미를 갖기 어렵습니다. 노무현 대통령이 건강투자전략을 보고 받은 후 "좋은 정책을 너무 늦게 가져왔다"고 탄식한 것은 바로 이런 사정 때문입니다. 어떻습니까? 늦었지만 지금이라도 바꾸어야 하지 않겠습니까?

건강은 행복한 삶을 위한 필수조건입니다. 다른 조건이 같다면 건강한 사람이 훨씬 더 행복합니다. 그러나 건강의 중요성은 거기서 끝나지 않습니다. 대한민국의 경쟁력, 대한민국의 경제적 번영과도 직결되어 있습니다. 건강한 학생들이 공부를 더 잘할 수 있습니다. 건강한 직장인이 회사 발전에 더 많이 기여할 수 있습니다. 건강한 사업가가 돈을 더 잘 법니다. 건강한 과학자가 더 많은 연구성과를 낼 수 있습니다. 건강하지 않은 경우와 비교해서 말이지요. 전체적으로 건강한 국민이 더 높은 생산성을 발휘할 수 있습니다. 국민이 건강한 나라가 더 큰 경쟁력을 갖는다는 것은 달리 논증하지 않고도 직관적으로 알 수 있는 이치입니다. 건강은 소비재가 아니라 자본재입니다. 노동할 수 있는 시간과 노동생산성을 높임으로써 개인과 국가의 경제적 번영에 기여합니다. 물론 이를 뒷받침하는 객관적인 연구 결과도 있습니다. 하나만 소개합니다.

2005년 EU가 공식 채택한 보고서 중에 「유럽연합에서 건강이 경제에 얼마나 기여했는가」The contribution of health to the economy in the EU라는 것이 있습니다. EU 여러 나라 최고 전문가들이 함께 연구해 작성한 보고서입니다. 이 보고서에 따르면 건강이 좋지 못한 사람은 소득이 더 적고, 소득이 더 적은 사람은 건강이 더 나쁜 악순환 관계가 성립합니다. 건강이 좋지 못하면 소득의 1%가 줄어들고, 심각한 질병이 있는 경우에는 소득이 무려 20%나 감소합니다. 건강이 나쁘면 노동시장에서 일찍 은퇴하며, 가족 구성원의 소득에도 나쁜 영향을 줍니다. 어릴 때 건강이 좋을수록 인지능력이 잘 발달해 좋은 교육을 받을 가능성이 높고, 건강한 사람이 저축을 더 많이 합니다. 이 보고서의 결론은 생활양식과 교육·문화적인 요인이 건강에 영향을 미치기 때문에 건강증진을 위해서는 정부의 투자뿐만 아니라 개인의 적극적인 참여와 실천이 필요하다는 것입니다. 영국과 프랑스 등 유럽 선진국들은 최근 이런 시각에 따르는 대대적인 국가 건강증진 프로그램을 마련해 집행에 들어갔습니다.

좀 전문적인 내용이라 지루하실지 모르겠습니다만, 보건복지부가 마련한 건강투자전략의 핵심 내용을 간단히 보고드리겠습니다. 한마디로 줄여서 대한민국 국민이 어머니 뱃속에 있을 때부터 고령에 들어섰을 때까지 개개인이 스스로 자기의 건강을 챙길 수 있도록 국가가 생애 주기별로 필요한 정보와 서비스를 제공하며, 그에 필요한 인프라를 구축하는 것입니다. 임산부의 출산 전후 태아 건강 관련 필수검사와 영유아 전염병 예방접종 비용을 국가가 부담하고, 가난한 가정 아동들의 건강과 영양상태를 국가가 더 적극적으로 보살피며, 교육부와 손잡고 청소년기 정신건강과 신체건강에 대한 맞춤형 진단과 상담 교정서비스를 시행하고, 노동부와 함께 회사가 직원의 건강을 챙겨줄 여력이 부족한 중소기업 직장인들의 건강증진을 도모하며, 노인들에 대해서는 지역단위로 운동과 영양 지원 프로그램을 가동하는 것입니다. 16세, 40세, 66세 국민들에 대해서는 생애 주기에 맞는 맞춤형 건강진단과 사후상담 생활지도서비스를 결합함으로써 국민들이 건강한 생활행태를 습관화하도록 합니다. 고혈압과 당뇨 등 만성 질환자에 대한 등록과 관리 프로그램도 도입합니다.

세부적으로 들어가지 않고 대충 설명드리면, 이런 내용의 정책을 범정부적으로 협력해서 추진함으로써 국민들이 더 건강해지도록 하자는 것이 바로 건강투자전략입니다. 이런 사업을 하기 위해서는 앞으로 4년 동안 약 1조 원의 재원이 추가로 필요한데, 이것을 확보하려면 5년 단위 국가 중기재정계획을 수정해야 하기 때문에 당장은 재원대책을 확정하기가 어려웠습니다. 그래서 기자 브리핑을 할 당시에 예산이 확보된 것은 건강보험 재정에서 당장 할 수 있는 산전 산후 토털케어서비스를 비롯한 몇 가지뿐이고, 나머지 재원대책은 국민들께 말씀드리고 여론의 지원을 받아 추후 중기재정계획을 수정할 때 최대한 반영하도록 하겠다고 말했습니다.

**언론의 담합 또는 묵시적 공동행동**

그런데 대부분의 언론 보도가 산전 산후 토털케어를 중심으로 삼았고, 나머지에 대해서는 '재원대책 없는 대선용 선심정책'이라는 비판이 따라붙었습니다. 이것이 국민들을 위해서나 국가 정책의 발전을 위해 바람직한 보도인지, 아니 바람직한지 여부는 차치하고 정부의 새로운 정책에 대한 사실적이고 객관적인 보도인지는 국민들이 판단하실 것입니다. 그런데 이렇게 말하자니 허무합니다. 그게 무슨 내용인지 알아야 보도가 잘되었는지를 판단할 수 있을 터인데, 왕인 국민들 가운데 보건복지부나 청와대 홈페이지에 접속해서 '대통령과 함께 읽는 보고서'나 '장관과 함께 읽는 보고서'를 읽는 분들은 거의 없고, 모두들 언론 보도만 보고 정책의 필요성이나 잘잘못을 판단하는 현실이니, 보도에 대한 국민의 평가를 바란다는 것은 애초부터 불가능한 일입니다. 불가능한 것을 원하는 제가 스스로 딱하게 여겨지니, 이를 어쩌면 좋을지 모르겠습니다.

"기자실에서 담합했다"는 표현에 대해서는 기자들이 정말로 격렬하게 반응하더군요. 저는 기자들이 의식적으로 담합했다고는 생각하지 않습니다. 하지만 '묵시적 공동행동'을 한 건 분명합니다. '묵시적 공동행동'도 공정거래법이 규정한 담합의 유형에 들어가기는 할 것입니다. '묵시적 공동행동'은 명시적 의사교환 없이 이루어지는 공동행동입니다. 언론인들의 묵시적 공동행동의 배후에는 그것을 가능하게 하는 몇 가지 '코드'가 있습니다. 예컨대 이런 것이죠.

정부가 어떤 새로운 정책을 발표할 때는 제일 먼저 완벽한 재원대책이 있는지를 따져서, 없으면 '장밋빛 약속' 또는 '선심정책'이라고 비판합니다. 정책에 따라서는 국민의 공감대부터 형성해야 재원대책이 서는 것도 있는 법이고, 건강투자전략도 그런 것인데, 재원대책이 없다고 언론이 처음부터 눌러버리면 여론이 나빠져서 재원대책을 세우기가 더 어려워집니다. 재원대책까지 완벽하게 세워서 발표한 경우에도 쉽지는 않습니다. 어딘가 세부적인 허점이 있거나 누군가가 세게 반대하는 사태가 생기면, 이해관계자의 의견을 제대로 수렴하지 않은 '밀실행정' 또는 '탁상행정'이라고 비판합니다. 반대에도 불구하고 꿋꿋이 밀고가면 '독선적 행동' 또는 '귀막은 정부'라고 지적하죠. 그런 지적과 반대가 너무 심해서 본질과 크게 관련 없이 부작용만 있는 부분을 좀 수정하면, '압력에 굴복하는 무소신 행정'이라고 때립니다.

　　　장관 지낸 사람이 '언론 탓만' 하고 있다구요? 예, 저는 지금 언론 탓'을' 하고 있습니다. 하지만 언론 탓'만' 하는 건 아닙니다. 언론의 비판 때문에 장관이 괴로운 거야 뭐 어떻겠습니까? 그게 다 '권력 가진 사람이 치러야 할 대가'라는 데 동의합니다. 그러나 언론인들이 정부를 무조건 '조지기'만(죄송합니다. 이 표현은 달리 대체품이 없는 언론계의 전문용어라, 비속어 같지만 그대로 사용했습니다.) 해서야 되겠습니까? 언론인들을 이해하지 못하는 건 아닙니다. 언론인은 지식인인지라, 우리 민족사에서 연면히 이어져온 '지사志士 기질'을 가지고 있습니다. 권력은 일단 또는 오로지 비판의 대상이라는 것이죠. 권력을 편들면 '곡학아세'가 됩니다. 하지만 전달할 것은 제대로 전달해주고 비판할 것은 비판해주면 얼마나 좋겠습니까? 장관이 공격당해서 좀 망가지는 건 괜찮습니다. 국민에게 좋고 국가 발전에도 요긴한 정책이 거기 함께 휩쓸려 망가지는 게 문제입니다. 언론인들이 이런 부작용에 대해서 진지하게 고민해주셨으면 합니다. 국민들도 신문·방송·뉴스 제목만 보시지 말고 '국정 브리핑'에 올라 있는 정책 관련 기사를 함께 참고하는 수고를 아끼지 않으시기를 앙망합니다.

# 파랑새 플랜

국민들에게 이렇게 물었다고 합시다. "술 좋아하시나요?" "그럼요, 그거 없이 어떻게 삽니까." 이렇게 대답하는 분은 조만간 건강에 큰 문제가 생깁니다. "아뇨, 전혀 못 마셔요." 복 받은 사람입니다. "좋아하진 않아도 사회생활 하려면······." 이렇게 말꼬리를 흐리는 분들은 조심해야 합니다. 단호하게 대처하지 않으면 술 때문에 큰 사고를 당할 수 있습니다.

대한민국 국민의 행복을 파괴하는 제일 무서운 적은 무엇일까요? 제 생각으로는 술입니다. 술 때문에 생기는 질병도 문제지만 가정불화, 교통사고, 강도·폭행 등의 강력 범죄, 술이 끼어들지 않았더라면 일어나지 않았을 불행한 사건이 너무나 많습니다. 도대체 우리 국민들은 술을 얼마나 많이 마시는 걸까요? 혹시 아십니까? 해마다 소주를 몇 병, 맥주를 몇 병이나 마시는지 말입니다. 놀라지 마십시오. 최근 통계를 보면 2005년 한 해 동안 대한민국 국민은 소주를 360ml 작은 병으로 쳐서 32억 병이나 마셨습니다. 맥주는 500ml 병 기준으로 34억 병입니다. 성인을 3,500만 명으로 잡고 계산하면, 국민 한 사람이 평균 소주 94병과 맥주 97병을 마신 겁니다. 매주 소주와 맥주를 각각 두 병 정도 마신 셈이죠. 그런데 술이 어디 소주와 맥주뿐입니까? 칠레와 프랑스 산 포도주도 있고, 스코틀랜드 몰트위스키도 있지 않습니까. 요즘은 복분자술이나 백세주 같은 전통술도 엄청나게 많이 팔립니다. 여성들이 상대적으로 술을 훨씬 덜 마시고 남자도 술 못하는 사람이 많은 만큼, 잘 마시는 소위 '주당'酒黨들은 국민 평균보다 몇 배를 더 마셨을 겁니다. 1년에 소주를 500병 넘게 마시는 사람도 많습니다.

## 술은 만악의 근원인 비가치재

통계를 들여다보면 술은 그야말로 만악萬惡의 근원입니다. 최근 몇 년간의 현황을 보면, 많을 때는 한 해에 3만 건이 넘는 음주운전 사고가 일어나 1,000명 이상이 사망하고 부상자도 5만 명이 넘었습니다. 형사 입건된 현행범의 절반이 음주자였고, 교통사고 특례범의 65%, 살인범의 63%가 음주상태에서 범죄를 저질렀다는 보고도 있습니다. 아내에게 신체적 폭력을 가한 남자의 비율을 보면 술을 많이 마시는 남자가 마시지 않는 남자보다 세 배나 높습니다. 많이 마시는 남자란 한 번에 소주 1병 이상, 그리고 일주일에 세 번 이상 술을 마시는 남자를 말합니다. 그렇게 많은 양이 아니죠?

　　음주는 사생활의 일부입니다. 민주공화국의 왕인 국민의 사생활을 가지고 정부가 이래라저래라 간섭해도 되냐고 반문하는 분들이 있습니다. 하지만 음주는 알아서 하도록 방치할 문제가 아닌 것 같습니다. 이론적으로 보면 술은 담배, 마약과 같은 비가치재非價値財입니다. 이것은 소비자가 그 좋은 점을 과대평가하고 나쁜 점을 과소평가하기 때문에 내버려둘 경우 지나치게 많이 소비되는 재화를 말합니다. 비가치재에 대해서는 국가가 금지, 사용 제한, 광고 제한, 세금 부과, 캠페인 등 여러 방법을 써서 소비를 감소시키는 것이 일반적입니다. 사실 술은 담배보다 더 큰 사회적 비용을 유발합니다. 그러나 강력한 규제와 캠페인을 통해 소비를 억제하는 담배와 비교해보면, 그냥 풀어놓은 것이나 다름없습니다. 그러면 술이 대한민국 국민에게 얼마나 큰 피해를 주고 있을까요? 연세대학교 정우진 교수가 2007년에 발표한 「음주의 사회경제적 비용 추계」에 따르면, 20조 990억 원입니다. 동탄, 판교, 김포 신도시 건설에 들어가는 비용이 20조 400억 원인 것과 비교해보십시오. 얼마나 어마어마한 손실인지 실감나실 겁니다.

　　주요 항목만 보면, 먼저 음주로 인한 사고와 질병을 수습하는 데 들어가는 의료비와 요양비가 9,000억 원, 사람이 죽고 다치는 데 따른 생산성과 노동시간 손실이 10조 7,000억 원을 넘어갑니다. 재산 피해도 2,500억 원에 육박합니다. 정 교수는 술을 아예 마실 필요가 없는 재화로 간주해, 술을 마시는 데 들어간 소비지출 3조 원도 사회경제적 비용에 포함시켰습니다. 다른 연구 결과가 없어서 단언하기는 어렵지만, 실제 음주 비용은 이보다 훨씬 많을 것입니다. 정우진 교수는 간접의료비를 너무 적게 책정했고, 주부 가사노동의 경제적 가치를 반영하지 않았으며, 폭력과 가정파괴, 술주정, 강간 등 음주 범죄로 인한 피해자와 가족의 고통, 알코올 중독자 교정과 음주운전 단속 등에 들어가는 금전적·비금전적 비용을 포함시키지 않았습니다. 이 모두를 고려하면 음주가 야기하는 사회경제적 비용은 훨씬 크게 늘어날 것입니다. 술이 이처럼 큰 문제를 야기하는데도 그 사회적 피해에 대한 연구조차 제대로 되어 있지 않으니, 정부가 책임을 져야 할 일이라 하지 않을 수 없습니다.

요즘 외국여행을 많이 다녀서 국민들도 잘 아시겠지만, 술 취해 비틀대면서 밤거리를 걷는 사람이 대한민국처럼 흔한 나라는 별로 없습니다. 이슬람 국가들은 아예 술 판매를 금지하고 있습니다. 최근 자료가 없어 2001년 「정신질환실태 역학조사」 결과를 인용할 수밖에 없습니다만, 성인 남성 열 가운데 하나 이상이 알코올 사용 장애를 앓고 있습니다. 성인 남성의 6.9%는 술을 너무 많이, 그리고 자주 마시는 탓에 개인생활과 가정생활, 직장생활에 문제가 생겼는데도 절제하지 못하는 상태인 '알코올 남용' 증세를 보였습니다. 4.1%는 직업능력과 대인관계 관리능력을 잃고 장애증상이 따르는 만성 질환과 금단증상이 있는데도 술을 끊지 못하는 '알코올 의존' 상태에 빠져 있었습니다. 알코올 사용 장애 여성은 남성의 1/4 정도였습니다. 전체적으로 보면

200만 명이 훨씬 넘는 대한민국 국민들이 술을 너무 많이 마시는 병에 걸려 가정생활과 사회생활에 어려움을 겪고 있다는 이야기가 됩니다.

시간이 갈수록 문제는 더 심각해지고 있습니다. 2001년에는 처음 술을 마시는 나이가 평균 17세, 고등학교 2학년이나 3학년 때였습니다. 그런데 2005년 조사를 보니 14.8세로 내려왔습니다. 중학교 3학년이나 고등학교 1학년 때 벌써 술을 마시기 시작하는 것입니다. 이 아이들이 자라나 어른이 되면 알코올 남용과 의존을 벗어나지 못하는 국민이 더 많아질 것입니다.

그러면 정부는 지금까지 무엇을 했을까요? 무언가 열심히 하기는 했는데, 삽 한 자루 들고 범람하는 하천을 막으려 한 것과 비슷합니다. 술 판매와 관련된 일은 재경부에서 관장합니다. 세금도 거기서 걷고 제조회사와 판매회사 관리도 거기서 합니다. 술을 팔고 나서 발생한 문제는 보건복지부가 감당할 몫입니다. 보건복지부는 이것을 정신건강 문제로 보아 정신보건팀 업무에 넣어두고 있습니다, 여성 서기관이 팀장을 맡아 딱 일곱 명의 동료들을 데리고 동분서주하는데, 장관인 제가 보기에는 그야말로 역부족이었습니다. 역시 문제가 심각한 정신 질환 관련 사업도 다 그 팀에서 합니다. 전국에 산재한 국립 정신병원과 민간 정신요양시설에 대한 관리감독부터 알코올 문제 대처까지 모두 팀 하나가 담당하는 것이죠. 알코올 중독 치료를 마치고 병원에서 퇴원한 사람들의 생활훈련과 재활을 지원하는 사업도 시군구 단위에 알코올상담센터 운영을 지원하는 게 거의 전부인데,

전국을 다 합쳐도 등록인원이 2,500여 명, 알코올 전용 사회복귀 시설을 이용하는 사람은 고작 62명뿐입니다. 참 한심하죠!

**술 없이는 못 사는 한나라당?**

보건복지부는 알코올 문제가 너무나 심각해지자 2005년부터 국가알코올종합대책을 만들기 시작했는데, 급한 대로 2006년 8월에 '파랑새 플랜 2010'이라는 이름으로 일단 완성을 했습니다. 실무자들은 나름대로 획기적인 대책이라고 하는데, 제가 보기에는 여전히 부족합니다. 국민들에 대한 알코올 위험 홍보 강화, 시민사회 전문가 단체와 함께 음주문화 개선을 위한 '파랑새 포럼' 결성, 보건소와 학교의 절주학교 운영, 운동시설과 국립공원 음주제한 청정지역 설치, 알코올 의존 조기 발견을 위한 고등학교 1학년 정신건강검진사업 실시, 청소년에 대한 술 판매를 적발하는 합동감시단 구성, 청소년 자율보호업소인 '클린판매점' 지정, 한마디로 말하면 큰돈 들이지 않고 주류 제조와 판매업자들의 반발을 최소화하면서, 그리고 국민들을 크게 기분 나쁘게 하지 않으면서도 할 수 있는 사업들만 망라해놓았습니다.

실무적으로 감당할 수 있는 범위에서 최선을 다해 만든 종합계획입니다. 왜 돈 들이지 않고 할 수 있는 일만 모았을까요? 돈을 만들기가 쉽지 않기 때문입니다. 국회의원들도 술이 이렇게 심각한 문제를 야기한다는 것을 잘 모릅니다. 게다가 대통령

임기 말이라 재정이 더 들어가는 사업은 국회 예산심의를 통과하기가 쉽지 않습니다.

아니나 다를까? 2006년 가을 정기국회 예결위에서 눈이 밝은 야당 의원들이 이걸 찾아냈습니다. '파랑새 플랜'과 관련해 청소년 보호를 위한 주류 판매업자 교육과 국민 홍보에 들어갈 많지도 않은 예산을 문제 삼은 것이죠. 여러 말이 나왔지만, 압권은 실력 있는 경제학자로 손꼽히는 한나라당 유승민 의원과 제가 주고받은 공방입니다. 그는 알코올 소비에 따르는 문제점을 잘 알면서도 이것을 정치적인 공방으로 몰아갔습니다. 2006년 11월 29일 예결위 전체회의였습니다. 한 토막만 옮기겠습니다.

**유승민 의원** 세금을 이렇게 많이 쓸 게 아니라, 이 정권이 열 좀 안받게 하면 술 훨씬 덜 마실 것 같거든요. 그런데 이것을 국민 세금 가지고 절주하라고 하고, 이 정권은 계속 국민들 열 받게 만들고, 이러면 이거 좀 곤란한 것 아닙니까?

**유시민 장관** 존경하는 유승민 위원님이 몸담고 계신 정당이 그전에 집권당이던 시절, 저도 홧김에 술 많이 먹었습니다. 그러니까 어느 시대나 자기 주관적인 가치기준에 따라 다 다르기 때문에, 그런 잣대로 국가예산을 평가하시는 것은 그렇게 적절치는 않다고 생각합니다.

**유승민 의원** 이 정권 들어 가지고 음주가 많이 는 것 같아요.

**유시민 장관** 유승민 위원님 주변에 그런 분들이 좀 많으셔서 아마 경험적으로 그렇게 아시는 것 아닌가 싶습니다.
유승민 의원　장관님은 술 없이도 그냥 잘 사시나 보죠?
유시민 장관　예, 제 주변에는 술을 예전보다 덜 마시는 분들이 대부분입니다.

　저녁을 먹고 들어와 지루한 중복 질의가 이어지던 회의장에 한바탕 폭소가 터졌지요. 국회에서는 매사가 이런 식입니다. 저는 거짓말을 했습니다. 한나라당의 전신인 정당이 집권당이던 시절에도 저는 술을 많이 마신 적이 없습니다. 알코올은 몸에 들어가면 독성이 있는 아세트알데히드가 됩니다. 이것이 사람을 술에 취하게 하죠. 간에서 나온 효소가 아세트알데히드를 물과 이산화탄소로 분해하면 술이 깨는데, 한국인 셋 가운데 하나 정도는 이것이 전혀 나오지 않거나 조금밖에 나오지 않는다고 하지요. 저는 거기 속합니다. 그래서 취하기도 전에 두통이 나고 얼굴이 붉어지고 속이 불편합니다. 취할 때까지 마실 수가 없는 것이죠. 고등학교 졸업하고 처음 술을 입에 댔는데, 30년 동안 딱 두 번 취해보았습니다. 한번은 울면서 주정을 했는데, 그게 28년 전 대학교 신입생 시절의 일입니다. 또 한번은 정말 몸이 둥둥 떠다니는 것처럼 기분 좋게 취했습니다. 9년 정도 전 일입니다. 그 좋았던 한 번의 경험 덕분에 친구들이 왜 그렇게 술을 마시는지 이해는 하게 되었습니다. 그뒤로는 기분 좋게 취하는 행운(?)이 한 번도 저를 찾아온 적이 없습니다.
　정권을 빼앗긴 설움 때문인지, 아니면 조국과 겨레가 걱정되어서인지는 모르겠으나, 한나라당 국회의원들은 술을 많이 마시는 모양입니다. 그래서 앞서 설명드린 '알코올 남용'과 '알코올 의존', 또는 같은 당 의사 출신 국회의원의 표현을 빌리면 '급성 알코올 중독' 증세에 빠지는 분들이 적지 않습니다. KTX 열차를 발로 차서 세운다거나, 기자간담회 뒤풀이 자리에서 기자를 성추행한다거나, 이런 일들은 다 알코올 남용의 부작용이라고 해야지 달리 설명할 길이 없는 행동입니다. 국가 알코올종합대책, 정말 꼭 필요합니다. 앞으로 한나라당이 파랑새 플랜 예산 확보에 적극 협조해줄 것을 기대해보겠습니다.

## 음주도 자기결정권이 중요하다

알코올 남용 문제 해결은 조만간 중요한 국가적 과제가 될 것입니다. '파랑새 플랜'이 다루지 않은 몇 가지 중요한 쟁점을 말씀드립니다. 첫째, 술 광고를 더 강하게 규제해야 합니다. 우리나라는 도수가 높은 증류주 광고를 공영방송에서 하지 못하게 하는 것 말고는 광고 규제가 거의 없습니다. 선진국들은 술 광고를 강력하게 규제합니다. 영국과 미국, 독일 등은 법적인 광고 규제는 적지만 업계가 자율적으로 규제하는 게 많습니다. 둘째, 술 판매 규제를 더 강화해야 합니다. 대형 할인점에서 동네 구멍가게까지, 대형 음식점에서 골목 식당까지 대한민국은 술을 팔지 않는 곳이 없습니다. 국민이 술을 많이 마시는 게 당연합니다.

셋째, 술값을 더 올려야 합니다. 소주처럼 '좋은 술(!)' 한 병이 단돈 1달러 수준인 건 문제가 있습니다. 술 가격이 저렴한 것은 좋은 일이 아닙니다. 이미 말씀드린 대로 술은 소비가 늘수록 국민의 행복이 줄어드는 비가치재이기 때문입니다. 당사자와 가까운 가족을 합치면 1,000만 명이 알코올 남용 때문에 고통을 받는데, 국민이 행복해질 수가 있겠습니까?

　　국민들께 간곡히 호소드립니다. 술을 줄이십시오. 그만큼 행복이 늘어납니다. 다른 사람에게 술을 억지로 권하지 마십시오. 사람을 학대하는 일입니다. 기쁠 때만 술을 마시고, 기분 나쁜 일이 있을 때는 술을 멀리 하십시오. 그럴 때 마시는 술은 독이 되고 사고를 일으킵니다. 마시기 싫으면 다른 사람이 권하는 술을 간곡히 사양하거나 단호히 거절하십시오. 다른 모든 것이 그런 것처럼 술자리에서도 '자기결정권'이 가장 중요합니다. 대학생들에게도 당부합니다. 사발주를 돌리는 야만적인 신입생 환영회와 결별하십시오. 민주사회는 원하지 않는 것을 단호하게 거부하고 원하는 것은 적극 찾아가는 국민 개개인의 '자기결정권' 행사를 통해서 이루어집니다. 술은 '악마의 유혹'입니다.

# 대한민국의 슬픈 자화상, 국립서울병원

혹시 국립서울병원이라고 들어보셨습니까? 서울 수도권에서 딱 하나밖에 없는 국립정신시설입니다. 광진구 중곡3동에 있지요. 지하철 7호선 중곡역이 서울병원 바로 앞에 있습니다. 1962년에 미군이 지은 건물입니다. 45년이나 된 집이니 낡은 건 당연합니다. 아니, 낡았다는 말로는 부족합니다. 건물이 썩었다고 하는 편이 옳겠네요. 단열시공은 꿈도 꾸지 못하던 시절에 지었으니 냉난방이 제대로 될 리 없습니다. 홑겹 창문으로 찬바람이 들어오고 콘크리트 바닥에서 냉기가 올라와, 4월에도 으스스 몸이 떨립니다. 장마철에는 곳곳에 습기가 차올라 사방이 눅눅하지요. 엘리베이터가 없어서 응급 환자도 계단으로 들고 오르내려야 합니다.

　이런 곳에서 정신 질환으로 입원한 환자들이 겨울과 여름을 납니다. 정신 질환 회복 환자들이 재활과 사회적응 훈련을 합니다. 꽃 배달 사업도 하고, 카페를 열어 커피도 팝니다. 돈 계산과 출퇴근 훈련도 합니다. 어머니들이 정신 질환을 앓는 자녀를 데리고 지하철을 타고와 통원치료를 하고 상담을 받습니다. 대부분의 환자들이 국민기초생활보장 대상자이거나 의료급여 수급자들입니다. 대한민국에서 제일 가난하고 힘들게 사는 분들이죠. 돈보다는 사람을 더 귀하게 여기는 의사와 간호사 선생님들이 궂은일을 마다 않고 합니다. 대학의 사회복지학과와 간호학과 학생들이 봉사와 현장실습을 합니다. 국립서울병원은 이런 곳입니다. 1인당 국민소득 2만 달러를 눈앞에 둔 나라의 국립의료기관이라고는 도저히 믿을 수 없는 풍경입니다.

## 정신병원이 혐오시설?

정부는 오래전부터 1만 3,000평이나 되는 국립서울병원 터에 새 집을 짓고 싶었습니다. 그런데 지을 수가 없었습니다. 예비 설계를 위한 예산이 번번이 국회에서 전액 삭감되었습니다. 이유가 무엇일까요? 지역 발전을 위해서는 '혐오시설'인 정신병원이 다른 곳으로 가야 한다고 주장하는 일부 중곡동 주민들의 반대 때문이었지요. 보건복지부 장관으로 지명된 직후부터 여러 사람이 저에게 국립서울병원을 이전해야 한다고 했습니다. 병원 직원들이 이사하기 싫어서, 좋은 대체 부지가 있는데도 이전을 하지 않는다고 비난했습니다. 대체 부지로 지목된 땅을 팔고 싶은 사람, 현재 부지에 멋진 주상복합 빌딩을 짓고 싶은 건설업체 사람들의 면담 요청도 있었습니다.

국립서울병원을 어찌해야 좋을까요? 오래 생각할 것도 없었습니다. 지금 있는 곳에 신축하는 게 정답입니다. 그런데도 광진구청은 이 일대를 뉴타운으로 개발하는 계획을 세웠습니다. 병원더러 무조건 나가라는 것이지요. 광진구의회는 특별위원회까지 만들어 병원 이전을 요구하고 나섰습니다. 하도 답답해서 2006년 5월 서울시장 선거에 출마한 후보들에게 이전과 신축에 대한 의견을 구하는 공개 정책질의를 보냈습니다. 그 누구도 답장을 보내주지 않았습니다. 정신 질환에 걸린 서울시민을 돌보는 일이 서울시와는 관계가 없다고 생각한 것일까요?

중곡동 주민들의 이전 요구가 꼭 나쁘다고 할 수는 없겠지요. 굳이 선악의 잣대를 댈 필요는 없을 것입니다. 그러나 미추美醜의 기준은 쓸 수 있겠습니다. 대한민국, 참 못났습니다. 국립서울병원을 내쫓으려는 행동은 분명 아름답지 못하다는 말입니다. 국립서울병원은 노른자위 땅에 있습니다. 옛날에는 인적이 뜸한 변두리였지만, 서울이 커지면서 도심 주택가 한가운데에 들어앉게 된 것입니다. 병원 터 1만 3,000평에 주변의 2만 평 정도를 털어내 타워팰리스 비슷한 주상복합 건물을 지으면 천문학적인 규모의 개발이익이 나옵니다. 서울 시내에 이런 땅은 거의 남아 있지 않습니다. 내로라하는 건설회사들이 눈독을 들일 만합니다. 그러나 그런 이유로 이 병원을 내쫓는 것은 문명국가가 해서는 안 될 추한 짓입니다. 서울병원 이전을 요구하는 중곡동 주민 대표들 가운데 서울병원보다 더 오래 중곡동에 산 사람은 한 명도 없었습니다. 저는 이 문제를 해결하는 원칙을 이렇게 세웠습니다.

첫째, 대중교통망으로 편리하게 연결되는 곳에 적절한 대체 부지가 있으면 이전한다. 현재 부지를 비싸게 팔아 싼 곳으로 옮기면 신축 비용을 쉽게 마련하고, 더 넓은 땅에 더 좋은 시설을 갖출 수 있습니다. 그런데 그런 곳에 있는 땅은 이미 값이 오르고 사람이 많이 살고 있어서 주민의 동의를 받기가 어렵습니다. 있는 병원도 내쫓으려는 판국에 오라고 할 곳이 어디 있을까요? 이미 50여 곳의 대체 부지 제안이 있었습니다. 하지만 이런 조건을 충족하는 곳은 없었습니다. 포천군 베어스타운 뒤편에 난 땅이 제일 유력한 후보였는데, 정신 질환이 있는 아이를 키우는 가난한 어머니들더러 거기까지 찾아가라고 하는 것은 일종의 인권유린에 해당한다는 것이 제 생각입니다. 병원장과 제가 직접 답사를 간 곳도 있습니다만, 이전할 수 있는 적절한 곳을 가까운 미래에 찾기는 불가능할 것으로 전망합니다.

둘째, 지금 있는 곳에 신축하는 경우에는 중곡동 주민들이 함께 혜택을 볼 수 있도록 한다. 그저 정신병원만 현대적으로 신축하는 게 아니라는 뜻입니다. 과연 어떤 식으로 하면 중곡동 주민들이 흔쾌히 동의할 수 있을지를 알아보기 위해 광진구청장을 만났고, 중곡동에 지역구를 둔 서울시의원과 광진구의원들도 만났습니다. 광진구의회 서울병원 이전특위가 주민 대표들과 함께 개최한 간담회에도 장관이 가서 주민 의견을 듣고 토론했습니다. 주민 대표를 자처하는 분들은 예외 없이 이전을 고집했습니다. 대한민국 국민들, 서울시민들이 다 그럴 리야 있겠느냐 하는 의문이 들어서, 여론조사를 실시했습니다. 역시 주민들이 다 그런 건 아니었습니다.

중곡 1·2·3·4동 주민 9만 4,000명 가운데 500명을 무작위 추출해 설문조사를 한 결과, 정신병원이 혐오시설이 아니라고 대답한 사람이 60%가 넘었습니다. 현재 위치에 재건축하는 데 찬성하는 사람은 65%가 넘었습니다. 재건축 반대 의견은 병원이 있는 중곡3동에서만 높게 나왔습니다. 재건축할 때 지역주민들을 위한 시설을 함께 지을 경우 공원과 체육시설, 보건소와 노인시설을 원하는 것으로 나타났습니다. 보건복지부는 2007년 예산안에 재건축 기본 설계비 8억 원을 포함시켜 국회 심의를 통과시켰습니다. 중곡동이 지역구인 김영춘 의원이 여러 비난을 각오하고 국회의 예산안 심의를 무난히 통과하도록 도와준 데 대해, 지금도 큰 고마움을 느끼고 있습니다.

### 자살 사망률 세계 1등 대한민국

국립서울병원 이전 논란은 대한민국의 부끄러운 속살을 보여줍니다. 한번 상상해보시죠. 만약 이 병원이 포천군의 인적 뜸한 산속으로 갔다면, 성치 못한 아이와 함께 지하철을 타고 병원에 다니던 어머니들은 어떻게 될까요? 꽃집과 카페에서 사회적응 훈련을 하던 알코올 중독 환자들은 누구에게 꽃을 배달하고 커피를 팔아야 할까요? 병원이 있던 자리에 평당 5,000만 원짜리 타워팰리스나 드림타워가 들어선다면 중곡3동 주민 가운데 과연 몇 사람이나 거기 들어가 살게 될까요? 이것이 문명국가에서 일어날 수 있는 일이라고 생각하십니까? 정신 질환에 걸린 동시대인들을 먼 곳으로 쫓아내고, 그 자리에서 누군가 다른 사람이 큰돈을 벌면 대한민국이 더 행복해질까요? 이런 나라를 아름다운 나라라고 할 수 있겠습니까?

국립서울병원은 지금 있는 그 자리에 새로 지을 것입니다. 도시형 보건지소를 함께 만들고, 노인들을 위한 건강센터도 함께 지을 것입니다. 인조잔디를 깐 유소년 전용 축구장을 넣고, 입원환자들과 주민들이 산책하다 마주쳐 인사를 나눌 수 있도록 잘 꾸밀 것입니다. 이해관계에 따른 일부 주민들의 반대 때문에 신축하지 못한다면, 중곡동 주민들은 지난 15년 동안 그랬던 것처럼 일부 정치인들의 무책임한 병원 이전 선거공약을 들으면서 병원이 흉물처럼 썩어 들어가는 광경을 앞으로도 계속 보아야 할 것입니다. 절제되지 않은 소수의 욕망이 문명국가의 기본과 사회적 공동선의 실현을 방해하도록 방치하는 것이 민주주의는 아닐 것입니다.

정신병원 문제가 나온 김에 국민들께 한번 묻고 싶습니다. 정신병원이 자신과는 관계없는 시설이라고 생각하십니까? 그렇지 않습니다. 학교 앞 어린이 교통안전이나 결핵과 같은 전염병 문제를 나와는 관계없다고 생각하는 분은 아마 별로 없을 겁니다. 정신 질환은 이런 문제보다 훨씬 더 가까이 우리 곁에 와 있습니다. 통계 몇 가지만 잠깐 들여다보면 금방 아시게 됩니다.

요사이 자살하는 사람이 많습니다. 한 해에 1만 2,000명이 넘게 스스로 목숨을 끊습니다. 교통사고 사망자보다 두 배 많고, 국민의 사망 원인 가운데 넷째 자리를 차지했습니다. 대한민국은 자살 사망률 세계 1위입니다. 지난 25년간 자살증가율도 세계 1위고요. 자살로 야기되는 사회경제적 손실이 연간 3조 원이 넘습니다. 출산율을 높이기 위해 정부 전체가 안간힘을 쓰는 바로 그 시각에 매일 30명이 넘게 자기의 생명을 자기 손으로 버리다니, 정말 보통 큰 문제가 아니지요. 1만 2,000명의 자살자 수보다 몇 배 많은 국민들이 자살을 시도했고, 또 그보다 몇 배 많은 사람들이 자살 충동을 느끼며 살아갑니다. 이보다 더 심각한 문제가 또 어디 있을까요?

그렇다면 자살을 예방하기 위해 정부는 얼마나 노력하고 있을까요? 국민의 생명과 건강에 관련된 일이니 자살은 보건복지부 책임인데, 왜 제대로 일을 하지 않냐고 국회의원들이 여러 차례 저를 혼냈습니다. 자살예방사업은 아까 말씀드린 '파랑새 플랜'이나 서울병원 문제를 담당하는 보건복지부 정신보건팀 공무원 여덟 명이 맡아서 합니다. 2004년 김근태 장관이 '자살예방 5개년계획'과 세부 추진계획을 만들었습니다. 생애 주기별 자살예방 서비스 제공계획도 세웠지요. 하지만 실제로 한 사업은 별로 예산이 들지 않는 자살예방 홍보와 캠페인뿐이었습니다. 건강투자정책의 일환으로 자살예방을 위한 정신보건사업을 대폭 강화하자고 했더니, 실무자들이 큰맘 먹고 2008년 예산안을 만들어왔습니다. 그런데 내용을 보니 겨우 23억 원짜리 청소년 정신건강검진 프로그램 실시계획과 다른 계속 사업을 합친 149억 원짜리 사업계획이었습니다. 정부가 자살예방을 위한 정신보건 사업에 한 번도 제대로 된 투자를 한 적이 없기 때문에 이런 겁니다.

자살은 갑자기 일어나는 사건이 아닙니다. 유전적 소질과 양육환경, 심리적 특성 등 생물심리학적인 요인과 빈곤, 소외, 자살수단 접근성 등 사회경제적 요인이 함께 작용해 우울증상이나 충동증상을 일으킵니다. 오랜 시간에 걸쳐 이런 현상이 지속되다가 어떤 계기가 주어졌을 때 자살에 이르는 것입니다. 자살은 언제나 정신이 건강하지 않은 사람에게 일어납니다. 특히 청소년기가 중요합니다. 10대의 경우 사망 원인 중 자살이 교통사고에 이어 둘째 요인입니다. 20대와 30대의 경우 자살이 첫째 요인이고요. 청소년기에 여러 요인이 축적되어가다가 20대 이후에 행동으로 터져나오는 것이죠. 자살률이 급증한 시기가 두 번 있었는데, 외환위기가 터진 직후인 1998년과 신용카드 사태가 일어났던 2003년입니다. 직업이 없는 사람과 학생, 주부들의 자살이 특히 많았습니다. 자살 증가 현상의 배후에 사회경제적 요인이 크게 작용한다는 것은 의심할 여지가 없습니다. 그러나 동시에 그것이 곧바로 자살을 유발하는 게 아니라 심리적·정신적 병리 현상을 거쳐 자살에 이른다는 것 역시 명백합니다. 따라서 자살예방은 어느 한 정부 부처의 노력만으로는, 또는 여러 부처가 각각 따로 사업을 해서는 효과를 내기가 어렵습니다.

## 자살예방, 국정과제위원회가 필요하다

저는 자살률을 낮추기 위해서는 별도의 대통령 직속 국정과제위원회가 필요하다고 생각합니다. 교육인적자원부는 학생들을 정신적으로 건강하게 만드는 일에, 정보통신부와 경찰청은 자살유해사이트 단속과 자살 관련 긴급구호에, 법무부와 국방부는 수용시설과 병영의 자살사고 예방에 더 큰 노력을 기울여야 합니다. 보건복지부는 정신보건시설 운영에 치중하는 소극적인 태도를 버리고 보통 국민들의 정신건강을 향상시키는 예방적 서비스를 제공하는 쪽으로 정책을 전환해야 할 것입니다. 이 모든 사업들을 공통의 목표 아래 효율적으로 조직하기 위해서 국정과제위원회가 필요한 것이지요.

아울러 국민들의 생각도 좀 달라져야 합니다. 자살행동을 일으키는 정신 질환은 우리 일상 아주 가까이 와 있는 문제입니다. 이것은 특별하고 혐오스러운 그 무엇이 아니라, 다른 여러 질병과 마찬가지로 예방하고 치료할 수 있는 질병입니다. 고혈압이나 식중독에 걸린 것이 부끄러운 일이 아닌 것처럼, 정신 질환에 걸린 것도 부끄러워할 일이 아닙니다. 정신과를 찾는 것을 두려워하지 마십시오. 심한 스트레스를 받는다고 느낄 때, 감정의 기복을 스스로 통제하기 어려울 때, 제어하기 어려운 충동을 느낄 때, 또는 그저 삶이 왠지 무료하고 지루하다고 느낄 때, 자신이 아니라 가족 가운데 누군가가 그런 상태를 보일 때, 그럴 때 그런 문제를 잘 알고 도와줄 능력을 가진 정신과 전문의가 많습니다.

    정신 질환은 오래전부터 우리 안에 함께 존재해왔습니다. 그런데도 이미 우리 곁에 가까이 와 있는 정신시설을 '혐오시설'이라고 내쫓는다면, 그런 일이 일어나는 사회는 정신건강을 잃은 사회라고 말할 수밖에 없습니다. 국립서울병원이 수도권 주민들의 정신건강과 행복에 더 크게 기여하는 좋은 현대식 병원으로 다시 서는 모습을 상상해봅니다. 그럴 때 저는 괜히 즐겁고 행복합니다. 저와 똑같은 즐거움을 느끼시는 분이 있다면, 당신은 분명 정신이 건강한 사람입니다.

# 시한폭탄 국민연금

집권당 국회의원으로, 그리고 참여정부의 보건복지부 장관으로 일하는 동안 국민을 거역하고 싶은 때가 많았고, 실제로 거역한 적도 있었다는 말씀을 이미 드렸습니다. 물론 선출직 공직자가 국민을 거역해서는 안 되겠지요. 사실 제가 거역하고 싶었던 것은 국민이 아니라 언론사가 여론조사 표로 보여주는 이른바 '국민여론'입니다. 모든 시기 모든 문제에 대한 다수 국민의 판단이 언제나 이치에 맞거나 국민과 나라의 미래에 좋은 것은 아니라고 저는 생각합니다.

이낙연이라는 국회의원이 있습니다. 언론인 출신입니다. 이 글을 쓰는 시점에는 민주당 소속이었는데, 교정을 보는 동안에 그 정당의 이름이 중도통합민주당으로 바뀌었네요. 하루 앞을 내다보기 어려운 게 한국정치인지라, 책 나올 때는 또 어찌되어 있을지 모를 일입니다. 아주 점잖고 실력도 있는 분이라, 제가 무척 좋아하는 국회의원입니다. 이분이 텔레비전 토론에서 어떤 서양 철학자를 인용해 이렇게 말하더군요. "국민여론을 따르지 않으면 정권이 망한다. 그러나 무조건 국민여론만 따르다가는 국민과 함께 망한다." 정말 옳은 말씀입니다. 옳고 그름을 따지지 않고 국민여론만 따르는 게 바로 인기영합주의 또는 포퓰리즘입니다. 국민에게 무조건 아부하는 것이죠. 신하가 무조건 왕에게 아부하는 것과 다를 바 없습니다. 이렇게 하다가 정권과 국민이 함께 망한 나라가 여럿 있습니다. 우리나라도 그렇게 될 수 있습니다.

저는 국민여론을 거스르는 언행을 여러 번 했습니다. 하나만 예를 들죠. 주권자인 국민을 법률도 아닌 국무총리 훈령에 의거해 공개적으로 국가에 대한 충성을 서약하게 하는 '국기에 대한 맹세'가 헌법에 어긋나는 독재의 유물이라고 했다가 욕을 많이 먹었습니다. 압도적 다수의 국민이 '국기에 대한 맹세'가 필요하다고 생각하는 것을 잘 알면서도 그렇게 말했습니다. 누군가 문제를 제기하고 토론을 촉발해야 국민들이 진지하게 그 문제에 대해 생각하게 되고, 그래야 비로소 제대로 된 여론이 형성될 수 있습니다. 애국심이 없다느니 국가관이 의심스럽다느니, 친북좌파 아니냐는 식으로 공격하고, 그 시점의 국민여론 조사표를 들이대면서 입을 막아버리면 사회가 건전하게 발전하기 어렵습니다. 이런 것을 '반지성주의'라고 합니다. 옛날에는 불합리한 현실에 대해 문제를 제기하는 사람을 "말 많으면 공산당"이라고 구박하고 잡아 가두고 심지어는 죽이기까지 했습니다. 독재 정권이 언론을 나팔수로 길들였기 때문에 국민들은 이런 사실을 잘 몰랐습니다. 그런데 이런 반지성적 사회풍토가 독재정권이 사라진 지 20년이 지난 지금까지도 정치권과 언론계에 남아 있습니다. 물론 표현은 이렇게 달라졌습니다. "여론 지지가 없으면 접는 게 순리다!"

## 여론을 거슬러야 할 수 있는 국민연금 개혁

제가 국민여론을 행동으로 아주 세게 거스른 일이 있습니다. 국민연금 개혁을 추진한 것이지요. 국민여론이 어땠는지 한번 볼까요? 정부가 '더 내고 덜 받는' 국민연금 개혁안을 국회에 제출한 것이 2003년입니다. 당시 언론사가 발표한 국민여론 조사 결과를 보면 정부는 정말로 여론을 무시했습니다. 보험료를 올리는 데 반대하는 국민이 70%가 넘었습니다. 급여를 깎는 것도 70% 넘게 반대했습니다. 최근 조사를 봐도 큰 변화는 없습니다. 국민연금 개혁에 관한 한 여론의 지지라는 것은 애초에 존재하지도 않았고, 지금도 존재하지 않습니다.

여야를 막론하고 국회의원과 정당들이 국민연금 개혁을 미적거린 것은 이해할 수 있는 일입니다. "인기 없는 정책에 뭐 하러 총대를 메느냐!" 이런 것이죠. 이렇게 계속 가면 나라가 망하게 되어 있습니다. 그런데 흥미로운 것은 평소 여론조사 표를 신주단지 모시듯 하는 큰 신문사들이 국민여론을 정면으로 거스르는 국민연금 개혁은 적극 밀어주었다는 사실입니다. 고마운 일입니다. 그들도 언제나 국민여론을 따르는 것은 아니라니, 이 얼마나 다행한 일입니까?

국민연금을 어떻게 개혁해야 하는가 말씀드리기 전에, 한 가지 오해를 풀어야겠습니다. 어떤 분들은 이렇게 질책합니다. "40년 후에 연금 기금 적립금이 고갈된다는데, 내일 일도 모르는 인간들이 40년 후에 일어날 일을 가지고 왜 이렇게 호들갑이냐." 그렇습니다. 참여정부가 아무 일을 하지 않아도 문제 될 건 없습니다. 당장 일어날 일은 아무것도 없기 때문입니다. 다음 정부에서도, 그 다음 정부에서도 아무 일이 없을 겁니다. 국민연금 기금 적립금은 2007년에 200조 원을 넘겼습니다. 해마다 30조 원 가까이 늘어나고 있습니다. 40년 후인 2047년에는 노무현 대통령도 저도 다 죽고 없을 겁니다. 그런데 문제가 눈에 보이기 시작하는 시점에 가면 아무런 대책을 세울 수가 없습니다.

그게 국민연금의 본질적 속성입니다. 개혁을 하루 늦추면 늦추는 만큼 나중에 사고가 터질 때 폭발력이 그만큼 커집니다. 우리 딸 아들, 손녀 손자들의 삶은 쓰나미와 같은 충격에 휩쓸릴 것입니다. 그래서 부득이 국민여론을 무시하고 밀어붙이는 수밖에 없었습니다. 원래 정부안은 보험료율을 현행 소득의 9%에서 15.9%까지 점진적으로 인상하고 급여율을 현행 가입자별 생애평균소득의 60%에서 50%로 즉각 낮추는 안이었습니다. 저는 보험료를 너무 많이 올리면 민간 가계의 가처분소득이 크게 줄고 기업의 임금 부대비용이 대폭 늘어 거시경제에 큰 악영향을 준다는 지적을 받아들여 조금 수정한 방안을 국회와 협의했습니다

다. 보험료를 소득의 12.9%까지만 단계적으로 인상하는 방안입니다. 그 대신 보험료율 인상 속도와 연금수급 개시 연령 상향조정 속도를 조금 앞당겨 원래 정부안과 비슷한 정도의 재정안정화 효과를 내는 수정안을 만든 것이죠. 보건복지상임위원회와 법제사법위원회는 우여곡절 끝에 통과했는데, 본회의 표결에서 그만 부결되고 말았습니다. 주무장관의 능력과 지혜가 부족한 것이 중요한 이유라고 생각해서 보건복지부 장관 자리에서 물러나겠다고 대통령께 말씀드렸습니다. 역시 국민여론을 거스르는 개혁은 쉽지가 않습니다.

### 이기적 불효연금

국민연금이 엄청난 사회적 재앙을 부르는 시한폭탄이라는 저의 견해는 변함이 없습니다. 국민여론 눈치만 살피면 정부와 국민이 함께 망한다는 판단도 바뀌지 않았습니다. 이렇게 판단하는 데는 그 누구도 그 어떤 논리로도 부인하거나 덮어버릴 수 없는 명백한 이유가 있습니다. 두 가지만 말씀드리죠.

첫째 문제는 장수長壽라는 축복입니다. 우리 국민들이 점점 더 오래 삽니다. 앞으로는 더 오래 살 것입니다. 통계청 데이터를 보면 대한민국 국민의 평균수명은 지난 35년 동안 무려 16년이나 늘었습니다. 1971년 62.3세에서 2005년 77.9세가 되었으니까요. 소득이 늘어난 만큼 잘 드시고, 치명적인 전염병도 거의 사라졌으며, 병에 걸려도 치료기술과 의약품이 좋아서 웬만한 병은 다 낫습니다. 건강하게 오래 살려고 운동도 많이 하고 생활습관도 바꿉니다. 평균수명이 2030년에는 81.9세, 2050년에는 83.3세까지 늘어날 전망입니다. 그런데 이 장수의 축복이 국민연금 재정파탄이라는 사회적 재앙을 부릅니다. 아니러니죠. 우리 삶에 그저 좋기만 한 건 아무 데도 없나 봅니다.

평균수명 연장이 저출산 현상과 맞물리면서 대한민국 국민은 세계 인구통계의 역사에서 일찍이 없었던 빠른 속도로 늙어갑니다. 2050년에는 사람 셋 가운데 하나가 65세 넘은 노인이 됩니다. 근로자 10명이 부양하는 노인 수를 노령부양비라고 합니다. 2005년 노령부양비는 겨우 1.3이었습니다. 이것이 2030년 가면 3.7이 됩니다. 2050년에는 6.9가 되지요. 새로 국민연금에 가입하는 사람은 줄어드는데, 연금 받는 사람은 수도 늘고 더 오래 살게 되는 것이죠. 쌓아둔 국민연금 기금 적립금은 필연적으로 어느 시점엔가 봄눈처럼 녹아내리게 됩니다.

모아둔 돈이 없어지면 일하는 사람이 보험료를 아주 많이 내서 연금을 지급해야 합니다. 일하는 사람이 소득의 30% 이상을 보험료로 내야 연금을 줄 수 있습니다. 그게 어려우면 세금을 올려야 합니다. 그것도 못하면 나라에서 빚을 얻어야 합니다. 이 가운데 아무것도 하지 못하면 연금을 주지 못하는 것이죠. 어느 쪽으로 가든 나라가 망한다고 해도 될 만큼 심각한 사회적 혼란과 갈등이 일어납니다. 그런데도 국민들은 이 문제를 미리 해결하기 위해 더 내고 덜 받자고 하는 정부의 국민연금 개혁안을 반대합니다. 이것이 바른 여론일까요? 저는 이러한 국민여론을 거스르는 것이야말로 책임 있는 공직자의 도리라고 생각합니다.

둘째 문제는 너무 높은 수익률이라는 축복입니다. 소득의 9%인 현행 국민연금 보험료가 너무 많다고 느끼는 분이 많을 것입니다. 요새도 그런지 모르겠지만 민간 생명보험회사 판매원들이 괴상한 수익률 표를 들고 다니면서, 국민연금 수익률이 자기네 회사 보험상품보다 못하다고 홍보했습니다. 그야말로 국가기강을 흔드는 새빨간 거짓말입니다. 우리나라 국민연금만큼 수익률이 높은 민간 보험상품은 전 세계 어느 곳에도 없습니다. 우리 국민들은 납부한 보험료에 비해 너무 많은 연금을 받습니다. 이것이 국민연금 재정을 파탄으로 몰고가는 둘째 요인입니다. 어째서 그런지 대표적인 가입자 한 사람을 예로 들어 살펴보겠습니다.

조○○ 씨는 경기도 과천시에 있는 중소기업 직원입니다. 그는 37세의 가장으로 매월 200만 원을 받습니다. 조○○ 씨는 1999년부터 지금까지 7년 넘게 국민연금에 가입해 보험료를 냈습니다. 월 보험료는 소득의 9%인 18만 원이며, 본인과 회사가 각각 9만 원씩 부담합니다. 그가 평생 똑같은 월급을 받는다고 가정하고 60세까지 23년을 더 가입한 후, 65세부터 그의 예상 평균수명인 82세까지 연금을 받는다고 합시다. 조씨가 평생 낸 보험료 총액은 7,000만 원입니다. 실질이자율로 계산한 이자까지 다 합쳐서 그렇습니다. 그런데 그가 받을 연금 총액은 1억 4,700만 원입니다. 이는 모두 현재가치로 계산한 금액입니다. 그는 납부한 것보다 두 배 넘게 많은 돈을 받습니다. 회사가 낸 돈을 빼고 순전히 자신의 봉급에서 떼어간 것만 계산하면 낸 돈의 4배 넘게 받는 것이죠. 민간 보험회사의 어떤 연금상품도 이만한 수익률을 보장하는 건 없습니다.

그러면 조씨가 더 받아가는 바로 그 7,700만 원은 어디서 나오는 것일까요? 바로 우리 아들딸들이 내는 보험료입니다. 조씨는 자신이 나중에 받을 연금의 절반만을 본인이 부담하고 익명의 자식 세대에게서 나머지 7,700만 원을 받는 셈입니다. 매월 받는 연금액이 얼마 되지 않는다고 느끼실지 모르지만, 평균적으로 낸 돈의 두 배 이상을 받아가도록 설계한 것이 우리의 국민연금입니다. 소득이 적어 보험료를 덜 낸 가입자는 수익률이 더 높고, 소득이 많았던 사람은 상대적으로 수익률이 낮습니다만, 평균적으로 그렇습니다. 그런데 여론조사를 보면 소득이 낮은 가입자가 국민연금에 더 불만이 많습니다. 임금근로자와 개인사업자 가운데 소득이 낮은 절반은 소득세를 전혀 내지 않는데, 정치권의 소득세 감세공약에 대해서 그분들이 아주 열렬히 지지하는 현상과 비슷합니다. 아마도 소득세제도에 대한 정보가 부족한 탓이 아닐까 싶습니다.

저는 더 내고 덜 받는 국민연금 개혁에 반대하는 국민들께 묻습니다. 선진국보다 몇 배나 빠르게 국민은 늙어가는데, 그 국민들이 평균적으로 낸 돈의 두 배가 넘는 돈을 받아가는 국민연금구조를 계속 내버려두는 것이 좋겠습니까? 어떤 국민이 적게 내고 많이 받는 건 가능합니다. 그러나 국민 모두가 그렇게 하는 건 불가능합니다. 개인에게는 공짜가 있을 수 있지만 대한민국 전체를 보면 어떤 것도 공짜가 아닙니다. 국민연금과 관련해서, 저는 앞으로도 국민여론을 거스르는 언행을 계속할 것입니다. 괘씸죄에 걸려 삭탈관직을 당한다고 해도 어쩔 수 없는 일입니다. 임금에게 듣기 좋은 말만 하려고 신하가 된 건 아니니까요.

## 하루 800억, 해마다 30조 원

대한민국 국민연금은 세계의 모든 연기금 중에서 다섯째로 돈이 많습니다. 2007년에는 반세기 동안 돈을 빌려 쓰기만 했던 세계은행과 기금 운용에 대한 컨설팅서비스를 받기로 하고 10억 달러를 위탁 운용하는 계약을 맺었습니다. 크레디트스위스Credit Swisse 같은 글로벌 시장의 자산운용사에 기금을 위탁 운용하는 계약도 맺었습니다. 그거 하느라고 제가 난생 처음 미국 비자를 받아 워싱턴과 뉴욕 구경을 했습니다. 세계의 연기금 전문가와 자산운용사들은 조만간 규모상으로 세계 3위의 큰 연기금이 될 우리 국민연금의 제도 개혁 동향을 면밀하게 주시하고 있습니다.

그런데 200조 원이 넘는 적립금을 가진 국민연금 기금은 사실 세계에서 제일 채무가 많은 연기금일지 모릅니다. 지금도 하루에 800억 원, 해마다 30조 원의 부채가 쌓이고 있습니다. 장부에 나타나지 않아 밖에서는 잘 모를 뿐이죠. 가입자에게 지급해야 할 돈과 적립해둔 기금의 차액, 다시 말해서 국민연금 잠재

부채는 이미 적립금 그 자체보다 더 많을 것으로 추정합니다. 저는 이걸 생각하면 잠이 오지 않는데, 우리 국민들은 이 문제를 너무 쉽게 생각하는 것 같습니다.

그러면 애초에 왜 이런 제도를 만들었을까요? 정부가 국민을 속인 걸까요? 그렇게 주장하는 분도 없지 않지만, 저는 그렇게 생각하지는 않습니다. 국민연금제도는 전두환 정부가 만들었고, 노태우 정부가 1988년부터 시행한 제도입니다. 전두환 정부는 해서는 안 될 짓을 너무나 많이 했지만, 더러는 해야 할 일을 한 것도 있습니다. 국민연금제도를 만든 건 잘한 일이라고 생각합니다.

연금재정을 조달하는 데는 두 가지 방법이 있습니다. 부과방식pay-as-you-go과 적립방식funded입니다. 부과방식은 기금을 적립하지 않고 해마다 연금지출액을 미리 정한 후, 근로 세대에게서 그에 맞는 보험료를 거두어들여 곧바로 연금 수급자들에게 나누어주는 제도입니다. 적립방식은 가입자가 내는 보험료와 운용수익을 쌓아두고 굴리다가, 나중에 이 돈을 헐어 연금을 지급하는 방식입니다. 우리 국민연금은 이 둘을 조합한 부분적립방식partially funded입니다. 겉보기에는 완전적립방식 연금 같지만, 보험료와 이자를 합친 것보다 연금지급액이 훨씬 많기 때문에 언젠가는 적립금이 고갈되어 부분적으로 또는 전체적으로 부과방식을 들여올 수밖에 없습니다. 왜 이런 절충형 제도를 도입했을까요? 제도 도입 당시인 1980년대 후반의 경제사회적 상황을 생각해보면 쉽게 이해할 수 있을 것입니다.

경제가 빠르게 성장하고 인구가 증가할 때는 부과방식을 선택해도 큰 문제가 없습니다. 고령자 비율이 낮고 후세대의 소득이 빠르게 늘기 때문에 젊은 세대가 상대적으로 소수인 고령자들을 돌보는 데 필요한 보험료를 능히 감당할 수 있습니다. 하지만 인구가 감소하는 상황, 특히 요즘처럼 고령인구가 급격히 증가하고 젊은 세대의 소득증가율이 낮아지는 때는 근로 세대의 보험료 부담이 너무 커져서 이런 제도를 유지하기가 힘듭니다. 1988년에도 앞으로 고령화가 진행될 것이라는 전망이 나와 있었기 때문에 부과방식의 국민연금제도를 도입하기 어려웠습니다.

그러면 왜 완전적립방식을 선택하지 않았을까요? 당시에는 노후소득보장제도가 국민연금밖에 없었기 때문에 급여율을 소득의 70%로 높게 설정했습니다. 완전적립방식으로 재정을 조달하려면 그에 맞게 높은 보험료를 거두어야 합니다. 이 정도 급여수준에 맞추려면 보험료가 최소한 소득의 20%를 넘어야 합니다. 소득의 20% 이상을 보험료로 걷었다면 국민들도 선뜻 받아들이기 어려웠을 뿐만 아니라, 민간 가계와 기업에 주는 충격이 너무 커 제도 도입 자체가 무산될 가능성이 높았을 겁니다. 당시 정부의 정책담당자들은 이런 사정을 고려해 급여율을 70%로 하되 보험료율은 소득의 3%에서 시작한 다음 9%까지 단계적으로 올리는 부분적립방식의 연금제도를 선택한 것으로 보입니다. 다른 목적 때문에 일부러 국민을 속인 건 아니라고 생각합니다.

만약 보험료 9%와 급여수준 60%를 핵심으로 하는 현행제도를 그대로 유지하면 기금이 바닥나는 것은 시간 문제일 뿐,

피할 수는 없는 일입니다. 기금이 소진되는 시점은 고령자 비율이 빨리 늘어날수록, 기금운용 수익의 기초가 되는 이자율이 낮을수록, 그리고 가입자들의 소득상승률 또는 경제성장률이 낮을수록 앞당겨집니다. 고령화가 빨라지는 시점에서 기금이 고갈되면 부과방식으로 전환하기가 어렵습니다. 젊은이들의 부담이 너무 크기 때문입니다. 반면에 노인인구 비율이 더 증가하지 않고 안정화되는 시점 이후까지 기금 고갈을 늦출 수 있다면, 그때는 부분적으로라도 부과방식으로 전환하기가 상대적으로 수월해질 것입니다.

보험료를 올리고 급여수준을 내리는 연금개혁안은 단순히 기금 고갈 시점을 늦추는 미봉책이 아닙니다. 완전적립방식이 되도록 조정할 경우 보험료율이 너무 높아지기 때문에, 국민들이 감당할 수 있는 범위까지 보험료율을 올리고 인구구조가 안정화되는 시점까지 기금 적립금이 남아 있도록 급여수준을 적절하게 낮추는 것이 지금 시점에서 할 수 있는 유일한 해법입니다. 정부가 추진해온 국민연금 재정안정화정책이 이런 취지에 따른 것임을 이해해주시기 바랍니다.

### 한나라당과 민노당의 인기영합주의 정책연합

국민연금은 국회에서 평소 보기 드문, 괴이한 정책연합을 탄생시켰습니다. 보수정당인 한나라당과 진보정당인 민주노동당이 손잡고 기초연금제도 도입을 골자로 하는 국민연금법 개정안을 낸 것입니다. 그들은 이것을 2007년 2월 임시국회 본회의 수정안으로 전격 제출했고, 이 수정안이 부결되자 상임위와 법사위를 통과해 본회의에 올라온 정부여당의 개정안도 연대해 부결시켰습니다. 두 달 전까지 여당의 지도부로 있다가 당을 나간 일부 정치인들은 이 사태를 방조했습니다. 이렇게 해서 4년을 끌어온 국민연금 개혁은 일단 실패로 끝났습니다. 저는 이것이 국민여론에 아부하는 인기영합주의 정책연합이라고 비판합니다. 일관성 없는 자칭 보수정당과 책임성 없는 자칭 진보정당이 합세해 중대한 개혁과제를 좌절시킨 것입니다. 이런 사태를 주도하거나 방관한 정치인들이 대거 자기 당의 대통령 경선후보로 출마해 온갖 듣기 좋은 미래 전략을 말하는 장면을 보노라니, 정말 만감이 교차합니다. 발등의 불을 외면하고 먼 미래의 일만 얘기해서 어떻게 하자는 것인지 걱정이 이만저만이 아닙니다.

한나라당과 민주노동당은 여러 군데를 고쳐 본회의 수정안을 냈지만, 원래 법안은 똑같이 과격합니다. 원조니 짝퉁이니 하면서 서로 상대방 안을 비판하고 자기 것이 좋다고 주장하지만, 사실 알고보면 대동소이한 인기영합주의 법안입니다. 한나라당 안을 중심으로 그 내용을 아주 간략하게 소개해드리겠습니다.

우선 65세가 넘은 모든 고령자에게 국민연금 가입자 평균소득의 20%에 해당하는 연금을 지급합니다. 현재가치로 하면 월 34만 원 정도입니다. 65세가 되지 않은 장애인들에게는 기초장애연금을 줍니다. 시행 첫해에 15만 원 수준에서 시작해 점진적으로 현재가치 34만 원까지 올리는 것입니다. 재원조달은 세금으로 합니다. 구체적인 재원조달계획은 제시하지 않았습니다. 한나라당은 그저 다른 데서 씀씀이를 줄이고 아끼면 그 정도 돈은 만들 수 있다고만 했습니다. 현행 국민연금은 보험료율을 소득의 7%로 내리고 급여율도 소득의 20%로 낮추어 재정 안정화를 이룹니다. 이것은 완전소득비례연금입니다. 납부한 보험료에 비례해서 개인별 연금지급액을 산출하기 때문에 재정 안정화에는 확실히 좋은 방법입니다.

  이건 참 과격한 제안입니다. 현행 국민연금제도를 없애고 완전히 다른 제도를 도입하는 것이기 때문입니다. 그런데 이렇게 제도를 바꾸려면 국민들은 세 가지 부담을 져야 합니다. 첫째, 국민연금 가입자들의 정당한 기득권을 인정해야 합니다. 국민연금은 제도 시행 20년을 눈앞에 두고 있습니다. 국민연금법에 따라 지급해야 할 돈이 현재의 적립기금보다 200조 원 이상 더 많습니다. 성실하게 보험료를 납부한 가입자들의 연금급여 청구권은 정당한 기득권입니다. 제도를 어떻게 바꾸든 이 돈은 지급해야 합니다. 모자라는 돈은 세금으로 조달해야 하겠지요. 둘째, 소득의 7%를 소득비례연금 보험료로 내야 합니다. 현행 국민연금 보험료보다 2% 낮지만 급여율은 20%로 현행 급여율의 1/3 수준으로 떨어집니다. 더 내는 것도 짐이지만 덜 받는 것 역시 짐입니다. 셋째, 여기에다 소득대체율 20%짜리 기초연금을 모든 고령자와 장애인에게 지급하기 위해서 또 엄청난 세금을 걷어야 합니다.

노인인구는 곧 500만을 넘어갑니다. 그분들에게 매월 34만 원 연간 약 400만 원씩 주려면 어림잡아도 총액이 20조 원을 넘어갑니다. 보건복지부 일반회계예산 총액의 두 배 수준입니다. 시행 첫해에는 15만 원 정도로 하자는데, 기초장애연금까지 포함하면 그래도 당장 10조 원 넘는 돈이 들어갑니다. 세금을 더 걷거나 빚을 내야 만들 수 있는 거액입니다. 보험료 부담은 2% 줄어들지만 국민들은 그보다 몇 배 많은 돈을 세금으로 내야 합니다.

길게 보면 문제가 더 심각합니다. 이 제도를 시행하면 기초연금에 소요되는 돈의 규모가 2050년에는 GDP의 7.8%에 이르게 됩니다. 현재 GDP를 800조 원으로 보면, 현재 시점에서 한 해에 무려 62조 원을 기초연금 지급에 쏟아 부어야 한다는 뜻입니다. 물론 미래에는 소득수준이 높아질 것입니다만, 기초노령연금 하나를 위해 GDP의 7.8%에 해당하는 돈을 세금으로 조달한다는 것은 사실상 불가능하다고 생각합니다. 납세자 한 사람이 노인 한 사람을 부양해야 하는 상황이 예견되는 터에, 기초연금 하나에 국가 재정 전체의 30% 정도를 쏟아 붓는다는 것을 상상하실 수 있습니까?

그런데 이렇게 하고도 받을 수 있는 연금은, 기초연금과 소득비례연금을 합쳐도 생애 평균소득의 40%에 불과합니다. 여유 있는 노후를 위해서는 민간 보험사의 개인연금에 가입하는 등 추가적인 비용을 내야 합니다. 급진적 개혁은 멋이 있어 보이지만 부작용을 동반하는 경우가 많습니다. 온 국민이 이해관계자인 중요한 제도를 수정하면서 이상에 치우쳐 현실의 제약조건을 무시한다면, 자칫 국정과 민생의 혼란을 초래할 수 있습니다. 한나라당과 민주노동당, 보수정당과 진보정당이 손잡고 만든 포퓰리즘 정책연합의 종착점이 바로 그것입니다.

## 고령자 빈곤을 완화하는 기초노령연금

국민연금은 현세대 노인들을 소외시키고 미래의 자녀들에게 큰 부담을 지우는 이기적인 제도입니다. 국민들 개개인이 더 내고 덜 받는 국민연금 개혁에 반대하는 것은 이해할 수 있습니다. 손해나는 일을 누가 반기겠습니까? 하지만 이것은 손해를 보는 게 아니라 부당한 이익을 포기하는 데 불과합니다. 현행 국민연금은 현재 가입자만 유리합니다. 현재의 유권자들입니다. 그래서 정치권이 여론 눈치를 살피는 것이죠. 제도를 처음 도입할 때 이미 고령에 접어든 부모 세대를 그냥 팽개쳤습니다. 그래서 저는 국민연금을 불효연금이라고 합니다.

현재 노인들 가운데 공무원연금이나 군인연금 등 제대로 된 공적연금을 받는 분들은 극소수입니다. 국민연금을 받는 분들도 13.5%에 불과합니다. 가난한 노인들에게 월 5만 원까지 드리는 경로연금 수혜자까지 다 합쳐도 공적연금의 혜택을 받는 노인은 30% 정도에 불과합니다. 나머지 노인들이 다 가난한 건 아니지만, 가난과 병고와 외로움에 시달리는 노인이 너무 많은 것은 분명한 사실입니다. 이런 판국에 국민연금 가입자들은 낸 돈보다 두 배나 많은 돈을 연금으로 받아가게 됩니다. 모자라는 돈은 자식 세대가 보험료나 세금으로 감당해야 합니다. 이것이 자식들에게 떳떳하게 할 수 있는 일이겠습니까?

기초연금제도, 저도 그 취지는 적극 찬성합니다. 고령자 빈곤을 해소하자는 건데, 취지에 반대할 이유가 있겠습니까? 하지만 한나라당과 민주노동당의 개혁안은 너무나 과격합니다. 사랑한다고 해서 모든 행동이 용납될 수는 없는 것처럼, 국민을 위해 좋은 뜻으로 한다고 해서 다 수용할 수 있는 건 아닙니다. 국민들이 이해할 수 있고 감당할 수 있는 범위에서 적절한 방법으로 그런 취지를 달성해야 합니다.

고령자 빈곤을 완화하는 입법은 이미 이루어졌습니다. 저는 여야 정당들에게, 더 내고 덜 받는 국민연금법 개정안을 소득과 재산이 적은 하위 45% 노인들에게 매월 8만 원씩 드리는 기초노령연금제도와 묶어서 통과시키자고 제안했습니다. 직접 당 지도부 인사들을 찾아가 설명하고 정책위원회 실무자들과도 협상했습니다. 야당 지도부와 비공개 협상도 했습니다. 노무현 대통령께서 국민연금 개혁을 할 수만 있다면 야당의 웬만한 요구는 다 들어주겠다고 했고, 기초노령연금 재원대책을 마련하라고 국무총리와 관계 부처 장관들에게 지시했습니다. 그러나 합의는 이루어지지 않았습니다.

여당 국회의원들과 협상하면서, 여러 야당 의원들과 또 협상하는 과정에서 기초노령연금을 노인 60%에게 지급하고 액수도 국민연금 가입자 평균소득월액의 5%로 정해 해마다 저절로 인상되도록 하는 쪽으로 논의가 진전되었습니다. 한명숙 국무총리와 그 뒤를 이은 한덕수 국무총리가 협상 과정을 일일이 보고받으면서 추가적인 재원대책을 세울 수 있도록 도와주셨습니다. 이렇게 해서 국민연금법 개정안과 기초노령연금법 제정안이 함께 국회 보건복지위원회와 법제사법위원회를 통과할 수 있었습니다. 그런데 정작 본회의에서 한나라당은 민주노동당과 손잡고 본회의 수정안을 상정한 다음, 국민연금법 개정안은 부결시키고 전국의 노인들이 쌍수를 들어 반기는 기초노령연금법안은 거의 만장일치로 통과시켰습니다. 본법은 부결시키고 보완법만 통과시킨 겁니다. 이것을 인기영합주의가 아닌 다른 어떤 말로 표현해야 할지 저는 모르겠습니다.

노무현 대통령은 2007년 6월 27일 국회를 향해 민생개혁입법 처리를 요청하는 특별담화를 발표했습니다. 여야가 4월 임시국회에서 국민연금법을 비롯한 민생개혁입법 처리를 약속하고 개헌안 발의 중단을 요구했을 때 그 약속을 받고 개헌안 발의를 유보했던 사실을 상기시키면서, 처리 요청 법안 목록 맨 앞에 국민연금법을 내세웠습니다. 그 덕분인지 7월 3일 국회본회의에서 여야 주요 3당은 국민연금법 개정안을 합의처리했습니다. 제가 제안했던 것과는 달리 보험료율을 현행 9% 그대로 두고 2008년에는 급여수준을 생애 평균소득의 60%에서 50%로 인하하고 2028년에 40%가 되도록 점진적으로 내리는 내용입니다. '더 내고 덜 받는' 개정안을 '그대로 내고 덜 받는' 쪽으로 바꾼 것이지요. 그나마 다행입니다. 이제 연금발전위원회를 만들어 충분한 시간 여유를 가지고 더 진전된 개혁안을 만들어나가야 할 것입니다.

어쨌든 2008년 1월부터 70세 이상 노인들 가운데 재산과 소득이 적은 200만 명, 7월부터는 65세 이상 100만 명 등 모두 300만 명의 노인들이 매월 국민연금 가입자 평균소득월액의 5%를, 지금 전망으로는 약 8만 5,000원 내외의 돈을 받게 되었습니다. 국비와 지방비를 합쳐 첫해에 2조 4,000억 원, 다음해부터는 3조 2,000억 원 정도 예산이 들어갑니다. 이 예산은 정부의 중기 재정계획에 이미 반영해두었습니다. 기쁜 일이죠. 일제강점기와 한국전쟁, 그후 산업화 시대에 먹을 것 입을 것 아껴가며 자식들 키우고 공부시키고 나라를 이만큼 일군 세대입니다. 다 주고 아무것도 손에 쥔 것 없이 힘들고 쓸쓸한 노년을 맞으신 분들께, 자식 세대가 조금이라도 보답하는 제도를 도입했으니 어찌 기쁘지 않겠습니까? 노인장기요양보험법까지 같은 시기에 국회를 통과해 2008년 7월 시행되는 것을 생각하면, 노인복지정책에 새로운 시대가 열렸다고 하겠습니다.


**공무원연금, 이대로는 갈 수 없다**

그러나 정치인들이 국민여론의 눈치를 살피다가 국민과 함께 망하는 길로 가고 있다는 걱정을 떨쳐버릴 수가 없습니다. 국민연금만 문제가 아닙니다. 미흡하지만 국민연금제도를 고쳤으니 곧

바로 공무원연금과 사립학교 교직원연금, 군인연금 등 이른바 공적 특수직역연금도 재정안정화 개혁을 해야 합니다. 군인연금은 기금이 바닥나 국가예산으로 연금을 지급한 지가 이미 오래 되었고, 공무원연금도 해마다 적자를 면하지 못해 매년 1조 원 규모의 국가예산이 들어갑니다. 앞으로 해마다 몇천 억 원씩 더 들어가게 됩니다. 사학연금은 아직 기금이 남아 있지만, 10년 정도 지나면 바닥을 드러낼 것입니다. 적자가 나면 정부가 세금으로 메워줄 수밖에 없습니다. 법이 그렇게 되어 있으니까요.

특수직역연금은 현행 국민연금보다 수익률이 훨씬 더 높습니다. 인구가 늘어나고 공무원 수가 늘어나고, 공무원 보수가 민간 기업에 비해 크게 뒤떨어진 과거에 만든 제도이기 때문에 그렇게 후하게 해주었습니다. 그러나 이제 시대가 변했습니다. 교원 임용시험이 옛날 사법고시만큼이나 어렵다고 하고, 지방공무원 9급 채용시험 경쟁률이 수백 대 1이 되는 시대를 우리는 살고 있습니다. 결혼중개회사 발표를 보면, 공무원과 교사가 배우자 직업 선호도 최상위를 차지합니다. 무언가 크게 잘못된 일입니다. 현행법이 규정한 기득권 가운데 정당한 부분은 인정해주더라도, 국민연금 개혁안 수준으로 수익률을 낮추도록 법을 바꾸어 지금부터는 새 법을 적용해야 합니다.

국민들은 이렇게 하기를 원합니다. 그런데 아무도 할 생각이 없어 보입니다. 보수정당은 재정 안정화와 효율성을 중시하기 때문에 공무원연금 개혁을 요구해야 마땅한데도 한나라당은 입을 열지 않습니다. 정권을 되찾기 위해서 공무원 표를 잡아야 하니까 그렇습니다. 평등과 사회정의를 중시하는 진보정당도 당연히 이 정의롭지 못한 사태를 바로잡아야 할 텐데, 민주노동당은 마치 이 문제가 존재하지 않는 것처럼 행동합니다. 공무원노동조합과 전국교직원노동조합에 지지자가 많아서 그러는 것이겠지요.

공무원연금을 개혁해야 한다고 공개적으로 말했다가 많은 항의를 받았습니다. 정책 수행과 관련해 지방행정기관을 방문할 때면 으레 공무원노조 간부들이 피켓을 들고 항의시위를 했습니다. 큰 소리로 욕설을 퍼붓는 경우도 있었습니다. 물론 참여정부도 공무원연금 개혁에 소극적이었다는 점을 인정하지 않을 수 없습니다.

"헌법 위에 떼법 있다"고들 합니다. 정말 그런 모양입니다. 헌법이 규정한 사회정의도 떼법 앞에서는 힘을 잃습니다. 저는 공무원연금법 개정안을 준비하고 있습니다. 법안을 다 만들면 공청회를 거쳐 국회에 제출할 생각입니다. 만에 하나, 그 다음에도 국회에서 계속 일하게 된다면 사학연금법과 군인연금법도 형평에 맞게 고치는 법안을 제출할 작정입니다. 성사되지는 않더라도, 해결해야 할 문제가 있다고 소리는 질러야 하지 않겠습니까. 왕이 싫다는 일을 굳이 하겠노라고 고집을 부리는 역신 逆臣도, 종묘사직을 위해서는 가끔 필요합니다. 통촉하여주시옵소서!

# 공적개발원조

요즘은 일정에 쫓겨 짬을 잘 내지 못합니다만, 예전 프리랜서 시절에는 자주 낚시를 다녔습니다. 큼직한 원고를 쓰고 난 다음이면 머리도 식힐 겸 붕어도 낚을 겸, 풍광 좋은 충청도 쪽 저수지로 나가곤 했죠. 그럴 때 종종 들러 밥을 먹던 소머리국밥집이 있습니다. 손님이 너무 많아서 경찰관이 직원들과 함께 식당 부근의 교통을 정리해야 할 정도였습니다. 문득 이런 의문이 들었지요. "밥집 주차 관리를 경찰관이 도와도 되는 건가?" 그 밥집을 오래 다닌 분이 설명해주었습니다. "이댁 사장님이 국밥 팔아서 번 돈으로 좋은 일 많이 한다고 하지. 평소 기부도 크게 하고, 동네에 어려운 문제 생기면 자기 일처럼 나서고, 인근에 가난한 노인들 밥 대접도 자주 하고. 그래서 경찰이 도울 명분도 있고, 동네 사람들도 당연히 그렇게 해야 한다고 생각한다는 거 아닌가. 돈은 버는 것도 중요하지만, 역시 쓰기를 잘 써야 한다니까."

어디 개인만 그렇겠습니까? 국가도 돈을 잘 써야 합니다.

특히 대한민국처럼 찢어지게 가난하다가 갑자기 잘살게 된 나라일수록 국가가 돈을 잘 써야 하지요. 내수시장이 아니라 수출시장을 기반으로 경제를 일으켰고, 한미 FTA를 비롯해 지구촌 선진국들과 동시다발적 FTA를 맺어 세계시장으로 나가는 대한민국은, 특히나 돈을 잘 쓸 필요가 있습니다. 남들을 상대로 장사를 잘해서 갑자기 넉넉해진 사람이 자기 가족만 챙기고 어려운 이웃을 모른 척하면 조만간 동네에서 왕따를 당합니다. 국가도 마찬가지겠지요. 일본 사람들은 한때 엄청난 경제적 번영을 이루어 선망의 대상이 되었지만, 동시에 '경제동물'economic animal이라는 비난과 조소를 듣기도 했습니다. 지나치게 자기 이익만 챙기면서 남들에게 인색했던 탓입니다. 그랬던 일본도 요즘에는 많이 달라졌습니다.

**돈만 밝히는 대한민국?**

그런데 대한민국이 일본이 잘못 걸었던 길을 따라 걷고 있습니다. 큰일입니다. 자동차, 휴대전화, LCD 모니터를 팔아 돈을 많이 번다고 해서 선진통상국가가 되는 건 아닙니다. 돈만 밝히는 나라가 아니라 인간의 도리를 알고 어려운 이웃과 인정을 나눌 줄도 아는 좋은 나라로 인정받아야 선진통상국가가 될 수 있습니다. 그런 것이 모두 녹아들어야 코리아라는 국가 브랜드가 경쟁력을 가질 수 있습니다. 그런데 우리나라는 어려운 이웃을 돕는 일에 너무 인색합니다. 도대체 수입의 어느 정도를 남을 위해 써야 너그럽고 좋은 사람이라는 평가를 받을 수 있을까요? 사람마다 다른 기준을 가지고 있겠지만, 대한민국이 너무나 인색한 나라라는 것만큼은 분명한 사실입니다.

공적개발원조ODA라는 게 있습니다. 국가가 다른 나라 국민들을 위해 무엇인가를 지원하는 사업입니다. 여러 나라가 돈을 모아서 국제기구를 통해 지원하는 다자간 ODA가 있고, 한 나라가 다른 한 나라를 직접 지원하는 양자간 ODA도 있습니다. 거저 주는 무상 ODA가 있고, 나중에 형편이 좋아지면 돌려받는 조건으로 주는 유상 ODA도 있지요. 대한민국은 한국전쟁 시기는 물론이요, 그후 산업화를 이루는 과정에서도 헤아리기 어려울 정도로 많은 나라에서 아주 많은 ODA를 받았습니다. 그렇게 해서 일어선 대한민국인데, 정작 우리가 살 만해진 지금 우리 자신은 남을 별로 돕지 않습니다.

대한민국이 건국 이후 ODA 예산을 가장 많이 쓴 것이 2005년입니다. 얼마인지 아십니까? 7억 5,000만 달러, 당시 환율로 7,500억 원 정도였죠. 국민의 정부 시절까지는 2억 달러를 넘지 않았다가 대폭 늘어난 게 그 정도입니다. 2005년 우리의 국민총소득GNI이 7,901억 달러였으니, GNI 대비 ODA 지출 비중은 0.1%가 됩니다. 국민 한 사람이 평균 15달러를 냈다는 뜻입니다. 이걸 어떻게 평가해야 좋을까요? 만약 연봉 1억 원인 사람이 남을 돕는 일에 딱 10만 원을 썼다면, 여러분은 그 사람을 어떻게 평가하시겠습니까? 아까 그 소머리국밥집 사장님이 작년에

10억 원을 벌어서 딱 100만 원을 기부했다면, 여러분은 어떻게 평가하시겠습니까? 인간적으로 사귀고 싶은 마음이 생기나요? 그렇지 않을 겁니다. 대한민국이 이런 식으로 나갈 경우, 조만간 일본이 그랬던 것처럼 돈만 밝히고 자기밖에 모르는 경제동물이라고 비난을 받지 않을까요?

참고로 다른 나라들은 어떤지, 잠깐 말씀드립니다. 우리가 GNI의 0.1%를 ODA에 쓴 2005년에 스웨덴과 노르웨이는 0.94%를 썼고, 네덜란드와 덴마크는 0.8%를 넘겼습니다. 오스트리아와 벨기에, 프랑스, 영국 등 서유럽 국가들은 0.5% 내외였고, 제일 야박하다는 일본도 많이 노력해서 0.28%를 기록했지요. 미국은 0.22%지만 민간 단체의 해외지원이 워낙 많은 만큼 조금 달리 보아야 합니다. OECD 산하 개발원조위원회DAC 회원국 가운데 제일 적게 한 나라가 그리스인데, 그래도 우리보다 훨씬 높은 0.17%였습니다. 회원국 평균은 0.33%입니다.

그런데도 ODA를 많이 지출하는 나라들은 지금 수준을 최저선으로 삼는 ODA 확충계획을 세웠고, 적게 쓰는 나라들도 거의 예외 없이 ODA를 크게 늘리는 계획을 확정했습니다. 그리스도 2010년에는 GNI의 0.51%를 ODA에 쓰겠다는 목표를 설정했습니다. 대한민국은 어떤가요? 2011년까지의 중기재정계획은 ODA를 현재 수준으로 유지하도록 해두고 있습니다. 「비전 2030」이 ODA 확대 의사를 담고 있기는 하지만, OECD에 보고한 목표는 2015년 ODA 지출을 GNI의 0.25%로 한다는 정도에 머물러 있습니다.

대한민국에도 밥 굶는 아이들과 노숙자가 많은데 웬 남의 나라 타령이냐고 타박하실지 모르겠습니다. 하지만 꼭 부자라야 남을 돕는 건 아니지 않습니까? 자기 아이들에게 주고 싶은 걸 덜 주고 어려운 이웃 아이에게 주는 게, 쓰고 남는 돈을 기부하는 것보다 더 가치 있는 일 아닙니까? 대한민국에 ODA를 준 다른 많은 나라들도, 지금 우리보다 훨씬 많은 돈을 ODA에 쓰는 나라들도, 자기 나라 안에 노숙자와 빈곤 아동이 있었고 지금도 있지 않습니까? 특히 우리에게 ODA 확대는 단순한 국제자선사업이 아닙니다. 선진통상국가로 성공하기 위해서는 반드시 채택해야 할 국가발전전략이기도 하다는 것이 제 판단입니다.

### 인적자원개발 중심 ODA는 선진통상국가의 필수전략

2007년 2월 원혜영 의원이 '공적개발원조 확대 촉구 결의안'을 국회에 대표 발의했습니다. 정부에 세 가지를 요구했는데, 그것은 첫째 OECD 개발원조위원회 회원국 평균수준으로 ODA 확대, 둘째 OECD 개발원조위원회 정회원 가입, 셋째 무상 ODA와 다자간 ODA 비중 확대였습니다. 이 결의안에는 다음과 같은, 함께 음미해볼 만한 대목이 들어 있었습니다.

세계 인구의 절반 이상이 하루 2달러 미만의 소득으로 생활하고 있으며, 이 가운데 12억 명이 하루 1달러 미만으로 생계를 이어가는 절대빈곤층이다. 선·후진국 간 소득 격차도 1950년대 10 대 1에서 1998년에는 19 대 1로 확대되었으며, 최빈 개도국 수도 1980년대 초 31개국에서 현재 50개국으로 증가하고 있다.

우리나라는 해방 이후 유례없는 성장을 거듭하며 세계 12위의 경제대국으로 발전했고, 선박·철강·자동차 등 주요 산업 분야는 이미 세계 10위권의 경쟁력을 자랑할 만큼 경제 발전과 빈곤 퇴치에 성공한 유일한 개도국 출신 국가이다. 이러한 성과는 우리 국민의 피나는 노력이 있었기 때문이기도 하지만, 그 이면에 국제사회의 원조가 큰 역할을 했음은 부인할 수 없는 사실이다. 이제 우리나라가 과거 국제사회로부터 받았던 혜택을 개도국들에게 되돌려주는 것은, 세계와 더불어 살아가기 위해 우리가 이행해야 할 책임과 의무이기도 하다.

개도국은 우리의 중요한 경제협력 파트너이기도 하다. 2005년 개도국은 우리 총수출의 53%를 차지했으며, 선진국에 대해서는 45억 달러의 적자를 본 반면, 개도국에 대해서는 무려 149억 달러의 흑자를 기록했다. 개도국에 대한 원조는 국제사회의 일원으로서 국제사회가 기대하는 책무를 다함과 동시에, 국가 이미지를 개선하고 국가 브랜드 가치를 제고해 우리 기업과 상품의 해외시장 진출에도 기여하기 때문에 국익에도 부합되는 측면이 있다.

　문제는 '어떻게'입니다. 어찌 보면 해결책은 매우 간단합니다. 예컨대 5년 후에 지금 시점의 OECD 개발원조위원회 회원국 평균수준인 0.35%를 달성하는 것을 목표로 잡고, 해마다 국민총소득 대비 ODA 예산 비중을 0.05%씩 높여나가는 것이죠. 0.05%면 연간 5,000억 원 정도 됩니다. 이것을 특별회계로 편성해서 외교부가 관리하게 합니다. 관련 부처 공무원과 민간 전문가들이 함께 참여하는 독립된 ODA 심사위원회를 만들고, 정부 여러 부처들이 구체적인 사업을 기획해 신청하면 이걸 심사해서 좋은 것부터 집행합니다. 외교부가 직접 집행할 수 있는 것도 있겠지만, 전문성이 있어야 할 수 있는 사업은 각 부처에 집행을 위임하면 됩니다.

　선진통상국가로 가는 전략에 비추어볼 때, 그리고 지원받는 나라의 발전을 우선적으로 고려할 때, 다자간보다는 양자간 ODA를 늘리면서 인적자원개발사업에 집중하는 게 좋겠습니다. 도로나 항만 같은 사회간접자본 건설은 투자규모가 너무 커 양자간 ODA로는 감당할 수 없는 만큼, 세계은행과 같은 국제금융기구를 통한 다자간 ODA가 적합합니다. 양자간 ODA에서는 보건과 교육이 특히 중요하죠. 면역기능을 파괴해 후천성면역결핍증AIDS을 일으키는 인체면역결핍바이러스HIV나 말라리아, 소아마비, 결핵 등 전염병 퇴치사업은 이미 다자간 ODA로 많이 하고 있지만, 기생충 박멸을 비롯한 공중보건사업은 한국이 매우 성공적으로 수행한 경험이 있어 의약품뿐만 아니라 시스템과 전문인력 양성까지 종합적으로 지원할 수 있는 양자간 ODA 사업으로 매우 적당합니다.

제일 중요한 것은 교육이라고 생각합니다. 보건은 물론이요, 경제개발지원사업도 교육과 연계해야 효과를 냅니다. 인적자원개발 중심의 양자간 ODA를 통해 한국형 발전전략을 수출하는 것입니다. 가난과 질병에 시달리는 나라들이 문제 해결능력을 높이려면, 그 나라에서 그 일을 할 수 있는 지도자를 길러주는 게 최선입니다. 우리나라는 대학이 이미 공급 과잉상태에 있습니다. 저출산 현상 때문에 앞으로 대학들이 대부분 입학정원을 채우지 못하게 됩니다. 특히 중앙아시아와 서남아시아 나라들의 인재를 한국으로 데려와 교육하는 게 중요합니다. 아프리카, 라틴아메리카 나라들에 대해서도 사업을 할 수 있습니다. 그 나라의 우수한 학생들이 거기서 더 잘 공부할 수 있도록 장학금을 주고, 제일 우수한 학생들을 뽑아 한국으로 데려오는 겁니다.

먹이고 재우고 입히고 학비도 다 내줍니다. 공부에 집중할 수 있도록 생활비도 지원합니다. 경제개발계획을 세우고 집행하는 방법도 가르치고 전자·통신 등 첨단 분야의 지식과 기술도 가르칩니다. 의과대학과 한의과대학, 간호대학에서는 보건 분야의 전문지식을 전수합니다. 이렇게 가르쳐서 다 자기 나라로 돌아가도록 합니다. 이 모든 비용은 여러 정부 부처가 실제 집행하더라도 외교부가 관리하는 ODA 특별회계에서 지급합니다. 그 젊은이들이 조국으로 돌아가면, 다 한몫을 하게 되어 있습니다. 교수가 되고 공무원이 되고 기업의 일꾼이 됩니다. 나중에는 장관도 나오고 대통령도 나올 수 있습니다. 우리 기업이 그 나라에 진출할 때, 한국말을 배우고 한국 문화를 익힌 그들이 한국 기업의 파트너가 됩니다.

미국은 미국에서 학위를 취득한 개도국 출신의 똑똑한 젊은이들이 미국 시민이 되도록 붙잡습니다. 교수 자리도 쉽게 얻고, 미국 기업에 취직도 할 수 있지요. 개도국 입장에서 보면 심각한 두뇌 유출이 일어납니다. 인도가 대표적으로 그런 현상을 겪는 나라입니다. 한국도 만만치 않죠. 미국은 이런 식으로 과학기술력 우위를 지켜나갑니다. 반면 독일은 외국인 학생이 학업을 마치면 다 내보냅니다. 독일에서 곧바로 취업하기가 쉽지 않습니다. 미국과 독일, 어느 쪽이 더 나은 전략일까요? 미국은 국내시장이 매우 큰 다인종 국가이기 때문에 그렇게 하는 게 맞을 겁니다. 독일은 내수시장이 상대적으로 작고 경제의 무역의존도가 매우 높은 통상국가입니다. 전통 있는 민족국가이기도 하구요. 그러니 독일은 독일대로 또 그렇게 하는 게 좋을 겁니다. 한국은 미국보다 독일과 훨씬 더 닮은 나라입니다. 우리도 독일식으로 개도국 학생들을 데려다 공부를 시킨 다음, 그 나라로 돌아가 일하게 하는 것이 좋겠다고 생각합니다.

재원대책은 세우면 됩니다. 얼마 전 정부는 국제선에 탑승하는 국민들에게서 한 번에 1,000원씩 걷어 ODA 사업에 쓰도록 하는 제도를 도입했습니다. 이걸로는 부족합니다. 수출로 살아가는 대기업들도 일정한 기여를 하도록 해야 합니다. ODA 자금으로 사용처를 한정한 목적세를 만드는 방안도 검토할 수 있다고 생각합니다. 새로운 세금을 만드는 것을 국민들이 좋아하지는 않지만, 그래도 이런 식으로 하는 것이 국가 발전과 국익 증진에 큰 도움이 될 것입니다. 10년, 20년 동안 인적자원개발 중심으로 양자간 ODA를 하면, 우리는 한국을 잘 이해하고 한국에 애정을 가진 좋은 친구들을 세계 어느 곳에서나 발견할 수 있을 것입니다. 지난날 ODA를 많이 받았던 나라로서 국제사회에서 지켜야 할 도리를 잘 지키는 아름다운 나라로 인정받을 것입니다.

**남북한 보건협력이 절실한 이유**

ODA 이야기가 나온 김에 북한 문제를 잠깐 살펴봅니다. 북한은 세계에서 제일 못사는 나라 가운데 하나입니다. 여러 이유가 있지만 결정적인 원인은 쇄국으로 인한 고립입니다. 큰 나라도 정도는 덜하지만 고립되면 결국 망합니다. 중국처럼 큰 나라도 개방하지 않고는 잘살 수 없습니다. 반미 투사 카다피Muammar Abu Minyar al Qaddafi가 이끄는 리비아도 견디다 못해 핵개발을 포기하고 국제 분업체제 속으로 다시 들어오지 않았습니까? 대한민국도 문을 완전히 닫아걸고 50년만 지내면 북한처럼 됩니다. 북한은 생산의 순환시스템이 전면적으로 붕괴한 나라입니다. 혼자 힘으로 일어서기란 이미 불가능합니다.

북한은 국제사회의 ODA 지원도 제대로 받아가지 못하니다. 보건 분야를 보면 2005년에는 남북협력기금에서 나간 지원금까지 다 합쳐도 630만 달러밖에 ODA를 받지 못했습니다. 방글라데시의 1/46, 네팔의 1/11, 미얀마의 1/4에 불과한 금액이지요. 홍역과 말라리아 같은 전염병이 전국을 휩쓰는데도 제대로 지원을 받을 수 없습니다. 정말 필요한 사람에게 효과적으로 전달하는지를 확인해야 국제기구도 계속 지원할 수 있을 텐데, 다 막아놓고 들여다볼 수 없게 하니 국제기구들도 지원을 포기하고 철수하는 사태가 벌어집니다.

저는 보건복지부 장관 재직 시절 새터민 건강검진 자료를 보면서, 북한이 정치체제는 굳건한지 모르지만 사회는 전면적인 붕괴 위기를 맞았다는 것을 실감했습니다. 평양에 병원을 지어주거나 의료기기와 의약품을 지원하는 방식으로는 도저히 대처할 수 없는, 총체적인 공중보건시스템의 위기에 빠진 것이지요. 정책보좌관을 평양에 보내고, 통일부 장관이 장관급 회담에서 남북 보건당국 책임자의 직접 교류 협력을 요구하고, 제가 제네바 주재 북한 이익대표부 이철 대사를 만나 남북 보건당국의 직접 대화 채널을 만들자고 요청했지만, 북한은 결국 아무런 대답을 주지 않았습니다. 평양에 어린이 전문병원을 지어 달라는 요구만 계속했지요. 김정일 국방위원장의 관심사항이라는 겁니다. 전기 공급도 원활하지 않고, 지속적으로 의료기기와 의약품을 조달할 수 있다는 전망이 전혀 없는 판국에 평양에 현대식 어린이 전문병원을 짓는 게 도대체 무슨 의미가 있겠습니까? 받아들일 가치가 없는 요구이기에 거절했습니다. 북한 정부는 국민의 기본적 안전을 보장할 능력이 있는지 의심스러운 상태에 있다고 저는 생각합니다. 적어도 보건 분야에 관해서는 이렇게 말할 수 있습니다.

우리나라 ODA 지출 통계에는 남북협력기금예산이 포함되지 않습니다. 남북한은 특수관계라는 겁니다. 이것도 조금 고칠 필요가 있습니다. 북한에 대한 각종 지원은 금강산 관광 대가처럼 영업적인 거래의 대가로 지급하는 것이 아닌 한, ODA에 포함시키는 것이 합리적이라는 말이지요. 저는 보건의료 분야의 남북합의서를 채택하기 위해 안을 하나 만들었습니다. 북한 보건당국의 무응답 때문에 성사되지는 않았지만, 언젠가는 반드시 성사될 것으로 보고 보건의료 분야 지원사업의 기본계획을 수립해두었습니다. 독일도 1972년 동서독 기본조약을 체결한 다음 2년 뒤에 보건협정을 맺음으로써, 동서독 간의 인적 교류를 촉진하고 관계를 개선하는 데 큰 효과를 보았습니다.

남과 북 사이에 오가는 사람과 상품의 양이 빠르게 늘어나고 있습니다. 사람과 물건이 오고가면 사람과 동물에게 병을 일으키는 세균과 바이러스도 함께 오고갑니다. 만약 독일의 경우처럼 갑작스런 체제 붕괴에 이은 통일이 찾아올 경우, 북한 지역에서 최근 유행했던 각종 전염병이 한반도 전체를 덮칠 것입니다. 홍역과 말라리아, 결핵 등 인간 전염병뿐만 아니라 구제역과 조류인플루엔자AI 등 동물 전염병도 새롭게 창궐할 가능성이 있습니다. 보건 분야는 북한이 체제 부담을 비교적 덜 느끼는 비정치적 사업이기 때문에 협력 가능성이 높다고 할 수 있습니다. 전염병을 비롯한 보건 분야 응급상황 대응능력 향상을 위한 지원, 영유아와 산모 영양지원사업, 약솜과 일회용 주사기 등 기초적 의료소모품 생산기반 설치 지원 등은 대한민국 국민의 안전을 보장하고 통일을 준비하는 데 정말 시급하고 긴요한 사업입니다.

2000년 김대중 대통령이 평양을 방문해 남북정상회담을 한 이후 지금까지 남북관계는 그야말로 상전벽해가 되었습니다. 휴전선의 상호 비난방송이 사라졌습니다. 북한은 금강산 일대를 개방한 데 이어, 개성공단을 개발하면서 서부전선 전투병력을 개성 이북으로 퇴각시켰고, 우리는 한강 하구와 동해안 일대의 철조망을 철거하는 중입니다. 경의선과 동해선이 연결되었습니다. 북한 핵실험으로 국제적인 위기가 조성되었지만 접경 지역인 파주에는 대규모 LCD 공장과 주거단지가 들어섰고, 공포감에 사로잡혀 라면 사재기를 하는 풍경은 찾아볼 수 없게 되었습니다. 그러나 냉전주의를 아직 벗지 못한 한나라당과 보수언론은 이러한 변화를 몰고온 국민의 정부와 참여정부의 대북정책을 지지하기는커녕 '대북 퍼주기'라는 딱지를 씌워 7년 내내 흔들어 댔습니다.

### 통일부를 민족협력부로 바꾸자

안타깝게도 언론사 여론조사를 보면 북한이 무슨 고약한 사고를 칠 때마다 다수 국민이 식량과 비료 등 인도적 지원을 중단하라고 요구합니다. 우리 정부의 대북정책이 잘못되었다는 대답이 많습니다. 이런 여론에 떠밀려 정부가 인도적 지원을 일시 중지하거나 보류한 적도 있습니다. 문제가 일단 해결되고 나면 다른 문제가 생길 때까지는 여론이 다시 우호적으로 돌아섭니다. 화가 나서 정부를 욕했지만, 차분하게 생각해보면 결국 이 길밖에는 없기 때문입니다. 만약 그럴 때마다 정부가 여론을 따라다니면 대북정책은 냉탕과 온탕을 오갈 수밖에 없습니다. 신뢰를 구축하기가 어렵겠죠. 남북관계는 진도를 나가지 못하게 됩니다. 실제로 문민정부 시절 김영삼 대통령이 여론을 따라 냉온탕을 오가니까 남북관계가 교착상태에 빠지고 말았지 않습니까?

우리가 상식이라고 생각하는 것을 북한도 인정하면서 협상한다면 얼마나 좋겠습니까? 하지만 북한은 그런 상대가 아닙니다. 희망과 현실이 같을 수가 없기 때문에 협상을 해야 하는 것이지요. 인내심이 필요합니다. 참고, 또 참고, 또또 참으면서, 교류하고 협력해야 합니다. 북한이 대한민국과 헤어져서는 살아갈 수 없고 대한민국도 북한과 갈라서면 크게 손해를 보는 상호의존적 공생관계를 뿌리내려야 한반도에서 전쟁의 위협이 영원히 사라질 것입니다. 대한민국이 선진통상국가로 성공하려면 안마당의 전쟁위험을 완전히 제거해야 합니다. 북한과 미국이 정식 수교를 하고 정전협정을 불가침협정이나 평화협정으로 대체할 때까지, 우리는 아무리 기분 나쁜 일이 있다 할지라도 남북관계를 결정적으로 파탄 내는 일은 피해야 할 것입니다.

자칭 보수세력의 소원처럼, 어느 날 갑자기 북한 체제가 무너져 무정부상태가 되었다고 합시다. 살아갈 길이 막힌 북한 동포들이 남으로 오는 건 불을 보듯 뻔한 일이겠지요. 한반도와 그 부속도서를 영토로 규정한 대한민국 헌법에 따르면, 그들은 모두 신체의 자유와 거주 이전의 자유를 가진 대한민국 국민입니다. 내려오지 못하게 막을 법률적 근거도 없고, 또 막을 방법도 없습니다. 경의선과 동해선 철길을 걸어서, 배와 뗏목을 타고, 임진강을 헤엄쳐서, 북한 주민 100만 명만 남하했다고 합시다. 무슨 일이 벌어질까요? 그들이 파주시와 고양시를 거쳐 서울로 유입되면, 이 지역의 도시 기능이 대혼란에 빠질 것입니다.

서울시는 노숙자 몇천 명이 몰려다니기만 해도 큰 문제가 생기는 도시입니다. 임시 숙소를 지을 방법도 없지만 천막이라도 쳐서 그들을 수용했다 합시다. 먹이고 입히고 재우고, 아이들은 학교에 보내고, 아픈 사람은 병원으로 데려가야 합니다. 대한민국은 그럴 준비가 되어 있는 나라인가요? 저는 그렇게 생각하지 않습니다. 북한의 체제 붕괴는 대한민국에 전쟁을 방불케 하는 사회적 재난을 몰고 올 것입니다. 그러니 김정일 정권을 타도하자느니, 평양 주석궁에 국군 탱크를 몰고 가자느니 하는 따위의 유치한 선동에 귀 기울이지 않으시기 바랍니다.

저는 민족의 통일을 반드시 이루어야 한다고 생각합니다. 하지만 모두가 행복한 통일을 위해서는 오랜 시간 준비하면서 단계적으로 천천히 일을 진행하는 것이 좋습니다. 반세기 헤어져 있었기 때문에 다시 만나 서로 적응하는 데도 무척 긴 시간이 필요합니다. 그런 면에서 저는 통일부를 없애는 것이 좋다고 생각합니다. 통일 이야기를 자꾸 하면 서로 긴장하고 경계하게 됩니다. 대한민국 내부에서도 긴장이 생깁니다. 상호협력과 공동번영 이야기만 하면 좋겠습니다. 개성공단이나 금강산 관광, 꽃게철 서해안 공동어로작업, 이런 것처럼 서로 이익이 되는 사업을 찾아서 함께 하는 것이 더 낫습니다. 통일부를 없애고, 그 자리에 이런 사업들을 만들어나가는 민족협력부를 두는 편이 현명하지 않을까 합니다.

북한 지도부를 욕하고, 인권 문제를 들어 북한 체제를 공격하기란 너무나 쉬운 일입니다. 그걸 할 능력이 없는 사람은 대한민국에 아무도 없습니다. 입 달린 사람이라면 누구나 할 수 있습니다. 밤낮 그런 일을 하면서 자기를 애국자라고 착각하는 분들이 있다는 걸, 때로는 믿을 수가 없습니다. 하지만 남북관계를 안정적으로 관리하고, 미움과 대립이 있던 자리에 화해와 협력을 꽃피우고, 그렇게 해서 한반도 평화를 정착시키는 것은 아무나 할 수 있는 일이 아닙니다. 능력 있는 정부와 지도자만이, 현명한 국민만이 할 수 있습니다.

왕인 국민의 심기를 불편하게 만드는 사건이 일어났을 때, 북한에 대한 감정적 증오와 혐오감을 부추기는 보수정당과 보수언론의 선동에 속아 넘어가지 마시기를 부탁드립니다. 왕이 쉽게 격분하면 종묘사직이 흔들릴 수 있습니다. 백성들이 전란의 소용돌이에 휩쓸리게 됩니다. 나라가 아주 망할지도 모릅니다.

# 민주적 리더십

"구슬이 서 말이라도 꿰어야 보배다." 속담치고 틀린 말이 없나 봅니다. 아무리 좋은 정책과 비전이 있다 한들, 민주공화국의 왕인 국민이 알고 받아주지 않으면 무슨 소용이 있겠습니까? 국민들은 좋은 정책과 비전을 가진 지도자가 나와서 그것을 실현해 주기를 원합니다. 하지만 민주공화국의 지도자는 하늘에서 떨어지거나 땅에서 솟아나는 존재가 아닙니다. 국민이 알아보고 뽑아주고 따라주어야 비로소 좋은 지도자가 나올 수 있습니다.

　　노무현 대통령이 국정 운영을 잘한다고 생각하는 국민이 30%도 되지 않는다고 합니다. 10%대로 떨어진 적도 있었지요. 나라의 지도자가 국민 마음에 들게 일하지 못한다니, 보통 심각한 문제가 아닙니다. 야당 국회의원들은 그게 반갑고 좋아서, 대통령을 지지하는 국회의원들은 그게 안타까운 나머지, 더러는 그로 인해 자기도 손해를 본다는 억울함 때문에 대통령을 욕하고 훈계하고 비난합니다. 그런데 궁금합니다. 국회가 국정 운영을 잘한다고 생각하는지 국민들에게 물어본다면, 어떤 결과가 나올까요? 아마 10%를 넘기 어려울 겁니다. 5%도 안 된다는 여론조사 결과를 본 적도 있습니다. 어느 신문사도 요즘은 그런 여론조사는 하지 않으니 정확하게 알 도리가 없지만, 대통령 국정 수행 지지도보다 절대 높지는 않을 겁니다.

저는 우리나라가 선진통상국가로 성공하기 위해서는 대한민국을 사회투자국가로 개조해야 한다고 주장합니다. 이것이 정치인으로서 제가 가진 국가발전전략이며 정책비전입니다. 다른 정치인들은 다른 비전을 가지고 있지요. 집회·시위를 못하게 막아서 경제성장률을 올리겠다든가, 한강과 낙동강을 하나의 운하로 만들어 일자리를 만들겠다든가, 뭐 그런 것을 국가발전전략과 정책비전이라고 제시하는 분들도 있습니다. 그러나 어떤 것이든 좋은 절차를 거쳐 국민들이 최선이라고 생각하는 것을 선택하고, 다수의 선택을 국민의 뜻으로 인정해 힘을 모아야 나라가 제대로 설 수 있습니다. 그런데 우리의 정치 제도와 환경에서는 좋은 전략과 비전을 실행하는 튼튼한 리더십이 형성되기 어렵다는 게 제 생각입니다. 그런 면에서 대한민국에 시급하게 필요한 것은 새로운 전략과 비전을 만드는 것이라기보다는 정치적 의사결정 시스템을 바로잡는 게 아닐까 싶습니다.

## 셰이크 모하메드의 계몽군주형 리더십

국민들이 지도자와 리더십에 대해 하도 짜증을 내서 그런 건가요? 우리 언론들은 외국 지도자들 가운데 성공한 사람을 무조건 칭송하는 경향이 있습니다. 자기 나라 지도자들은 깎아내리지 못해 안달을 하면서 외국 지도자는 찬양하기에 바쁩니다. 하긴 외국 지도자를 찬양하는 것도 다 자기 나라 지도자를 깎아내리는 수단으로 때로 유용하기 때문에 그런 것인지도 모르죠. 예를 들어볼까요? 아랍에미리트연합UAE에 속한 두바이 왕국의 지도자 셰이크 모하메드Sheikh Muhammad를 아실 겁니다. 얼마 전 그가 한국을 방문했을 때 우리 언론이 엄청난 스포트라이트를 비췄죠. 셰이크 모하메드는 뛰어난 지도자임에 분명합니다. 이른바 '두바이의 기적'을 이룬 인물이니까요.

세계 최고층 빌딩인 '버즈 두바이'를 세우고, 열사의 나라에 실내 스키장과 잔디 골프장을 만들었습니다. 바다 위에 야자수 모양을 가진 '팜 아일랜드'와 세계 모든 나라의 국토 모양을 재현한 '더 월드'를 건설하고, 바다 밑에 '워터프런트'라는 해저도시를 만드는 중입니다. 두바이를 유럽과 아시아, 아프리카를 연결하는 중계무역과 물류의 허브로 발전시키고 최첨단 정보통신산업이 밀집한 미디어 시티도 조성한다고 합니다. 석유가 거의 나지 않아 국가 재정이 빈약한 탓에 아부다비 왕국의 재정 지원을 받고 살았던 두바이 왕국은 이렇게 해서 UAE뿐만 아니라 이슬람권 전체에서 가장 눈부시게 발전하는 지역으로 떠올랐습니다.

　　셰이크 모하메드를 대한민국 대통령으로 모셔오면 잘할 수 있을까요? 천만의 말씀. 6개월도 버티지 못하고 짐을 싸 돌아갈 것이라고 생각합니다. 그의 리더십은 대한민국에 맞지 않기 때문입니다. 그는 어릴 적부터 지도자 수업을 받았습니다. 왕위에 오른 건 최근이지만, 왕세자로서 사실상 국가를 통치한 게 15년이 넘습니다. 영국에서 유학하면서 세계사의 흐름과 문명의 변화를 공부하고 이해한 사람입니다. 그는 현대 이슬람 세계의 가장 뛰어난 계몽군주입니다. 군계일학과 같은 지도자입니다. 그런데 한 가지 잊지 말아야 할 것은 그가 국가의 모든 권력과 모든 자원을 통제할 수 있는 절대권력의 소유자라는 사실입니다.

　　2005년 11월 이해찬 국무총리와 함께 중동 5개국을 방문했을 때 두바이에 들렀습니다. 두바이 정부요인들과 세계 최고급이라는 '7성호텔'이 보이는 바다 위 레스토랑에서 만찬을 하는데, 마침 제 옆에 두바이 상공회의소 회장이 앉았습니다. 셰이크 모하메드하고는 사촌이나 육촌쯤 된다고 들었습니다. 국무총리만 통역이 있어서 영어가 서툰 저로서는 무척 괴로운 만찬이었습니다. 아랍식 영어는 정말 알아듣기 어렵거든요. 그런데 가만히 들어보니 상공회의소 회장이 얼마 전 두바이를 다녀간 유럽 어느 나라 국회의원들을 막 욕하는 겁니다. 요지는 거기 여성 국회의원들이 잘 알지도 못하면서 여성 인권이 어쩌니 하며 헛소리를 했다는 것이었지요. 여자도 투표권 있냐고 자꾸 물었다는 겁니다.

갑자기 저도 궁금해졌습니다. 그래서 물었죠. 어설픈 영어로. "여기 여성들 투표해요?" 어이없다는 표정으로 저를 보더니, 이렇게 대답했습니다. "Nobody votes here!" 투표하는 사람, 아무도 없다는 말입니다. 이런, 저도 잠시 깜박한 겁니다. 두바이가 왕국이라는 사실을. 그렇습니다. 두바이에서는 아무도 투표하지 않습니다. 자국민은 30만 명이 채 되지 않는 작은 나라입니다. 그보다 몇 배나 많은 아프리카와 아시아 이주노동자들이 모든 궂은일을 처리하는 '멋진 신세계'입니다. 외국 여성 국회의원들이 와서 자꾸 여자도 투표하냐고 물으니, 그 사람들로서는 정말 짜증나는 일이었겠지요. 저는 수첩에다 이렇게 적었습니다. "두바이: nobody-votes-land!"

셰이크 모하메드는 마음만 먹으면 무슨 일이든 다 할 수 있는 절대권력자입니다. 우리 돈으로 몇조 원의 사재를 털어 대학을 세우고 재능 있는 학생들을 공짜로 교육시킨다고 하는데, 우리 식으로 말하면 그 사재는 다 국유재산이고, 그 대학은 학생에게 전액 장학금을 주는 국립대학이 되겠습니다. 걸프만 바닥을 빨아들였다가 모래를 한곳에 내뿜어 섬을 만든 게 '팜 아일랜드'와 '더 월드'입니다. 여기에 물과 전기를 공급하기 위해 바닷물을 담수로 바꾸고 동시에 전기를 생산하는 시설을 만듭니다. 프로젝트의 타당성을 따져 예산을 통제하는 국회도 없고, 시행상의 문제를 취재하고 비판하는 언론도 없으며, 바다 생태계의 혼란을 들어 시위를 하는 환경단체도 없습니다. 그 모든 문제들을 미리 검토하고 해결책을 강구하고 대안을 모색하는 일들은 완전히 셰이크 모하메드와 그의 참모들에게 맡겨졌습니다. 왕권 국가의 운명은 왕에게 달려 있다는 사실을 셰이크 모하메드는 만천하에 증명합니다. 똑똑한 왕이 '두바이의 기적'을 만든 것이지요.

## 민주적 리더십은 정당과 국회가 함께 만든다

대한민국은 그런 리더십을 만들 수도 행사할 수도 없는 나라입니다. 꼬리치레 도롱뇽 서식지가 파괴된다면서 스님 한 분이 밥을 굶으면 한참 하던 터널공사를 중단해야 하는 나라입니다. 대통령이 임명한 헌법재판관과 선거관리위원회 위원들이 선거법을 위반했다고 대통령을 경고하는 나라입니다. 대통령이 마음에 들지 않는다고 생각하는 국회의원이 많으면 대통령을 탄핵해 권한을 정지시키는 나라입니다. 다수 의석을 가진 정당의 지원을 받지 못하면 정부가 법률 하나도 만들 수 없는 나라입니다. 정부가 하는 일이 노동자의 이익을 침해한다고 판단하면 노동조합이 정치파업을 하는 나라입니다. 큰 신문사들이 노골적으로 정권교체를 선동하고 대통령을 인신공격해도 대통령은 말로 싸우는 것 말고는 아무런 대항수단이 없는 나라입니다. 셰이크 모하메드더러 여기 와서 대통령을 하라고 하면 어떨까요? 현명한 임금님이니만큼 혼자 결정하지 않고 참모들에게 물어보겠지요. 돌아올 대답은 뻔합니다. "두바이 왕이 가진 것과 똑같은 권력을 주면 생각해보겠다고 하십시오."

　　　대한민국은 민주공화국입니다. 법치국가입니다. 대통령은 헌법과 법률이 부여한 권력만을 행사할 수 있습니다. 어떤 분들은 대통령이 마음만 먹으면 못할 것이 없는 것처럼 말합니다. 얼마 전 대통령과 언론인들의 텔레비전 토론을 보니, 참 허탈한 웃음이 나오더군요. 기자협회장은 언론의 자유를 위해 국가보안법을 폐지하라고 했습니다. 인터넷기자협회 대표는 조중동의 시장점유율을 낮추어달라고 하더군요. 우리나라 대통령이 두바이 왕인 줄 아나 봅니다. 대통령이 국가보안법을 문명국가의 수치로 규정하고 박물관으로 보내자고 한 게 3년 전입니다. 국가보안법이 지금도 살아 있는 건 한나라당이 국회의사당을 점거하고 의결을 물리적으로 봉쇄했기 때문 아닌가요? 민생도 어려운데 국가보안법 문제로 국론 분열을 조장한다고 대통령과 집권당을 맹비난한 기사는 대한민국 기자가 아니라 에일리언이 와서 썼던가요? 그렇게 한 그 정당을 국민들이 압도적으로 지지하지 않습니까? 그런 판국에 대통령더러 국가보안법을 폐지하라고 하니, 참으로 난감한 일입니다.

　　　조중동 점유율이 여전히 높은 것도 대통령 탓입니까? 그건 국민들이 자전거에 끌려서든 비데에 끌려서든, 아니면 신문의 품질이 좋다고 생각해서든, 어쨌든 그 신문들을 압도적으로 많이 구독하니 그런 것 아닙니까? 공정거래법을 엄격하게 적용하고 신문법을 고쳐 편집권 독립을 보장하려고 했을 때, 그런 정책을 언론탄압이라고 격렬하게 비난하는 기사를 쓴 사람들이 대한민국 언론인 아니었던가요? 대통령은 조중동의 시장점유율을 낮춰 여론시장의 균형을 잡으려 했다가 이른바 언론과의 전쟁을 치렀고, 그 전쟁은 지금도 계속되고 있습니다. 조중동은, 그와 논조가 비슷한 신문들도 포함해 정책이 아니라 대통령의 인격을 집중 공격하는 전략으로 이 싸움에서 혁혁한 승리를 거두었습니다. 대통령 국정수행 지지도가 줄곧 30%를 밑도는 것은 조중동 시장점유율이 70%를 웃도는 것과 결코 무관한 현상이 아니라고 저는 생각합니다.

정치적 리더십이 제대로 형성될 수 있도록 제도적 환경을 바로잡으려고 대통령이 여러 제안을 했지만, 정치권은 그 모든 제안을 거부했습니다. 대다수 언론이 "민생이 어려운데 정치에만 골몰하느냐"면서 아예 토론에 응해주지도 않았습니다. 임기 5년의 단임 대통령제가 문제라는 건 잘 알지만, 노무현 대통령이 정략적 의도를 가지고 제안했기 때문에 싫다면서 정치권은 논의 자체를 거부했습니다. 언론은 여론 지지가 없으니 접는 게 순리라며 역성을 들지 않았습니까? 국민들도 마찬가지로 정치권과 언론의 손을 들어주었습니다. 그런 제안을 하고 논란이 벌어질 때마다 대통령 국정수행 지지도가 뚝뚝 떨어집니다. 지역주의 패거리 정치가 증오와 대결의 정치를 재생산하기 때문에 국회의원 선거제도를 바꾸자고 했지만, 역시 지지도 낮은 대통령의 정략이라면서 정치권이 거부했고, 언론이 합창했으며, 국민들도 여론조사기관의 전화 질문에 그런 취지로 대답했습니다.

대한민국의 최고지도자는 왕이 아닌 대통령입니다. 대통

령은 국민이 뽑지만 후보는 정당이 만듭니다. 개인이 집권하는 게 아니라 정당이 집권합니다. 대통령을 만든 정당이 국회에서 최대한 많은 의석을 확보해 대통령이 리더십을 순탄하게 행사하도록 도와야 합니다. 정당이 제대로 발전해야 국회가 발전하고 정치가 발전하며 리더십도 발전합니다. 그런데 정당이 엉망입니다. 노선과 정책을 중심으로 모여 그 정책과 노선을 실현하기 위해 함께 노력하는 조직이 정당인데, 모든 정당들이 정책과 노선을 달리하는 사람들이 뒤섞인 잡탕정당입니다. 민주노동당을 예외로 한다면 말입니다.

    인구가 압도적으로 많은 영남을 깔고 앉은 한나라당은 어떤 선거제도 변경도 거부합니다. 대통령 결선투표제, 독일식 정당명부 비례대표제도 거부하고, 중대선거구제 도입도 반대합니다. 한나라당은 철옹성 같은 영남 지역당입니다. 영남이나 다른 한나라당 강세 지역에서 국회의원을 하고 싶으면 정책과 노선이야 어떻든 무조건 한나라당에 들어가야 합니다. 그래서 한나라당이 제대로 된 보수정당이 아니라 잡탕정당이 된 것이죠. 한나라당에 대항하는 세력도 살아남으려면 특정 지역을 배타적으로 독점하든가, 그렇지 않으면 노선과 정책의 차이를 불문하고 무조건 하나로 뭉쳐야 합니다. 그래서 역시 잡탕정당이 될 수밖에 없는 것입니다.

## 선거제도 변경 없이는 정치 발전 없다

국회는 토론과 협상, 타협과 표결이 이루어지는 집단 의사결정의 마당입니다. 대한민국 국회에서는 이런 상식이 통하지 않습니다. 제대로 된 민주주의국가에서는 각종 현안에 대해 나름의 철학과 노선을 가지고 임하는 정당들이, 다 자기 뜻대로 할 수는 없는 만큼 협상하고 타협해서 합의를 찾습니다. 그래도 합의가 안 되면 표결하고 그 결과에 승복합니다. 일이 잘못되면 국민이 다음 선거에서 잘못된 의사결정을 한 정치세력에게 책임을 묻습니다. 이것이 제대로 민주주의를 하는 나라의 국회와 선거 풍경입니다.

대한민국 국회는 다릅니다. 주요 정당이 다 잡탕이다 보니 무슨 문제든 먼저 내부 싸움부터 벌어집니다. 내부 경쟁이 심하다 보니 경쟁 당에 대한 적대감을 부추기는 강경파가 득세하는 경우가 많습니다. 그래서 정당 사이에 타협이 이루어지지 않습니다. 특히 소수당의 강경파는 국회법에 따른 다수파의 표결을 봉쇄하는 투쟁방식을 고집합니다. 이것을 비판하면 이적행위자로 몰릴 판이라, 온건파도 결국 거기에 가세합니다. 정국은 경색되고 국회는 파행으로 치닫는 것이지요.

대통령 선거를 할 때마다, 국회의원 선거를 할 때마다, 정치인들은 새 출발을 약속하고 국민들은 새 기대를 가집니다. 그러나 한국 국회와 정당은 민주화가 이루어진 1987년 이후 20년 동안 다람쥐 쳇바퀴만 돌 뿐 크게 발전하지 못했습니다. 17대 대통령에 누가 당선되든, 18대 국회에 어떤 사람들이 배지를 달고 들어오든, 정당이 변하지 않기 때문에 정치도 변하지 않을 것이라고 저는 단언합니다. 대통령의 리더십도 결코 제대로 서지 못할 것입니다.

저는 대통령 4년 중임제로 헌법을 고치고 프랑스를 비롯한 많은 나라에서 하는 것처럼 대통령 선거 결선투표제를 도입해야 한다고 생각합니다. 이렇게 하면 정당들이 나름의 정책노선을 견지하면서 자유롭게 연합할 수 있습니다. 정치인들이 살아남기 위해 거대한 잡탕정당을 만들어 정쟁政爭을 일삼는 소모적인 정치를 극복할 수 있습니다. 국회의원 선거구는 절반을 비례대표로 뽑고 정당득표율만큼 의석을 갖는 독일식 제도로 고쳐야 합니다. 그게 어려우면 하나의 광역 선거구에서 국회의원 셋 이상을 뽑는 중대선거구제라도 도입해야 합니다. 그래야 국민들의 정치적 요구가 국회에 제대로 반영되고, 정책과 노선에 따라 타협하고 제휴하는 연합정치가 자리 잡을 수 있습니다. 정치 발전과 관련해서 본다면 대통령 4년 중임제보다 더 중요한 것이 국회의원 선거구제 개편입니다. 만약 중대선거구제 도입도 불가능하다면 지역구 국회의원 선거에 결선투표제를 도입하는 정도라도 제도를 바꾸어야 합니다. 이것 역시 프랑스를 비롯한 많은 나라에서 실시하는 제도입니다.

이런 모든 제안이 다 거부되고 우리 정치가 소모적 정쟁을 되풀이하는 것이 모두 대통령 탓일까요? 국회의원들 탓일까요? 언론 탓일까요? 물론 그렇습니다. 각자에게 책임이 있습니다. 하지만 그게 다는 아닙니다. 궁극적으로 보면 모든 것은 주권자인 국민 탓이기도 합니다. 대한민국은 사회적 자본이 빈약한 나라입니다. 사회적 자본 가운데 가장 중요한 것이 신뢰입니다. 타인에 대한, 다른 집단에 대한 신뢰가 약합니다. 서로 믿지 않습니다. 나는 페어플레이를 하고 싶어도 남들이 더티플레이를 하기 때문에 나도 더티플레이를 할 수밖에 없다고 너나없이 주장합니다. 언론의 공정성에 대한 신뢰도는 정부의 공정성에 대한 신뢰도보다 별로 높지 않습니다. 그런데도 우리는 별로 믿지도 않는 언론이 누군가를 욕하면 그건 또 잘 믿습니다.

**참여하는 국민에게 비판할 권리가 있다**

언론인들을 대상으로 한 여론조사에서, 자기가 속한 언론사를 제외하고 믿을 수 있는 다른 언론사를 꼽아보라면 신문 중에는 『한겨레신문』이 으뜸입니다. 그런데 언론인들은 『한겨레신문』이 영향력은 별로 없다고 대답합니다. 『조선일보』의 공정성에 대한 신뢰도는 언론인들 사이에서도 바닥권입니다. 그러나 언론인들은 영향력이 큰 신문으로 단연 『조선일보』를 꼽습니다. 공정하지 않은 신문은 영향력이 크고, 제일 공정한 신문은 영향력이 없다? 대한민국은 정의가 바로 서지 않은 사회라고 현직 언론인들이 고백하는 것이지요.

2006년에 한국개발연구원이 「사회적 자본 실태 종합조사」

라는 걸 발표한 적이 있습니다. 국민 1,500명을 면접 조사한 보고서입니다. 우리 국민들은 전반적으로 남을 믿지 않습니다. 10점 만점에 5점을 간신히 넘어 그나마 좋은 평가를 받은 게 교육기관과 시민단체였고, 언론, 군대, 기업, 노동조합, 경찰, 법원, 검찰, 지자체 등의 순서로 5점 이하의 낮은 점수를 받았습니다. 최악은 정부와 정당으로 3.3 동점을 받았습니다. 처음 만나는 모르는 사람 신뢰도가 4.0인 것과 비교하면 국회와 정당, 정부, 지자체는 처음 만나는 모르는 사람보다 더 믿을 수 없는 존재로 나타났습니다. 믿는다고 대답한 비율에서 믿지 않는다고 대답한 비율을 뺀 수치를 보면 더 기가 막힙니다. 국회가 -67%로 단연 최악이었고, 정부가 -56%, 검찰이 -26.4%, 법원도 -23.5%였습니다. 가히 불신공화국입니다. 모든 국민이 조사에서 예로 든 영역 어딘가에 속해 있는데, 그 자신이 불신받으면서 다른 사람과 집단을 또한 불신하는 것입니다. 이렇게 불신이 만연한 사회에서 대통령과 국회의원들이 국민의 사랑과 신뢰를 받는다면, 그게 오히려 이상한 일일 겁니다.

다시 말씀드립니다. 구슬이 서 말이라도 꿰어야 보배입니다. 아무리 좋은 전략과 정책비전이 있어도 리더십을 세우고 강화할 수 있는 좋은 절차와 환경을 만들지 않으면 소용이 없습니다. 주권자의 권리는 책임과 균형을 이루어야 합니다.

깨끗한 정치를 원하신다면 마음에 드는 정치인에게 정치자금을 후원하십시오. 좋은 정당을 보고 싶으시면 당원으로 참여하십시오. 좋은 공직자를 원하신다면 꼭 투표하십시오. 좋은 정책을 원하신다면 신문·방송 보도만 믿지 말고 정부와 정당의 홈페이지를 방문해 보고서를 읽으십시오. 정치를 욕하기만 하면서 정당에 참여하지도 않고 정치인을 후원하지도 않고 선거일에는 투표하지도 않는 주권자는, 그 자신이 나쁜 정치를 만드는 책임자라고 저는 생각합니다. 민주주의 국가에서 정부와 지도자의 수준을 결정하는 것은 주권자인 국민의 수준입니다. 대한민국 정치의 수준은 곧 국민의 수준이라는 말씀입니다. 남명 조식 선생처럼, 저도 정치적 사망을 각오하고 이 말씀을 드립니다.

에필로그

 에필로그를 마무리하는 오늘이 2007년 6월 21일입니다(그후에 몇 차례 교정을 보기는 했습니다). 5월 28일에 프롤로그 첫 문장을 적었으니 '대한민국 개조론'이라는 제목을 단 책 한 권을 쓰는 데 정확히 25일이 걸렸습니다. 제가 무척 오래 생각했던 주제인 데다 활용할 수 있는 참고자료가 너무나 풍부했기 때문에 단숨에 써내려갈 수 있었습니다.

 이 책은 일종의 집단 창작입니다. 「비전 2030」을 비롯해, 제가 참고한 자료는 거의 전부 청와대브리핑 정책자료실에 올라 있는 보고서들입니다. 여러 국정과제회의에서 대통령에게 보고한 문서입니다. PDF 파일로 만들어져 있어서 연구자와 언론인뿐만 아니라 국민 누구라도 청와대브리핑에 접속하면 자유롭게 다운받을 수 있습니다. 이러한 대통령 보고서는 그냥 나온 게 아닙니다. 장관들이 대통령에게 제출한 업무보고서와 국정과제위원회들이 전문가에게 의뢰해서 수행한 연구용역보고서를 토대로 만들어진 것입니다. 대통령 보고서의 기초를 이루는 다양한 정책자료들은 정부 부처 인터넷 홈페이지 정책자료실에서 누구나 볼 수 있습니다. 『대한민국 개조론』은 이 모든 정책자료를 생산하는 데 참여한 모든 민간 전문가와 공무원, 국책연구기관 연구자들이 함께 만든 것이라고 할 수 있습니다. 정말 고맙습니다. 좋은 내용이 있다면 다 그분들의 공입니다. 이 책에 혹시라도 잘못 쓴 것이 있다면, 그 책임은 제가 감당해야 할 것입니다.

『대한민국 개조론』은 대한민국의 국가발전전략에 관한 책입니다. 세계화와 양극화, 지식정보화라는 문명사적 변화와 저출산 고령화에 슬기롭게 대처해 위기를 기회로 반전시키기 위해서는, 대한민국을 사회투자국가로 개조해야 한다는 것이 제 주장의 핵심입니다. 한 권의 책에 모든 쟁점을 다 담을 수 없기에, 제가 장관으로서 직접 경험했던 보건과 복지를 제외한 다른 분야는 총론 수준에서만 다루었습니다. 기회가 닿는다면 사회문화 분야뿐만 아니라 경제·외교·안보 분야까지 모두 포괄하는 후속 집필 작업을 해보고 싶은, 억제하기 어려운 욕망을 느낍니다.

이 책의 가장 큰 문제는 현실성이 없다는 것입니다. 『대한민국 개조론』은 하나의 국가발전전략입니다. 이것을 들고 나가 관철할 수 있는 정치세력이 있어야 비로소 의미를 가집니다. 그런데 과거 열린우리당 지도부는 당과 미리 협의하지 않았다는 이유로 대통령이 만든 「비전 2030」을 거부했습니다. '세금폭탄론'을 펼친 보수담론의 헤게모니에 싸워보지도 않고 굴복한 것이죠. 오늘 현재, 선진통상국가론과 사회투자국가론을 양 날개로 하는 『대한민국 개조론』을 받아줄 독립적인 정치세력은 존재하지 않습니다. 글은 좀 쓸지 모르지만, 그런 세력을 정당으로 조직할 능력이 저에게는 없습니다.

민주노동당은 낡은 복지국가론을 고집하고 있습니다. 한나라당은 토목건설공사를 국가 비전으로 내세우는 철 지난 성장주의 이데올로기를 다시 들고 나왔습니다. 열린우리당은 흉가로 변해가는 중이고, 대통합에 정치생명을 걸고 뛰는 분들은 그렇게 해서 정권을 잡을 경우 그걸 가지고 무엇을 어떻게 하려는지 아직 말이 없습니다. 궁하면 통한다는 말도 있으니, 무언가 통할 방법을 더 찾아보도록 하겠습니다.

가벼운 이야기 몇 가지를 마무리 삼아 들려 드릴까요? 정치인이 쓴 책은 잘 안 팔립니다. 실제 그런지 확실하게 알지는 못하지만, 국민들은 정치인들이 대필작가ghost writer를 쓴다고 생각합니다. 정치홍보물처럼 공짜로 나누어주는 걸 많이 보셔서 그런지, 정치인이 쓴 책은 돈을 내고 사지 않으려는 경우가 많습니다. 저는 만물이 다 제값을 가져야 한다는 소신을 가지고 있습니다. 정치인 유시민을 지지하는 분들에게도 책을 거저 드리는 일은 없을 것입니다. 공무원이 되기 전까지 글쟁이로 살아왔던, 앞으로 또 그렇게 살아가야 할지 모르는 저에게, 이것은 어떤 경우에도 꼭 지켜야 할 마지막 자존심 같은 것입니다. 미리 너그러운 이해를 구합니다.

일하지 않고 틀어박혀 책을 쓸 거라면 국회의원 그만두고

하라고 질책하시는 분도 있었습니다. 일리 있는 말씀입니다. 하지만 국가발전전략에 대한 나름의 생각을 적어 국민들께 말씀드리는 것은 선출직 공직자의 직무 수행에 포함된다는 게 제 생각입니다. 국회의원으로서 장관으로서 일하는 과정에서 고민하고 생각하고 발견하게 된 정보와 논리를 국민과 나누는 것은 국회 본회의에서 대정부 질문을 하는 것만큼이나 의미 있는 일이라고 저는 믿습니다. 역시 너그러운 이해를 부탁드립니다.

장관으로 일하면서 보건복지 행정을 발전시키는 데 나름의 기여를 했다는 자부심을 가지고 있습니다. 그런데 제가 개인적으로 얻은 소득도 매우 큽니다. 가장 큰 소득은 국무위원으로서 대통령보고회와 사회문화 관계장관회의, 대외경제장관회의 등 다채로운 장관회의에 참석해, 보건복지부 업무뿐만 아니라 국정현안 전반에 대해 보고 듣고 배울 기회를 얻은 것입니다. 이 책은 이렇게 얻은 것을 국민들과 나누어 가질 목적으로 썼습니다. 참여정부를 탄생시킴으로써 저에게 그런 기회를 주신 국민들께 감사드립니다.

끝으로 장관에 관한 항간의 오해 두 가지를 풀어 드리고 싶습니다. 첫째, 장관은 관사가 없습니다. 제 지역구인 고양시 덕양구 유권자들이 주말에 일곱 살짜리 아들과 공원에서 축구를 하는 저를 보고 많이들 이렇게 물어보셨습니다. "과천으로 이사 가지 않으셨나요?" "왜 이사를 갔다고 생각하시죠?" "관사가 있을 거 아닙니까." 그런데 장관 관사 같은 건 없습니다. 국무총리는 공관이 있지요. 외교부 장관과 국방부 장관 등 의전이나 안전

문제 때문에 특별한 공간이 필요한 장관들도 공관이 있습니다. 하지만 다른 장관들은 그런 게 없습니다. 이른 아침 자유로에서, 이치범 환경부 장관이나 장하진 여성가족부 장관 관용차를 보는 경우가 가끔 있었습니다. 우리는 모두 길이 막히기 전에 자유로를 빠져나가려고 아침밥을 먹지 않고 출근하는 고양 시민들이었습니다.

둘째, '장관연금'이라는 건 없습니다. 장관직과 관련해 제일 많이 받은 질문이 '장관연금'에 관한 것이었습니다. 보건복지부 출입 기자들도 똑같은 질문을 했습니다. "하루만 장관을 해도 평생 연금이 나온다지요?" 아닙니다. 장관연금 같은 건 없습니다. 오래 공무원을 한 사람이 장관이 되면 공무원연금이 많이 나옵니다. 하지만 장관연금이 아니라 공무원연금입니다. 장관 봉급이 공무원 중에는 제일 많고, 또 그런 분들은 공직 경력이 길기 때문에 공무원연금법에 따라서 연금을 많이 받는 겁니다. 저도 장관 재직 기간에는 공무원연금에 자동 가입되었습니다. 하지만 겨우 1년 4개월 재직한 걸로는 공무원연금을 받지 못합니다. 퇴직하면서 공무원연금 기여금 낸 것을 돌려받고 1년치 퇴직금을 받은 게 전부입니다. 국회의원은 국민연금 가입 대상이기 때문에, 저는 국민연금에 다시 가입해 보험료를 내고 있습니다.

현직 국회의원이 장관을 하면 월급을 양쪽에서 타느냐는 질문도 자주 받았습니다. 아닙니다. 그럴 리가 있겠습니까? 둘 중 하나만 받습니다. 장관 봉급이 월 50만 원 정도 많으니까, 다들 장관 봉급을 탑니다. 저도 그렇게 했습니다.

장관은 권한이 제법 셉니다. 공무원에 대한 인사권을 행사하고 법률 시행규칙과 지침을 정할 권한이 있습니다. 자기가 담당하는 정책 분야에서는 대통령의 대리인 역할을 합니다. 하지만 특권이라고 할 만한 것은 사실 별로 없습니다. 헌법과 법률이 부여한 권한을 정당하게 행사하고 열심히 일해서 대한민국의 왕인 국민에게 충성할 수 있는 기회를 갖는 것, 그게 장관이 누리는 가장 큰 특권이라고 저는 생각합니다.

하긴 장관이기 때문에 누리는 특권이라고 느꼈던 게 하나 있기는 합니다. 외국 출장 갈 때 비행기 1등석에 앉는 것입니다. 2등석 정도면 되지 않냐고 했더니, 외국에서 대한민국을 깔보기 때문에 의전상 불가하다는 답변이 돌아오더군요. 열 시간 넘게 이코노미 석에 쪼그리고 앉아서 오고갔던 독일 유학 시절이 떠올라 행복하기는 했지만, 또 그만큼 미안하기도 했습니다. 국민들이 낸 세금으로 그런 특권을 누리는 것이 미안해서 장관으로 일하는 동안 제 나름대로 최선을 다했습니다. 일할 기회를 주신 국민들께 다시 한번 감사드립니다.

2007년 6월
유시민